女九明年百伍叁 安

男明颂年叁伍伍 龟

男思社年叁伍贰 白

男明奉年壹伍贰 白

敦煌社會歷史文獻釋録第一編

郝春文　策劃、主編

英藏敦煌社會歷史文獻釋録

第八卷

郝春文、周尚兵、趙貞、陳于柱　編著

助編：游自勇、聶志軍、史睿、董大學、宋雪春、劉屹

社會科學文獻出版社
SOCIAL SCIENCES ACADEMIC PRESS (CHINA)

圖書在版編目（CIP）數據

英藏敦煌社會歷史文獻釋録. 第八卷 / 郝春文等編著.
-- 北京：社會科學文獻出版社，2012.11（2022.7 重印）
（敦煌社會歷史文獻釋録. 第一編）
ISBN 978 - 7 - 5097 - 3808 - 5

Ⅰ. ①英… Ⅱ. ①郝… Ⅲ. ①敦煌學 - 文獻 - 注釋
Ⅳ. ①K870.6

中國版本圖書館 CIP 數據核字（2012）第 228666 號

敦煌社會歷史文獻釋録　第一編

英藏敦煌社會歷史文獻釋録　第八卷

編　　著 / 郝春文　周尚兵　趙　貞　陳于柱

出 版 人 / 王利民
項目統籌 / 宋月華　魏小薇
責任編輯 / 魏小薇
責任印製 / 王京美

出　　版 / 社會科學文獻出版社 · 人文分社（010）59367215
地址：北京市北三環中路甲 29 號院華龍大厦　郵編：100029
網址：www.ssap.com.cn
發　　行 / 社會科學文獻出版社（010）59367028
印　　裝 / 北京虎彩文化傳播有限公司

規　　格 / 開　本：889mm × 1194mm　1/32
印　張：12.375　字　數：268 千字
版　　次 / 2012 年 11 月第 1 版　2022 年 7 月第 3 次印刷
書　　號 / ISBN 978 - 7 - 5097 - 3808 - 5
定　　價 / 59.00 圓

讀者服務電話：4008918866

本書第八卷　係

國家社會科學基金重大項目（10&ZD080）

上海市哲學社會科學規劃重大課題

國家社會科學基金一般項目（04BZS004）

敦煌社會歷史文獻釋録

凡例

一　本書係大型文獻圖集《英藏敦煌文獻》的文字釋録本。其收録範圍、選擇内容均與上書相同。但增收該書漏收的部分佛教典籍以外文獻；對於該書未收的佛經題記，因其具有世俗文書性質，亦予增收；對於該書所收的部分佛經，本書則予以剔除。凡屬增收、剔除之文書，均作説明。

二　本書的編排順序係依收藏單位的館藏編號順序排列。每號文書按正背次序排列，背面以『背』（V）表示。文書正背之區分均依文書原編號。發現原來正背標錯的情况，亦不改動，但在校記中加以説明。

三　凡一號中有多件文書者，即依次以件爲單位進行録校。在每件文書標題前標明其出處和原編號碼。

四　每件文書均包括標題、釋文兩項基本内容；如有必要和可能，在釋文後加説明、校記和有關研究文獻等内容。

五　文書的擬題以向讀者提供盡量多的學術信息爲原則，凡原題和前人的擬題符合以上原則者，即行採用；不符者則重新擬題。

六　凡確知爲同一文書而斷裂爲兩件以上者，在校記中加以説明；若能直接綴合，釋文部分將徑録綴合後的釋文。

七　本書之敦煌文獻釋文一律使用通行繁體字釋録。釋文的格式採用兩種辦法，對有必要保存原格式的文書，以忠實原件、反映文書的原貌爲原則，按原件格式釋録；沒有必要保存原格式的文獻，則採用自然行釋録。原件中之逆書（自左向右書寫），亦不改動；一件文書寫於另一件文書行間者，分别釋録，但加以説明。保存原格式的文書，原文一行排不下時，移行時比文書原格式低二格，以示區别。

八　釋文的文字均以原件爲據，適當吸收前人的研究成果。如已發表的釋文有誤，則徑行改正，並酌情出校。

九　同一文書有兩種以上寫本者，釋録到哪一號，即以該號中之文書爲底本，以其他寫本爲參校本；有傳世本者，則以寫本爲底本，以傳世本爲參校本。

一〇　底本與參校本内容有出入，凡底本中之文字文義可通者，均以底本爲准，而將參校本中之異文附於校記，以備參考。若底本有誤，則保留原文，在錯誤文字下用（　）注出正字；如底本有脱文，可據他本和上下文義補足，但需將所補之字置於〔　〕内；改、補理由均見校記。

一一　原件殘缺，依殘缺位置用（前缺）、（中缺）、（後缺）表示。因殘缺造成缺字者，用

□表示，不能確知缺幾個字的，上缺用▭表示，中缺用▭表示，下缺用▭表示，一般佔三格，但有時爲了保持原文格式，可適當延長，視具體情況而定。

一二　凡缺字可據別本或上下文義補足時，將所補之字置於□內，並在校記中説明理由；原文殘損，但據殘筆劃和上下文可推知爲某字者，徑補；無法擬補者，從缺字例；字跡清晰，但不識者照描，在該字下注以『（？）』，以示存疑；字跡模糊，無法辨識者，亦用□表示。

一三　原書寫者未書完或未書全者，用『（以下原缺文）』表示。

一四　原件中的俗體、異體字，凡可確定者，一律改爲通行繁體字；有些因特殊情況需要保留者，用（）將正字注於該字之下。

一五　原件中的筆誤和筆劃增減，徑行改正；出入較大的保留，用（）在該字之下注出正字，並在校記中説明理由。

一六　原件中的同音假借字照録，但用（）在該字之下注出本字。

一七　原件有倒字符號者，徑改；有廢字符號者，不録；有重疊符號者，直接補足重疊文字；均不出校。有塗改、修改符號者，只録修改後的文字；不能確定哪幾個字是修改後應保留的，兩存之。有塗抹符號者，能確定確爲作廢者，不録；不能確定已塗抹的文字，則照録。原寫於行外的補字，徑行補入行内；不能確定補於何處者，仍照原樣録於夾行中。

一八　原件中的衍文，均保留原狀，但在校記中注明某字或某字至某字衍，並説明理由。

一九　文書中的朱書和印跡，均在説明中注明。

二〇　本書收録與涉及的敦煌文獻，在標明其出處時，使用學界通用的略寫中文詞和縮寫英文詞，即：

『斯』：倫敦英國國家圖書館藏敦煌文獻斯坦因（Stein）編號

『北敦』（BD）：北京中國國家圖書館藏敦煌文獻編號

『Ch BM』：倫敦英國國家博物館藏敦煌絹紙畫編號

『Ch IOL』：倫敦英國印度事務部圖書館藏敦煌文獻編號

『S. P』：倫敦英國國家圖書館藏敦煌文獻木刻本斯坦因（Stein）編號

『伯』：巴黎法國國立圖書館藏敦煌文獻伯希和（Pelliot）編號

『Дх.』：聖彼得堡俄羅斯聯邦科學院聖彼得堡東方文獻研究所藏敦煌文獻編號

『Φ.』：聖彼得堡俄羅斯聯邦科學院聖彼得堡東方文獻研究所藏敦煌文獻弗魯格（Флуг）編號

目録

釋文

天福柒年壬寅歲十二月十日，判官以（與）當寺徒衆等就庫内齊坐交割[一]，前所由法律智定、都維保相、寺主永定性、典座保定、直歲戒姓等一伴點檢[二]，分付後所由法律戒圓、都維堅固定、寺主□□界（？）、典座永明[三]、直歲□證等，一伴一一詣實，具列如後：

供養具：長柄熟銅香爐貳[四]，内壹在櫃[五]。小銅師子壹。小經案貳，内壹在延定真。漆籌筒壹[六]。佛屏風陸片[七]。蓮花座壹。銅杓壹[八]，在櫃[九]。銅澡灌（罐）壹，在櫃。破漆香奩壹。破木香奩壹[一〇]。新木香奩壹，在櫃。新著香楪子貳[一一]。銅鈴壹，并鐸[一二]。銅佛印壹。經藏壹，在殿[一三]。黑石枕叁。摩候（睺）羅壹[一四]，在櫃。大經案壹，在殿。小桉枷（架）貳[一五]，在北倉。木燈樹壹[一六]。司馬錦經巾［壹］[一七]，在櫃。金油師子壹[一八]，在櫃。《大佛名經》壹部拾捌卷并函[一九]。黄布經巾壹條[二〇]。黄項菩薩幡貳拾口，在櫃。小菩薩幡貳拾捌口，在櫃。畫絹幡陸口[二一]。故破幡額壹條。銅楪子壹〔二二〕，在櫃。千佛經巾壹〔二三〕。青繡盤龍傘壹副，白綿綾裏并裙柱帶全〔二四〕。官施銀涅幡柒口，在櫃〔二五〕。大銀涅幡壹口〔二六〕。銅鈴壹〔二七〕，在幡干（竿）上〔二八〕。

家具：中臺盤子貳〔二九〕。小樏子叁枚〔三〇〕。花鐏盛子壹〔三一〕。黃花盛子壹〔三二〕。花木盛子壹〔三三〕。黃花團盤貳，古（故）破〔三四〕。破黑團盤壹〔三五〕。小黑牙盤子壹〔三六〕，無連蹄、眉〔三七〕。赤心競（擎）盤壹〔三八〕。五尺花牙盤壹，无連蹄。黑木盛子貳〔三九〕，在櫃〔四〇〕。箱壹㯋（葉）〔四一〕，在櫃。斗壹量。木盆大小五〔四二〕，內一在嚴護〔四三〕。五斗木盆貳〔四四〕。漆競（擎）〔子〕脚貳〔四五〕。壁牙壹。隔子壹片〔四六〕，在北倉〔四七〕。鍵鎚壹〔四八〕，除〔四九〕。桉板肆〔五〇〕，內貳破、斷〔五一〕。木火爐貳。叁尺牙盤壹面〔五二〕。踏牀壹張〔五三〕。新花團盤肆〔五四〕，在櫃之內〔五五〕。木合子壹〔五六〕，在櫃〔五七〕。花競（擎）盤貳〔五八〕。朱裏楪子陸枚。黑木樏子拾枚，內五枚欠在前所由延定真等不過〔五九〕；內（又）五枚大在智定等一伴不過〔六〇〕。花楪子肆枚〔六一〕，在櫃。

（後缺）

說明

此件首全尾缺，其中供養具、家具等分類標題，原爲朱筆抄寫。《敦煌寺院會計文書研究》（臺灣新文豐出版公司，一九九七年版，四頁）認爲是敦煌大乘寺文書，但未説明理由。《唐後期五代宋初敦煌僧尼的社會生活》（中國社會科學出版社，一九九八年版，二二九頁）確定其爲大乘寺之物。與此件内容相關者爲斯一六二四背（首尾均缺）、斯一七七六（首全尾缺）。前者唐耕耦、陸宏基先生認爲是此件之抄本。詳核兩卷，差異不少，並非底本與抄本的關係，但確屬大乘寺不同時期之點檢、交割歷無疑。後者亦爲大乘寺之點檢、交割歷。以上三件雖屬不同時期，但所記物品與數量多同，故可互相比勘。因三件是不同時間同一寺院什物之記録，所以，其區别有的屬於錯漏，有的則是因記録方式不同導致的文字差異，還有的是物品本身已發生了變化（如已被勾銷等）。

以上釋文以斯一七七四爲底本，用斯一六二四背（稱其爲甲本）和斯一七七六（稱其爲乙本）參校。

校記

〔一〕「以」，當作「與」，據文義改，「以」爲「與」之借字。
〔二〕「姓」，乙本作「性」。
〔三〕「典」，據殘筆劃及乙本補。
〔四〕「長柄熟銅香爐貳」，乙本作「長柄熟銅香爐壹，又長柄熟銅香爐壹」。
〔五〕「内壹」，乙本無。此區别是兩件文書對長柄熟銅香爐的記録方式不同使然。
〔六〕「筒」，乙本作「箭」，均可通。
〔七〕「片」，乙本作「扇」。
〔八〕「杓」，乙本作「杓子」。

〔九〕「在櫃」，乙本無。
〔一〇〕「破木香奩壹」，乙本無。
〔一一〕「著」，乙本無；「子」，乙本脱；「貳」，乙本同，甲本作「曦」，誤。
〔一二〕此句甲本同，乙本作「銅鈴并鐸壹」。
〔一三〕此處乙本有「小桉架貳，内壹在北倉」條，底本此句寫於「大經案壹，在殿」之後。
〔一四〕「摩」，甲本同，乙本作「磨」，「磨」爲「摩」之借字；「候」，當作「睺」，《唐後期五代宋初敦煌僧尼的社會生活》據甲、乙本及伯四〇〇四等校改，「候」爲「睺」之借字。
〔一五〕「枷」，當作「架」，据甲、乙本改，「枷」爲「架」之借字。
〔一六〕「木燈樹壹」，甲本同，乙本作「大燈樹壹，在殿」。
〔一七〕「巾」，乙本同，甲本脱；「壹」，據甲、乙本補。
〔一八〕「師子」，底本殘損，據殘筆劃及甲、乙本補。
〔一九〕「部」，乙本脱，底本殘損，據殘筆劃及甲本補；「拾」，乙本同，甲本作「壹拾」；「捌」，甲本作「八」，乙本作「陸」；「并函」，甲本同，乙本無。
〔二〇〕「巾」，乙本同，甲本脱；「條」，甲本同，乙本脱；「條」字後甲本有「又程闍梨入黄布經巾壹，在櫃」，乙本有「又黄布經巾壹」。
〔二一〕「畫」，甲本同，乙本作「大」。乙本此句後有「在櫃」二字。
〔二二〕「子」，甲本同，乙本無。
〔二三〕「千佛」，甲本同，乙本作「百納」。
〔二四〕「白」，甲本作「并骨兼帛」，乙本作「兼帛」；「并」，乙本同，甲本無；「柱」，甲本無，乙本作「住」，「住」

爲「柱」之借字；「全」，甲、乙本均作「具全」。
〔二五〕「在櫃」，甲本同，乙本無。
〔二六〕「大」，甲本同，乙本作「又大」。
〔二七〕「壹」，乙本同，甲本脱。
〔二八〕「干」，甲本同，當作「竿」，據乙本改，「干」爲「竿」之借字。「在幡干上」四字後底本有「收是是（？）」三字，係後人所寫，與此件無關，未録。甲本此處寫有「大銅鈴肆，在殿四角，内貳在櫃」。乙本作「大銅鈴肆，内貳在櫃」。
〔二九〕「子」，甲本同，乙本無。
〔三〇〕「枚」，甲本同，乙本無。
〔三一〕「盛」，甲本同，乙本脱；「子」，乙本同，甲本無。
〔三二〕「黄花盛子壹」，甲本同，乙本無。
〔三三〕「木盛」，甲本同，乙本作「榼」，疑爲「木盛」之合文。
〔三四〕「古」，乙本無，當作「故」，據甲本改，「古」爲「故」之借字；「破」，甲本同，乙本無。
〔三五〕「破」，甲本同，乙本作「故」。
〔三六〕「子」，甲本同，乙本無。
〔三七〕「眉」，甲、乙本無，《敦煌社會經濟文獻真蹟釋録》釋作「肩」。按：底本實作「眉」，寫法與斯六二〇八「眉間尺」之眉同。「眉」作「溝緣」解，義同「渠眉」之「眉」。此處「眉」當入上句，云「小黑牙盤子」失去連蹄座及作爲牙盤修飾的溝緣。
〔三八〕「競」，甲本同，當作「擎」，據乙本改，「競」爲「擎」之借字。乙本在此句後有「在恒子」三字。

〔三九〕「盛」，甲本同，乙本作「榼」，疑爲「木盛」之合文；「子」，甲本同，乙本無；「貳」，甲本同，乙本作「壹」。
〔四〇〕「在櫃」，甲本同，乙本無。
〔四一〕「樸」，當作「葉」，據甲、乙本改。此句前乙本有「花榼子壹，無蓋」條。
〔四二〕「五」，甲本同，乙本作「肆」。
〔四三〕「一」，甲本作「壹」。乙本無此句。
〔四四〕「五」，甲本同，乙本作「伍」。
〔四五〕「競」，甲本同，當作「擎」，據乙本改，「競」爲「擎」之借字；「子」，底本與甲本均脱，據乙本補。
〔四六〕「隔子壹片」，甲本同，乙本無。
〔四七〕「在北倉」，甲本同，乙本無。
〔四八〕「鍵鎚壹」，甲、乙本無。底本於此句右側夾行書寫「行（?）是是佛」，係後人所寫，與此件無關，未録。
〔四九〕「除」，甲、乙本無。
〔五〇〕「桉」，甲本同，乙本作「案」，「桉」通「案」；「肆」，甲本同，乙本作「貳」。
〔五一〕「斷」，甲本無。乙本無此句。
〔五二〕「牙」，甲本同，乙本作「花牙」；「面」，甲本同，乙本無。
〔五三〕「踏」、「張」，據殘筆劃及甲、乙本補。
〔五四〕「肆」，據殘筆劃及甲、乙本補。
〔五五〕「之」，甲、乙本無，《敦煌社會經濟文獻真蹟釋録》釋作「定」，誤；「内」，甲、乙本無。
〔五六〕「木合子壹」，甲本同，乙本無。
〔五七〕「在櫃」，甲本同，乙本無。

〔五八〕「花」，甲本同，乙本作「又花」；「競」，甲本同，當作「擎」，據乙本改，「競」爲「擎」之借字。乙本此句後有「内壹□□□」。

〔五九〕「欠」，甲本無。

〔六〇〕「内」，當作「又」，據文義及甲本改；「大」，甲本無，底本寫於「枚」、「在」兩字右側，當是注釋在智定處的五枚檁子爲「大檁子」，《敦煌社會經濟文獻真蹟釋録》未録；「一伴」，甲本無；「不」，據殘筆劃及甲本補。「黑木檁子」至「一伴不過」，乙本無。

〔六一〕「花」，甲本同，乙本作「又花」；「枚」，甲本同，乙本無。

參考文獻

Giles, *BSOS*, 10.2（1940）, p. 341；《敦煌寶藏》一三册，三九八至三九九頁（圖）；《英藏敦煌文獻》三卷，一四二至一四三頁（圖）；《敦煌社會經濟文獻真蹟釋録》三輯，一七至一八頁（録）；《北京圖書館館刊》一九九六年一期，五〇頁；《敦煌寺院會計文書研究》四至五頁；《唐後期五代宋初敦煌僧尼社會生活》，一二九頁。

斯一七七四背　一　寺門首立禪師頌

釋文

寺門首立禪師頌〔一〕

禪師俗姓氾〔二〕，法名惠淨〔三〕。昔在髫年〔四〕，早脩梵行，出家入道，歸正捨邪。眼不見是非，口不言利害。三衣之外，四壁迴然〔五〕。身恒立於寺門〔六〕，或分形於郭外〔七〕，處處現驗，往往標奇。詢問侍人，元兀（不）離其堂（常）所〔八〕。乃變化自在〔九〕，靈應無方；不行而住（至）〔一〇〕，形留禪往而已矣。豈謂閻浮伽藍〔一一〕，還同香積世界。無言無說，潛感（潛）通〔一二〕。將非四果羅漢，疑是十地菩薩！謹有（右）彰高行焉〔一三〕。凡百君子〔一四〕，當疑（宜）敬禮〔一五〕。默示緘口〔一六〕，慘然定足〔一七〕。不懼不憂，無爲無欲。忘懷物我，韜靈真俗。跡混塵勞〔一八〕，心捐味觸〔一九〕。莫分貴賤〔二〇〕，詎驚寵辱〔二一〕？戒護我（鵝）珠〔二二〕，行賢虹玉。手非妄動，自靡邪囑〔二三〕。形既常端，影何曾曲？衣師（服）破弊〔二四〕，四偕裝束〔二五〕。十方求（承）風〔二六〕，萬里蹤（躑）躅〔二七〕。忝稱含識〔二八〕，戀盛勉勗〔二九〕。生若浮泡，其命危促〔三〇〕，一朝殞滅〔三一〕，百身難贈（贖）〔三二〕。貪嗔萌芽，連根冥（宜）斸〔三三〕。疑網永斷，法輪恒續〔三四〕。景暮（慕）禪師〔三五〕，勿求司録。

説明

此件首尾完整，惟卷中殘缺數字，有首題。敦煌文獻中與此件内容相同者有伯二六八〇、伯三七二七背二件。《敦煌碑銘讚輯釋》（甘肅教育出版社，一九九二年版）釋文僅參校伯三七二七背。以上釋文以斯一七七四背爲底本，用伯二六八〇（稱其爲甲本）、伯三七二七（稱其爲乙本）參校。

校記

〔一〕「頌」，甲、乙本皆作「讚」。
〔二〕「禪師」，甲本同，乙本作「昔禪師者」；「氾」，甲、乙本作「氾氏」。
〔三〕「名」，乙本同，甲本作「號」。
〔四〕「髫」，甲本同，乙本作「齠」。
〔五〕「四」，據殘筆劃及甲、乙本補；「壁」，甲本同，乙本作「辟」，「辟」爲「壁」之借字；「然」，據殘筆劃及甲、乙本補。
〔六〕「身」，據殘筆劃及甲、乙本補；「恒」，《敦煌碑銘讚輯釋》釋作「何」，誤；「寺門」，據甲、乙本補。

〔七〕「或」，據甲、乙本補；「郭」，甲本作「槨」，乙本作「埻」，「槨」、「埻」均爲「郭」之借字。

〔八〕「元」，乙本同，甲本作「无」，誤；「兀」，當作「不」，據甲、乙本改；「堂」，當作「常」，據甲、乙本改。

〔九〕「乃」，乙本同，甲本作「及」，誤。

〔一〇〕「住」，當作「至」，據甲、乙本改，《敦煌碑銘讚輯釋》釋作「往」。

〔一一〕「藍」，乙本同，甲本脱。

〔一二〕「感」，乙本同，甲本作「敢」，「敢」爲「感」之借字；第二個「潛」字，據甲、乙本補；「通」，《敦煌碑銘讚輯釋》釋作「通將」。

〔一三〕「有」，當作「右」，據甲、乙本改。

〔一四〕「子」，乙本同，甲本脱。

〔一五〕「疑」，當作「宜」，據甲、乙本改，「疑」爲「宜」之借字；「敬禮」，乙本同，甲本作「禮敬」。

〔一六〕「默示緘口」，甲本作「寂默示緘」，乙本作「默示緘」，乙本有脱文。

〔一七〕「足」，甲本作「是」，乙本作「何足」，「何」字當爲衍文。

〔一八〕「混」，甲本同，乙本作「渾」，「渾」爲「混」之借字。

〔一九〕「心捐」，甲本作「心損」，「損」字誤，乙本作「至心」。

〔二〇〕「分」，乙本同，甲本作「問」。

〔二一〕「詎」，乙本同，甲本作「拒」，「拒」爲「詎」之借字；「辱」，乙本同，甲本作「褥」，「褥」爲「辱」之借字。

〔二二〕「我」，當作「鵝」，據甲、乙本改。

〔二三〕「自」，《敦煌碑銘讚輯釋》釋作「目」，誤。

〔二四〕「師」，乙本同，當作「服」，據甲本改。

〔二五〕「偕」，乙本同，甲本作「階」。

〔二六〕「求」，乙本同，甲本作「丞」，當作「承」，據文義改，疑「丞」爲「承」之借字。

〔二七〕「蹤」，甲、乙本同，疑爲「躑」之譌，《敦煌碑銘讚輯釋》校作「踟」，亦通。

〔二八〕「忝」，乙本同，甲本作「泰」，誤；「含」，乙本同，甲本作「貪」，誤。

〔二九〕「盛」，乙本同，甲本作「咸」，誤。

〔三〇〕「其」，據甲、乙本補，《敦煌碑銘讚輯釋》釋作「直」，誤；「其命」，甲、乙本皆作「命其」，當乙。

〔三一〕「朝殞」，據甲、乙本補。

〔三二〕「贈」，乙本作「續」，當作「贖」，據甲本改。

〔三三〕「冥」，當作「宜」，據甲、乙本改；「宜斷」，《敦煌碑銘讚輯釋》録作「冥類」，誤。

〔三四〕「恒續」，甲本同，乙本作「無濁」，《敦煌碑銘讚輯釋》録作「無滯」，誤。

〔三五〕「暮」，當作「慕」，據甲、乙本改，「暮」爲「慕」之借字。

參考文獻

Giles, *BSOS*, 10.2（1940）, p. 341；《敦煌寶藏》一三冊，四〇〇頁（圖）；《英藏敦煌文獻》三卷，一四三頁（圖）；《法藏敦煌西域文獻》一七卷，二二一页（圖）；《法藏敦煌西域文獻》二七卷，一五一页（圖）；《敦煌碑銘贊輯釋》，四一八至四一九頁（録）。

斯一七七四背　二　法律智定等一伴交歷（卷題）

釋文

法律智定等一伴交歷

説明

此件僅此一行，前有多行空白，後亦有空白，當爲正面文書卷題。

參考文獻

《敦煌寶藏》一三册，四〇〇頁（圖）；《英藏敦煌文獻》三卷，一四四頁（圖）。

斯一七七六A　顯德伍年（公元九五八年）大乘寺法律尼戒性等交割常住什物點檢歷

釋文

顯德伍年戊午歲十一月十三日〔一〕，判官與當寺徒衆就庫交割，所由法律尼戒性、都維永明、典座慈保、直歲　　等，一伴點檢常住什物，見分付後所由法律尼明照、都維□心、都維善提性、典座善戒、直歲善性等，一伴執掌常住物色，謹具分析如後：

供養具：長柄熟銅香爐壹。又長柄熟銅香爐壹，在櫃。小銅師子壹。小經案貳，内壹在延定真。漆籌箭壹〔二〕。佛屏風陸扇。蓮花座壹。銅杓子壹。銅澡灌（罐）壹〔三〕，在櫃。破漆香奩壹。新木香奩壹，在櫃。新香楪貳。銅鈴并鐸壹。銅佛印壹。經藏壹，在殿。小桉架貳，内壹在北倉。黑石枕叁。磨睺羅壹，在櫃。大經案壹，在殿。大燈樹壹，在殿。司馬錦經巾壹，在櫃。金油師子壹，在櫃。《大佛名經》壹拾陸卷。黄布經巾壹。又黄布經巾壹。黄項菩薩幡貳拾口，在櫃。小菩薩幡貳拾捌口，在櫃。大絹幡陸口，在櫃。故破幡額壹條。

銅楪子壹[四]，在櫃。百納經巾壹。青繡盤龍傘壹副，兼帛綿綾裹并裙住（柱）帶具全[五]。
官施銀泥幡柒口。又大銀泥幡壹口。銅鈴壹，在竿上。大銅鈴肆，内貳在櫃。
家具[六]：中臺盤貳，小㮇子叁。花鐏子壹。花木盛子壹[七]。黄花團盤貳。故黑團盤壹。
小黑牙盤子壹，無連蹄。赤心擎盤壹，在恒子。五尺花牙盤壹面，無連蹄。黑木盛壹[八]。
花檻壹，無蓋。箱壹葉，在櫃。斗壹量。木盆大小肆。伍斗木〔盆〕貳[九]。漆擎子脚貳。
壁牙壹。案板貳。木火爐貳。叁尺花牙盤壹。踏牀壹張。新花團盤肆，在櫃。又花擎盤貳，
内壹在櫃[一〇]。朱裹楪子陸枚。又花楪子肆，在櫃。銀鏤枕子（下缺）

說明

此號内有A、B兩個斷片，雖内容屬於同類但不能拼接，第二片（B）可以和斯一六二四背綴合。此件（A）首全尾缺，存二十五行，唐耕耦、陸宏基指出其與斯一七七四屬於同一寺院的交割常住什物歷狀，卷中『供養具』和『家具』標題用朱筆書寫，而所列物品名稱和數量與斯一六二四背、斯一七七四大乘寺交割點檢的『常住什物』大致相同，故知此件亦爲大乘寺文書（參見《敦煌社會經濟文獻真蹟釋録》三輯二五頁、《唐後期五代宋初敦煌僧尼的社會生活》一三〇頁）。

此件卷首所列掌管物品的『所由』法名有的如都維『永明』、典座『慈保』、法律尼『明照』等由本人親自簽署，而直歲後留有空白，疑本人未及署名。

校記

〔一〕『題』，《敦煌社會經濟文獻真蹟釋録》、《英藏敦煌文獻》據文義校補。

〔二〕『筩』，《敦煌社會經濟文獻真蹟釋録》校改作『筒』，按『筩』本義爲竹筒，不必校改。

〔三〕『灌』，當作『鑵』，據斯一七七四《點檢歷》改，『灌』爲『鑵』之借字。

〔四〕『子』，《敦煌社會經濟文獻真蹟釋録》漏録。

〔五〕『住』，當作『柱』，《敦煌社會經濟文獻真蹟釋録》據斯一七七四《點檢歷》之『白絹綾裹並褙柱帶全』句校改，『住』爲『柱』之借字。

〔六〕『家』，據斯一七七四《點檢歷》補。

〔七〕『木盛』，底本寫作『榼』，應爲『木盛』之合文。

〔八〕『盛』，底本寫作『榼』，應爲涉上文『木』字而成的增旁俗字。

〔九〕『盆』，據斯一七七四《點檢歷》之『五斗木盆貳』句補。

〔一〇〕『壹在櫃』，《敦煌社會經濟文獻真蹟釋録》據殘筆劃及文義校補。

參考文獻

Giles，*BSOS*，10.2（1940），p. 341；《敦煌僧官制度》三九一頁；*Descriptive catalogue of the Chinese Manuscripts from Tunhuang in the British Museum*，p. 276；《敦煌寶藏》一三册，四〇四至四〇五頁（圖）；《敦煌社會經濟文獻真蹟釋録》三輯，一二至一三頁（録）、（圖）；《英藏敦煌文獻》三卷，一四四至一四五頁（圖）；《敦煌寺院會計文書研究》六頁；《唐后期五代宋初敦煌僧尼的社會生活》一二九至一六五頁；《敦煌研究》二〇〇六年二期，八九至九〇頁。

斯一七七六B　天福柒年（公元九四二年）大乘寺交割常住什物點檢歷〔見第七卷斯一六二四背+斯一七七六（2）〕

斯一七七六A背　歷代法寶記（頌唐朝第五祖弘忍禪師碑）

釋文

唐朝第五祖

弘忍禪師，俗姓周，黄梅人也。七歲事信大師，住年十三[一]，入道披衣。其性木訥沉厚[二]，同學輕戲，默然無對。常勤作務，以禮下人。晝則混跡駈給，夜便坐攝至曉，未常（嘗）懈倦[三]，卅年不離信大師左右。身長八尺，容貌與常人绝殊。得付法[四]，居馮茂山，在雙峯山東[五]，相去不遙，時人號爲東山〔法〕門[六]，即馮茂山也[七]，非嵩山是也。時有狂賊可達寒奴戮等，圍饒州城數匝[八]，無有絡（路）入[九]，飛鳥不通。大師遥見，來彼城，群賊退散，遞相言[一〇]：『無量金剛執杵趁我，怒目切齒，我遂奔散。』忍大師却歸馮茂山。顯慶五年，大帝勅使黄悔（梅）馮茂山[一一]，請忍大師[一二]，不赴所請[一三]。又勅便（使）再請[一四]，不來。賜衣藥[一五]，就馮茂山供養。後卌餘年，接引道俗，四方龍像，歸依奔[湊][一六]。大師付囑惠能法及袈裟。後至咸享（亨）五年[一七]，命弟子玄賾師：『與吾起塔』。至二月十四日，問：『塔城（成）否〔一八〕？』〔答〕〔言〕〔一九〕：『功畢。』大師云：『不可同備（佛）二月廿（十）五日入般涅盤〔二〇〕。』又云：『吾一生教人無數，〔除〕惠能餘有十爾〔二一〕。神秀師、智詵師〔二二〕、智德師、宮（玄）債（賾）師〔二三〕、老安師〔二四〕、法如〔師〕〔二五〕、惠藏師、玄約師〔二六〕、劉主落（簿）〔二七〕。雖不離吾在（左）〔右〕〔二八〕，汝各一方師也。』後至上元二年二月十一日，奄然坐化，忍大師時年七十四也〔二九〕。弟子唯惠能傳衣得法承後〔三〇〕。學士閭丘均撰碑文〔三一〕。

說明

此號内有A、B兩個斷片，第二片（B）可以和斯一六二四綴合。此件（A）首尾完整，爲《歷代法寶記》中的部分内容，所記係唐朝第五祖弘忍禪師的事跡。以上的釋文是以斯一七七六背爲底本，用對本件有校勘價值的斯五一六（稱其爲甲本）、伯二一二五（稱其爲乙本）、伯三七一七（稱其爲丙本）參校。

此件後有『頌唐朝第五祖弘忍禪師叙，並寺僧家具數目單，後漢顯德五年』等内容，疑爲蔣孝琬所書，未録。

校記

〔一〕「住」，甲、丙本作「信」，乙本無，疑「住」、「信」均爲衍文，丙本「住」前衍「大師」二字。
〔二〕「木」，甲、丙本同，乙本作「不」，誤。
〔三〕「常」，甲、乙、丙本同，當作「嘗」，本書第二卷據文義校改，「常」爲「嘗」之借字。
〔四〕「付法」，甲、丙本同，乙本作「法付袈裟」。
〔五〕「東」，甲、丙本同，乙本作「東西」，誤。
〔六〕「法」，據文義及甲、乙、丙本補；「門」甲、丙本同，乙本作「師」。
〔七〕「即」，甲、丙本同，乙本作「即爲」。
〔八〕「饒」，甲、丙本同，乙本作「繞」，誤。
〔九〕「絡」，當作「路」，據甲、乙、丙本改。
〔一〇〕「相」，甲、丙本同，乙本脱。
〔一一〕「悔」，當作「梅」，據文義及甲、乙、丙本改。
〔一二〕「請」，甲、丙本同，乙本作「清」，誤。
〔一三〕「不」，甲、乙、丙本作「大師不」；「請」，甲、丙本同，乙本作「清」，誤。
〔一四〕「便」，當作「使」，據文義及甲、乙、丙本改。
〔一五〕「賜」，甲、丙本同，乙本作「敕賜」。
〔一六〕「湊」，據甲、乙、丙本補。
〔一七〕「享」，甲、丙本同，當作「亨」，據文義及乙本改。
〔一八〕「城」，當作「成」，據甲、乙、丙本改，「城」爲「成」之借字。

〔一九〕『答言』，據乙本補，甲、丙本作『答』。
〔二〇〕『佛』，底本此字右側有一圓圈，當爲此字寫錯的標記，當作『佛』，據甲、乙、丙本改；『廿』，當作『十』，據甲、乙、丙本改；『盤』，甲、乙、丙本作『槃』，均可通。
〔二一〕『除』，乙本亦脱，據文義及甲、丙本補。
〔二二〕『師』，據甲、乙、丙本補。
〔二三〕『宫』，當作『玄』，據甲本改；『償』，當作『賾』，據甲、乙、丙本改。
〔二四〕『老安』，甲、丙本同，乙本作『安老』。
〔二五〕『師』，據文義及甲、乙、丙本補。
〔二六〕『玄約師』，甲、乙本同，丙本脱。
〔二七〕『落』，當作『薄』，據文義及甲、乙、丙本改。
〔二八〕『在』，當作『左』，據文義及甲、乙、丙本改；『右』，據甲、乙、丙本補。
〔二九〕『也』，甲本同，乙本無。丙本無『後至上元二年二月十一日，奄然坐化，忍大師時年七十四也』。
〔三〇〕『唯』，甲、丙本同，乙本無。
〔三一〕『均』，據殘筆劃及甲、乙、丙本補。

參考文獻

《大正新脩大藏經》五一冊，一八一頁（録）；*Descriptive Catalogue of the Chinese Manuscripts from Tunhuang in the British Museum*, p. 276；《敦煌遺書總目索引》一四四頁；《初期の禪史》Ⅱ，《禪の語録》3，八二至八三頁（録）（R）；《初期禪宗史書の研究》（R）；《敦煌禪宗文獻の研究》六二五頁（R）；《敦煌寶藏》一三冊，四〇六頁（圖）；《英藏敦煌文獻》一卷，二二五至二二六頁（圖）、三卷一四六頁（圖）；《法藏敦煌西域文獻》六冊，一四九頁（圖）；《周紹良先生欣開九秩壽慶文集》二三五至二三六頁；《法藏敦煌西域文獻》二七冊，八一至八二頁（圖）；《英藏敦煌社會歷史文獻釋録》第二卷，四六七至五六四頁（録）；《敦煌學輯刊》二〇〇六年三期，一五八頁；《敦煌研究》二〇〇六年五期，一〇〇頁。

斯一七七六B背　僧傳摘抄（惠能禪師、僧伽大師、萬迴和尚等）〔見第七卷斯一六二四+斯一七七六（2）背〕

斯一七八〇　元年建未月七日有相等於沙州龍興寺受菩薩戒牒

釋文

（前缺）

弟子有相，於元年建未月七日申時，於沙州龍興寺受菩薩戒[一]，
釋伽（迦）牟尼佛爲和上[二]，
文殊師利菩薩爲羯磨阿闍梨，
當來彌勒尊佛爲教受（授）師[三]，
十方諸佛爲證戒師，
十方諸大菩薩爲同學伴侶，
神卓法師爲傳戒和上[四]。
歸依佛，不可壞；歸依法，不可壞；
歸依僧，不可壞；歸依戒，不可壞。

發四弘誓願：

衆生無邊誓願度，煩惱無邊誓願斷，

佛法無邊誓願學，無上菩提誓願成。

同受戒人上惠、上智、等心、上仙、惠明、法光、寶明、

廣自在、妙果、莊嚴、藥上、正無礙、淨心、淨念〔五〕、善光。

和上神卓〔六〕。

説明

此件前缺，從所存内容看應爲授菩薩戒牒，年代待考。

校記

〔一〕「薩戒」，據文義補，《敦煌遺書總目索引》、《敦煌遺書總目索引新編》逕釋作「薩戒」。

〔二〕「伽」，當作「迦」，《敦煌遺書總目索引》據文義校改，《敦煌遺書總目索引新編》逕釋作「迦」，「伽」爲「迦」之借字；「上」，《敦煌遺書總目索引》、《敦煌遺書總目索引新編》釋作「尚」。

〔三〕「受」，當作「授」，據文義改，《敦煌遺書總目索引》、《敦煌遺書總目索引新編》逕釋作「授」，「受」爲「授」之借字。

〔四〕「上」，《敦煌遺書總目索引》釋作「尚」。

〔五〕『淨』，《敦煌遺書總目索引》釋作『正』，誤。

〔六〕『上』，《敦煌遺書總目索引》釋作『尚』；此句『神卓』二字筆墨稍重，字體較大，似爲簽名。

參考文獻

Descriptive Catalogue of the Chinese Manuscripts from Tunhuang in the British Museum, p. 211；《敦煌遺書總目索引》一四四頁（録）；《敦煌寶藏》一三册，四三四頁（圖）；《敦煌學園零拾》上册，二一九至二二〇頁；《講座敦煌》五册《敦煌漢文文獻》五九六至五九七頁；《英藏敦煌文獻》三卷，一四七頁（圖）；《敦煌遺書總目索引新編》五四頁（録）。

斯一七八一　一　散華讚文

釋文

散蓮華樂〔一〕，散華林。散蓮華樂，滿道場。
稽首歸依三學滿〔二〕，散華樂。天人大聖十方尊〔三〕，滿道場。
昔在雪山求半偈〔四〕，散華樂。不顧駈（軀）命捨全身〔五〕，滿道場。
巡歷百城求善友〔六〕，散華樂。敲骨出髓不生瞋〔七〕，滿道場。
帝釋四王捧馬足〔八〕，散華樂。夜半踰城出宮圍（闈）〔九〕，滿道場。
苦行六年成正覺〔一〇〕，散華樂。鹿院（苑）初度五歸（俱）輪〔一一〕，滿道場。
弘誓慈悲度一切〔一二〕，散華樂。三乘設教濟群生〔一三〕，滿道場。
大衆持花來供養〔一四〕，散華樂。一時舉手散虛空〔一五〕，滿道場。
　已卯年二月三日比丘僧金剛會書記之耳。

說明

此件首尾完整，原未抄録題目。現知與其内容相同者尚有斯六六六八背、斯四六九〇背、斯五五五七背、斯五五七二、斯六四一七、伯三六四五、北敦七八〇五（制〇〇五）、伯二五六三背、Дx.八二八等九件。斯六六六八背首部完整，尾部原未抄完，起『散蓮花落（樂）』，訖『禄院初度五歸輪，滿道場。洪』，亦未抄録題目。斯四六九〇背首尾完整，首題『散花梵文一本』。斯五五五七背首缺，尾部完整，起『昔在雪山求半偈』，訖『一時舉手散虚空，滿道場』。斯五五七二首尾完整，首題『散華樂讚文』。斯六四一七首尾完整，無標題，尾題：『貞明陸年庚辰歲（公元九二〇年）二月一日金光明寺僧寶印寫梵題記』。伯三六四五亦首尾完整，首題『散華梵文』。北敦七八〇五（制〇〇五）首尾完整，起『散蓮花樂』，訖『一時已（舉）手散虚空，滿道場』，尾題：『建隆叁年歲次癸亥五月四日律師僧保德自手題記，比丘僧慈願誦』。值得注意的是，該件是正背接續抄寫，正面的尾部抄寫三行，背面文本抄寫三行，題記兩行。伯二五六三背首部完整，尾部原未抄完，起『散花林』，訖『鹿苑初度五歸輪，滿道』。Дx.八二八首缺，尾部完整，上下沿殘，起『蓮花樂，滿道場』，訖『首（手）散虚空，滿道場』。疑斯四六九〇和伯三六四五首題中之『梵』爲『讚』之借字，故此件應定名爲『散華讚文』。

『散華讚文』是在佛事活動中唱和讚文之一種，一人領唱，衆人和聲，其中之『散華樂』和『滿道場』是衆人唱和詞。據研究，敦煌文獻中的『散華讚文』可分爲讚歎佛陀八相成道的莊嚴歎佛類，已知寫本有斯六六六八背、斯一七八一、斯四六九〇背、斯五五五七背、斯五五七二、斯六四一七、伯三六四五、北敦七八〇五（制〇〇五）、伯二五六三背和Дx.八二八；禮讚佛陀涅槃的涅槃念師類，已知寫本伯三一二〇；奉請諸佛菩薩類，已知寫本斯二五五三、伯二一三〇、伯三一一六、北敦五四四一（果四一）等三種（參見李小榮《敦煌佛曲〈散花樂〉考源》，《法音》二〇〇〇年十期，二〇至二五頁）。此件即屬於第一種。此件末尾所題「乙卯」，翟理斯推斷爲公元九一九年（參見 *Descriptive Catalogue of the Chinese Manuscripts from Tunhuang in the British Museum*, p. 192）。而斯六四一七抄寫的年代是貞明六年，公元九二〇年。《國家圖書館藏敦煌遺書》（第九十九册，北京圖書館出版社，二〇〇八年版）編者在「條記目録」中指出上引北敦七八〇五（制〇〇五）紀年題記有誤，因建隆三年本應歲次「壬戌」，即公元九六二年，而「癸亥」應爲建隆四年，即公元九六三年，其說可從。蓋干支紀年出現錯誤的概率要小於數字紀年。綜合以上幾件有紀年的寫本，可以大致推斷此類寫本流行的時代在五代宋初。

以上的釋文是以斯一七八一爲底本，用斯六六八背（稱其爲甲本）、斯四六九〇背（稱其爲乙本）、斯五五五七背（稱其爲丙本）、斯五五七二（稱其爲丁本）、斯六四一七（稱其爲戊本）、伯三六四五（稱其爲己本）、北敦七八〇五（制〇〇五）（稱其爲庚本）、伯二五六三背（稱其爲辛本）和Дх.八二八（稱其爲壬本）參校。

校記

〔一〕「蓮」，甲、丁、戊、己、庚、辛本同，乙本作「連」，「連」爲「蓮」之借字，以下同，不另出校；「華」，丁、戊、己本同，甲、乙、庚、辛本作「花」，「華」通「花」，以下同，不另出校；「樂」，乙、丁、戊、己、庚、辛本同，甲本作「落」，「落」爲「樂」之借字，以下同，不另出校。

〔二〕「稽」，丁、戊、己、庚、辛、壬本同，甲本作「喫」，乙本作「啓」，「喫」、「啟」均爲「稽」之借字；「首」，甲、乙、丁、戊、己、庚、壬本同，辛本作「者」，「者」爲「首」之借字；「歸」，乙、丁、戊、己、庚、辛、壬本同，甲本作「師」，誤；「依」，乙、丁、己、庚、辛本同，甲本作「於」，戊、壬本作「衣」，「於」、「衣」均爲「依」之借字。

〔三〕「聖」，丁、戊、辛本同，甲、乙本作「世」，庚本作「姓」，「世」、「姓」均爲「聖」之借字。

〔四〕「昔」，甲、乙、丙、丁、戊、己、辛本同，庚本作「臘」，誤；「偈」，甲、乙、丙、丁、戊、己、庚、壬本同，辛本作「褐」，「褐」爲「偈」之借字。

〔五〕「不」，乙、丁、戊、己、庚、壬本同，甲、丙、辛本作「福」，「福」爲「不」之借字；「顧」，乙、丁、戊、己、辛本同，甲本作「被」，丙、庚、壬本作「故」，「被」、「故」均爲「顧」之借字；「駈」，甲、戊、庚本同，當作「軀」，據乙、丙、丁、己、辛、壬本改，「駈」爲「軀」之借字；「命」，甲、乙、丙、丁、戊、己、辛、壬本同，庚本作「米」，「米」爲「命」之借字；「全」，諸本同，本書第三卷釋作「金」，誤。

〔六〕「歷」，乙、丁、戊、己、辛、壬本同，甲、丙、庚本作「力」，「力」爲「歷」之借字；「城」，乙、丙、丁、戊、己本同，甲、庚、辛、壬本作「成」，「成」爲「城」之借字；「友」，乙、丙、戊、己、辛、壬本同，甲、丁、庚本作「有」，「有」爲「友」之借字。

〔七〕「敲」，丁、戊、己、辛本同，甲本作「擊」，乙本作「校」，丙本作「跤」，庚本作「巧」，疑「校」、「跤」、「巧」均爲「敲」之借字；「髓」，甲、乙、丁、戊、己、壬本同，庚本脱，丙、辛本作「歲」，「歲」爲「髓」之借字；「生」，甲、乙、丙、丁、戊、己、庚、辛本同，壬本脱；「瞋」，丁、戊本同，甲、乙、丙、己、庚、辛、壬本作「嗔」，「嗔」，均可通。

〔八〕「帝」，甲、乙、丙、丁、戊、庚、辛本同，己本作「弟」，「弟」爲「帝」之借字，本書第三卷釋作「曩」，誤；

「釋」，乙、丙、丁、戊、己、庚本同，辛本脱，甲本作「昔」，疑「昔」爲「釋」之借字；「捧」，丙、丁、戊本同，甲本作「調」，乙本作「棒」，己本作「琫」，「庚本」作「粉」，辛本作「埲」，疑「粉」爲「捧」之借字，「琫」、「埲」亦可通，「調」、「棒」二字誤；「足」，甲、乙、丙、戊、己、辛本同，丁本作「號」，誤。壬本無此句。

〔九〕「夜半」，乙、丙、丁、戊、己、庚、辛本同，甲本作「也中」，「也」爲「夜」之借字；「踰」，乙、丙、丁、戊、己、辛本同，甲本作「爲」，庚本作「惟」，疑「爲」、「惟」均爲「踰」之借字；「城」，乙、丙、丁、戊、己本同，甲、庚、辛本作「成」，「成」爲「城」之借字；「宮」，乙、丙、丁、戊、己、辛本同，甲本作「弓」，「弓」爲「宮」之借字；「圍」，乙、丁、戊、己本同，甲本作「爲」，丙、庚本作「榮」，辛本作「門」，當作「闈」，據文義改，「爲」、「圍」、「榮」均爲「闈」之借字。壬本無此句。

〔一〇〕「苦」，甲、乙、丙、戊、己、庚、辛、壬本同，丁本作「若」，誤；「六年」，甲、乙、丙、戊、己、庚、辛、壬本同，辛本作「一生」；「成」，甲、丙、丁、戊、己、庚、辛、壬本同，乙本作「城」，「城」爲「成」之借字；「正」，乙、丙、丁、戊、己、庚、辛、壬本同，甲本作「政」，「政」爲「正」之本字；「覺」，乙、丙、丁、戊、己、庚、壬本同，甲本作「角」，辛本作「學」，「角」、「學」均爲「覺」之借字。

〔一一〕「鹿」，乙、丙、丁、戊、己、辛、壬本同，甲本作「禄」，「禄」爲「鹿」之借字，本書第三卷釋作「林」，誤；「院」，甲、丁、戊本同，庚本作「宛」，當作「苑」，據文義及乙、丙、己、辛、壬本改，「院」爲「苑」之借字，「宛」字誤；「度」，甲、乙、丙、丁、戊、己、辛、壬本同，庚本作「杜」，「杜」爲「度」之借字，本書第三卷釋作「變」，誤；「歸」，甲、乙、丙、戊、庚本同，辛本脱，己本作「須」，當作「俱」，據丁、己、壬本改，「歸」爲「俱」之借字。

〔一二〕「弘」，乙、丙、丁、戊、己、庚本同，甲本作「洪」，本書第三卷釋作「諸」，誤；「度」，乙、丙、丁、戊、己、壬本同，庚本脫。

〔一三〕「設」，乙、丙、丁、戊、己、壬本同，庚本作「說」，「說」爲「設」之借字；「濟」，乙、丙、丁、戊、己本同，庚本作「正」，壬本作「齊」，「齊」字誤。

〔一四〕「花」，乙、丙、戊、庚、壬本同，丁、己本作「華」，「華」通「花」。

〔一五〕「舉」，乙、丙、丁、戊、己本同，庚本作「己」，「己」爲「舉」之借字；「手」，乙、丙、丁、戊、己、庚本同，壬本作「首」，「首」爲「手」之借字。

參考文獻

《敦煌曲校録》一〇一至一〇三頁；*Descriptive catalogue of the Chinese Manuscripts from Tunhuang in the British Museum*，p. 192；《敦煌韻文集》七〇至七一頁（録）；L'Airs de Touen-Houang，pp. 14－33；《敦煌寶藏》一三冊，四三四頁（圖）；《敦煌遺書總目索引》一四四頁；《英藏敦煌文獻》二卷，一一三頁（圖）；《英藏敦煌文獻》三卷，一四八頁（圖）；《英藏敦煌文獻》六卷，二四〇頁（圖）；《英藏敦煌文獻》八卷，一三頁（圖）、四五頁（圖）；《英藏敦煌文獻》一一卷，四七頁（圖）；《社科縱橫》一九九六年增刊，二三至二六頁；《敦煌遺書總目索引新編》五四頁；《法音》二〇〇〇年十期，二〇至二五頁；《法藏敦煌西域文獻》二六冊，二一〇頁（圖）；《英藏敦煌社會歷史文獻釋録》三卷，四七四至四七五頁（録）。

斯一七八一　二　庚辰年（公元九二〇年）正月二日僧金剛會手下便麥抄

釋文

庚辰年正月二日〔一〕，僧金剛會手下斛斗具數如

後：安慶子便麥叁碩〔二〕，至秋陸碩〔三〕。（押）

（中空一行）

金剛惠便麥叁碩柒斗，至秋柒碩肆斗。

説明

此件抄於《散華讚文》之後，其中『庚辰』，唐耕耦、陸宏基確定爲公元九二〇年（參見《敦煌社會經濟文獻真蹟釋録》二輯，二〇五頁），此從之。此件前有『佛告善男子』五字，因非社會歷史文獻，不録。

校記

〔一〕此句前有「佛告善男子」五字，因非社會歷史文獻，未録。

〔二〕「便」，《敦煌遺書總目索引》、《敦煌遺書總目索引新編》釋作「借」，誤。

〔三〕「陸」，《敦煌遺書總目索引》、《敦煌遺書總目索引新編》釋作「柒」，誤。

參考文獻

《敦煌遺書總目索引》一四九頁（録）；《敦煌寶藏》一三册，四三四頁（圖）；《敦煌社會經濟文獻真蹟釋録》二輯，二〇五頁（録）、（圖）；《英藏敦煌文獻》三卷，一四八頁（圖）；《敦煌遺書總目索引新編》五四頁（録）。

斯一七九九　妙法蓮華經普賢菩薩勸發品第二十八題記

釋文

楊文玉。

説明

此件《英藏敦煌文獻》未收，現予補録。

參考文獻

Descriptive Catalogue of the Chinese Manuscripts from Tunhuang in the British Museum, p. 89（録）；《敦煌寶藏》一三冊，五五四頁（圖）；《敦煌遺書總目索引新編》五四頁（録）。

斯一八〇七　一　西方阿彌陀佛禮文抄

釋文

（前缺）

至心歸命禮西方阿彌陀佛〔一〕。

一住說法垣（恒）沙刧〔二〕，普爲世界斷諸魔〔三〕。

安樂城中登聖座〔四〕，諸天圍遶悉來迎〔五〕。

八萬四千菩薩衆，奉特（持）葉（花）菓請娑婆〔六〕。

願共諸衆生，往生安樂國。

至心歸命禮西方阿彌陀佛。

明月神珠結羅網，涌水〔皆〕成智慧湯〔七〕，

聞身康強不脩福〔八〕，臨渴掘井水難忘（望）〔九〕。

人身喻若當風燭〔一〇〕，命似雲中一電光。

欲覓西方求淨土，如來（何）晝夜不敬（驚）忙〔一一〕。

願共諸衆生，同發心往生安樂國。
至心歸〔命〕禮西方阿彌陀佛〔一二〕。
仰稽十方諸衆等，今欲發心願惣聽。
披毛戴角受諸苦，六道輪迴處處經。
刀山地獄無邊際，四面銅狗鐵圍城。
佛問此人有何罪，爲向閻浮覓我名。
願共諸衆生，往生安樂國。
至心歸命禮西方阿彌陀佛。
三途一入難迴出〔一三〕，歷劫受苦詎何殃〔一四〕。
臨命終時無善業〔一五〕，鑊湯爐炭眼前行〔一六〕。
阿隸耶識中受諸苦〔一七〕，四大深墳土底藏〔一八〕。
今得人身不念佛，來生邊地作毛囊〔一九〕。
願共諸衆生，往生安樂國。
至心歸命禮西方阿彌陀佛〔二〇〕。
披毛戴角畜生刑（形）〔二一〕，是我前身無善因〔二二〕。
煞生偷盜無休息〔二三〕，輕慢師僧誑二親〔二四〕。

飲酒食肉無慙愧，今日受苦向誰陳〔二五〕。
口中横骨不得語〔二六〕，種種從他鞭打身。
願共諸衆生，往生安樂國。
至心歸命禮西方阿彌陀佛。
第一念佛常不忘〔二七〕，第二心口會須平。
三者勤脩六度行〔二八〕，四者慎莫覓聲名〔二九〕。
若〔能〕如此合佛意〔三〇〕，彼國蓮華東向傾〔三一〕。
臨命終時直往彼〔三二〕，隨佛六道救衆生。
願共諸衆生〔三三〕，往生安樂國。
至心歸〔命〕禮西方阿彌陀佛〔三四〕。
六道衆生不可救，見佛光明心不驚〔三五〕。
彌阿（陀）千喚不肯去〔三六〕，牛頭獄卒競來迎〔三七〕。
佛問此人有何罪〔三八〕？飲酒食肉及邪婬。
普勸道場諸衆等〔三九〕，須捨閻浮膿血身〔四〇〕。
願共諸衆生，往生安樂國。
至心歸命禮西方阿〔彌〕陀佛〔四一〕。

今觀此身實可厭，種種不淨假名生（身）〔四二〕。
三百碎骨於（相）支拄〔四三〕，遍體何僧（曾）有片真〔四四〕。
脂粉朱黛塗（徒）裝飾〔四五〕，終歸地下成灰塵〔四六〕。
普勸道場諸衆等〔四七〕，專心念佛入真門〔四八〕。
願共諸衆生，往生安樂國。
至心歸命禮西方阿彌陀佛〔四九〕。
真門一入難迴出〔五〇〕，合掌蓮華坐寶臺〔五一〕。
八功德小（水）常圓滿〔五二〕，四色蓮華遶佛來〔五三〕。
佛放眉間相光照，拔彼衆生心葉開〔五四〕。
意欲將身救諸苦〔五五〕，身上感得二銖衣〔五六〕。
願共諸衆生，往生安樂國。
至心歸命禮西方阿彌陀佛。
衆生心悶如音（闇）室〔五七〕，不覺前頭有火坑。
郭重緣牽歡喜人〔五八〕，身苦始知霎眼盲〔五九〕。
福少罪多向惡道，牛頭獄卒喚其名。
一念稱揚三寶字，鑊湯地獄自然停。

願共諸衆生，往生安樂國。
至心歸命禮西方阿彌陀佛。
憶念一歲與三歲，慈母乳養恒抱持。
迴乾去濕將勢契〔六〇〕，終日竟夜不辭疲。
未解東西識善惡〔六一〕，愚癡或亂造諸非〔六二〕。
請捨閻浮求淨度（土）〔六三〕，觀音勢至與依（衣）拔〔六四〕。
願共諸衆生，往生安樂國。
至心歸命〔禮〕西方阿彌陀佛〔六五〕。
觀音勢至二菩薩〔六六〕，慈光恒照往生人。
天冠寶瓶立化佛，毫相眉間具七珍〔六七〕。
手掌莊嚴雜化（花）色〔六八〕，指端猶如畫一（印）文〔六九〕。
願垂寶手來迎接，牽此金臺就我身〔七〇〕。
願共諸衆生，往〔生〕安樂國〔七一〕。
至心歸〔命〕禮西方阿彌陀佛〔七二〕。
十惡五逆愚癡輩〔七三〕，便成地獄苦中災。
懺悔罪根持淨戒，三塗苦寶（報）離心懷〔七四〕。

儻若臨終惡相對，願逢善友使心開。
急教稱念彌陀佛，金華寶坐必來迎〔七五〕。
願共諸衆生，往生安樂國。
至心歸命禮西方阿彌陀佛。
憶念母腹受胎時〔七六〕，膿血共聚業風吹〔七七〕。
母胞開張成人相〔七八〕，惟食不淨與（以）充飢〔七九〕。
月滿臨時欲分決〔八〇〕，慈母悶絶徹心脾〔八一〕。
想母生時受大苦〔八二〕，努力各各報慈恩〔八三〕。
願共諸衆生，往生安樂國。
至心歸命禮西方阿彌陀佛。
慈母愛念無休息，生時一月命親羅。
懸羊住（柱）上將刀刺〔八四〕，血流滿地等江河。
煑熟盤盛咸言美〔八五〕，音聲聚樂動絃歌。
那知煞生短命報，一入地獄歲年多。
爲汝男女受新（辛）苦〔八六〕，濩湯盧（爐）炭盡經過〔八七〕。
今勸慈悲孝順子〔八八〕，努力專爲禮彌陀。

願共諸衆生〔八九〕，往生安樂國〔九〇〕。
至心歸命禮西方阿彌陀佛。
大衆雖非煞父母，皆有不孝罪因緣。
妻子衣裳偏在急〔九一〕，耶孃單薄用爲閑。
背父背母私房食，無慙無愧不知恩。
如此之人捨命後，一入地獄百千年。
願共諸衆生，往生安樂國。
至心歸命禮西方阿彌陀佛。
十惡雖非煞父母，凡夫不孝有千般。
若見耶孃便嗔恨，如聞妻子即心歡。
妻子路中求可得，二親更覓甚爲難。
大衆努力行慈孝〔九二〕，耶孃慎莫遣飢寒〔九三〕。
願共諸衆生，往生安樂國。
至心歸命禮西方阿彌陀佛。
凡夫十惡皆當有，五逆之罪是誰無。
妻子虛言將作實，耶孃實語用爲虛。

妻家眷屬黐茲（慈）敏（愍）〔九四〕，兄弟姉妹到（倒）成踈（疎）〔九五〕。

如此之人捨命後，猶如箭射落三塗〔九六〕。

願共諸衆生〔九七〕，往生安樂國。

至心歸命禮西方阿彌陀佛〔九八〕。

禪師勸作西方業，相將往入菩提門。

若有一人能爲此〔九九〕，即是尋常報佛恩。

諸佛慈悲流此教〔一〇〇〕，衆生聞者永除昏。

今日逢師始惺悮（悟）〔一〇一〕，定入西方淨土門。

專心念佛求安樂，得（？）見彌陀無上尊。

願共諸衆生〔一〇二〕，往生安樂國〔一〇三〕。

至心歸命禮西方阿彌陀佛。

佛說西方極樂國〔一〇四〕，普勸同心一處生。

無問貴賤皆招引〔一〇五〕，只畏凡夫業不成〔一〇六〕。

若能七日專心念，命衆（終）直往寶池生〔一〇七〕。

彼佛慈悲歡喜讚〔一〇八〕，諸佛（天）菩薩悉來迎〔一〇九〕。

精進至心求淨土〔一一〇〕，永劫常聞安樂聲。

願共諸衆生，往生安樂國。
至心歸命禮西方阿彌陀佛。

説明

此件首缺尾全，其中『月』字使用了武周新字，《英藏敦煌文獻》定名爲『西方淨土讚』。BD 八一六八（北八三四八、乃六八）《西方阿彌陀佛禮文》與此件内容相同，僅起首部分比此件多兩句，此據以定名。另，BD 五四四一（北八三四五、果四一）《西方禮讚偈文》、《善導禪師勸善文》亦有部分内容與此件相同。斯二一四三尾部有一件文書内容與此件格式相同，部分内容也相同，但各段次序不同，且每段起首之『至心歸命禮』，該件作『南無』，似亦應屬『西方阿彌陀佛禮文』之類。

以上釋文以斯一八〇七爲底本，用 BD 八一六八（北八三四八、乃六八）（稱其爲甲本）、斯二一四三（稱其爲乙本）、BD 五四四一（北八三四五、果四一）（稱其爲丙本）參校。

校記

〔一〕『至心歸命禮』，乙本作『南無』。甲本無此句，起自首題『西方阿彌陀佛禮文』，甲、乙本在此句後另有『諦觀西方有一國，其國有佛號彌陀』二句。

〔二〕『垣』，當作『恒』，據甲、乙本改。

〔三〕『爲』，乙本同，甲本作『謂』，『謂』爲『爲』之借字；『諸』，甲本同，乙本作『衆』。

〔四〕「座」，乙本同，甲本作「坐」，「坐」通「座」。
〔五〕「迎」，甲、乙本均作「過」。
〔六〕「特」，當作「持」，據甲本改，乙本脱；「葉」，當作「花」，據甲、乙本改；「請」，甲本作「散」，乙本作「淨」。
〔七〕「皆」，據甲本補。
〔八〕「脩」，甲本作「修」。
〔九〕「忘」，甲本同，當作「望」，據文義改，「忘」爲「望」之借字。
〔一〇〕「喻」，甲本作「與」，「與」爲「喻」之借字；「當風」，甲本作「風中」。
〔一一〕「來」，當作「何」，據甲、乙本改；「敬」，當作「驚」，據甲、乙本改。
〔一二〕「命」，據文義及甲本補。
〔一三〕「迴」，甲、丙本同，乙本作「得」。
〔一四〕「詎何殃」，甲本同，乙、丙本作「自身當」。
〔一五〕「臨命終時」，甲、乙本同，丙本作「臨欲命終」。乙本此句後有「心中忙怕自迴惶，一切罪業業皆見」一句，丙本此句後有「心中怕懼實徊惶」一句，底本及甲本均無。
〔一六〕「鑊湯爐炭眼前行」，甲本同，丙本脱。
〔一七〕「隸」，甲、丙本作「賴」，乙本作「黎」，均爲讀音相近之音譯字；「耶」，丙本同，甲本無；「中」，甲本同，乙、丙本無。
〔一八〕「墳」，甲本同，乙、丙本作「埋」。
〔一九〕「地」，甲本同，乙、丙本作「界」。
〔二〇〕「至心歸命禮」，丙本同，乙本作「南無」。甲本無此句。

〔二一〕「披」，甲、乙本同，丙本作「毛」；「毛」，甲、乙本同，丙本作「囊」；「戴」，甲本同，乙、丙本作「帶」，「帶」爲「戴」之借字；「刑」，當作「形」，據甲本改，「刑」爲「形」之借字，乙、丙本作「身」，亦可通。
〔二二〕「是」，甲本同，乙本作「爲」，丙本作「與」。
〔二三〕「煞生偷盗」，丙本同，甲本作「煞生偷道」，「道」爲「盗」之借字，乙本作「造罪煞生」。
〔二四〕「誑」，甲本同，乙本作「狂」，丙本作「傍」，「狂」爲「誑」之借字，「傍」疑爲「謗」之借字。
〔二五〕「苦」，乙、丙本同，甲本作「罪」。
〔二六〕「不得語」，甲、乙本同，丙本作「語不得」。乙本此句後尚有「楚痛眼中雙淚下，普勸衆生發善心」二句，丙本則有「不覺眼前垂類（淚）下，普勸衆生皆發心」二句，底本、甲本均無以上内容。
〔二七〕「不」，甲、乙本同，丙本作「莫」；「忘」，甲、乙本同，丙本作「妄」，「妄」爲「忘」之借字。
〔二八〕「勤」，甲本同，乙本作「懃」，均可通；「脩」，乙本同，甲、丙本作「修」。
〔二九〕「慎莫覓聲名」，甲本同，乙本作「莫外覓聲名」，丙本作「莫聞外道及聲名」。
〔三〇〕「能」，據甲、乙、丙本補；「此」，丙本脱。
〔三一〕「華」，乙、丙本同，甲本作「花」，「華」通「花」；「东向」，甲、乙本同，丙本作「向东」。
〔三二〕「命」，甲、乙本同，丙本作「欲」；「直」，甲、乙本同，丙本作「逐」。
〔三三〕乙本脱此句。
〔三四〕「命」，據甲、丙本補；「至心歸命禮」，甲、丙本同，乙本作「南無」。
〔三五〕「心不驚」，甲本同，乙、丙本作「不發心」。
〔三六〕「阿」，當作「陀」，據甲、乙、丙本改；「千」，甲本同，乙、丙本作「親」。
〔三七〕「迎」，甲、乙本同，丙本作「擒」。乙、丙本此句後有「業正佛救亦不免，鑊湯爐炭轉加深」。

〔三八〕「問」，甲、丙本同，乙本作「聞」，「聞」爲「問」之借字；「有」，甲、丙本同，乙本作「造」。

〔三九〕「普」，甲、乙本同，丙本作「並」；「衆」，甲、乙本同，丙本作「貴」。

〔四〇〕「膿」，乙本同，甲本作「濃」，丙本作「農」，「濃」、「農」均爲「膿」之借字。

〔四一〕「至心歸命禮」，甲、丙本同，乙本作「南無」；「彌」，據甲、乙、丙本補。

〔四二〕「假」，甲、乙本同，丙本作「賈」，「賈」爲「假」之借字；「生」，甲、丙本作「人」，當作「身」，據乙本改，「生」爲「身」之借字。

〔四三〕「於」，當作「相」，據甲、乙、丙本改；「拄」，甲、乙本作「駐」，丙本作「叕」，「駐」爲「拄」之借字。

〔四四〕「遍體」，甲本同，乙本作「漏體」，丙本作「處處」；「僧」，當作「曾」，據甲、乙、丙本改。

〔四五〕「脂」，甲、乙本同，丙本作「只」，「只」爲「脂」之借字；「粉」，甲、乙本同，丙本作「分」，「分」爲「粉」之借字；「朱」，甲、乙本同，丙本作「四」；「黛」，甲本同，丙本作「大」；「塗」，甲本同，當作「徒」，據乙、丙本改，「塗」爲「徒」之借字；「裝」，甲本作「粧」，乙、丙本作「莊」；「飾」，甲本同，乙本作「識」，丙本作「餝」，「餝」同「飾」，「識」爲「飾」之借字。

〔四六〕「成」，甲、丙本同，乙本作「作」。乙本此句後尚有「煩惱熾盛無休息，並是流浪三塗因」，丙本則有「煩惱熾盛無休息，並是三塗波浪因」。

〔四七〕「衆」，乙本同，丙本作「貴」。

〔四八〕「專心念佛入真門」，甲本同，乙本作「怒（努）力懃脩淨土因」，丙本作「願捨閻浮農（膿）血身」。

〔四九〕「至心歸命禮」，甲本同，乙本作「南無」。

〔五〇〕「難迴出」，甲本同，乙本作「永不迴」。

〔五一〕「蓮」，甲本同，乙本作「夫」；「華」，甲本作「花」，乙本作「心」，「華」通「花」。

〔五二〕「小」，當作「水」，據甲、乙本改；「圓」，乙本同，甲本作「園」，「園」爲「圓」之借字；「滿」字之下底本似有一橫。
〔五三〕「色」，甲本同，乙本作「面」；「華」，乙本同，甲本作「花」，「華」通「花」。
〔五四〕「拔彼衆生心葉開」，甲本同，乙本作「下品衆生花自開」。
〔五五〕「將身」，甲本同，乙本作「他方」。
〔五六〕「感」，甲本作「咸」，乙本作「敢」，「咸」字誤，「敢」爲「感」之借字；「銖」，甲本同，乙本作「珠」。乙本此句後尚有「普勸道場諸衆生，專心念佛入真門」。
〔五七〕「音」，當作「闇」，據甲本改。
〔五八〕「鄣」，甲本作「障」，「鄣」同「障」。
〔五九〕「霎」，甲本作「雙」，均可通。
〔六〇〕「去」，甲本作「就」；「契」，甲本作「啟」。
〔六一〕「解」，甲本作「辯」，疑「辯」爲「辨」之借字。
〔六二〕「或」，甲本作「惑」，均可通。
〔六三〕「度」，當作「土」，據甲本改，「度」爲「土」之借字。
〔六四〕「至」，甲本作「志」，「志」爲「至」之借字；「依」，當作「衣」，據甲本改，「依」爲「衣」之借字。
〔六五〕「禮」，據甲本補。
〔六六〕「至」，甲本作「志」，「志」爲「至」之借字。
〔六七〕「毫」，甲本作「豪」，「豪」爲「毫」之借字。
〔六八〕「手」，甲本作「毛」，疑誤；「化」，當作「花」，據甲本改。

〔六九〕「一」，當作「印」，據甲本改。
〔七〇〕「此」，甲本作「紫」，「紫」爲「此」之借字。
〔七一〕「生」，據甲本補。
〔七二〕「命」，據甲本補。
〔七三〕「輩」，甲本作「背」，「背」爲「輩」之借字。
〔七四〕「寶」，當作「報」，據甲本改，「寶」爲「報」之借字。
〔七五〕「華」，甲本作「花」，「華」通「花」；「來迎」，甲本作「迎來」，據此段之韻脚，當以甲本爲是。
〔七六〕「憶念」，甲本同，丙本作「憶想」。
〔七七〕「膿」，甲、丙本作「農」，「農」爲「膿」之借字。
〔七八〕「母胞開張」，甲本同，丙本作「五母台（胎）中」。
〔七九〕「惟」，甲本作「唯」，均可通；「與」，當作「以」，時「與」、「以」可互通。
〔八〇〕「月滿臨時欲分決」，甲本同，丙本作「月滿當時欲分解」。
〔八一〕丙本此句後尚有「孝順男女身安穩，不孝兒子母身衰」二句，底本、甲本無。
〔八二〕「想」，丙本作「憶」，甲本作「相」，「相」爲「想」之借字。丙本此句作「憶想母生受新苦」。
〔八三〕「各各」，甲本同，丙本作「努力」；「恩」，丙本同，甲本作「悲」，誤。
〔八四〕「住」，當作「柱」，據甲本改，「住」爲「柱」之借字。
〔八五〕「盛」，甲本作「成」，「成」爲「盛」之借字。
〔八六〕「新」，當作「辛」，據甲本改，「新」爲「辛」之借字。
〔八七〕「盧」，當作「爐」，據文義改，「盧」爲「爐」之借字。甲本無此句。

〔八八〕甲本無此句。

〔八九〕甲本脱此句。

〔九〇〕甲本脱此句。

〔九一〕「偏」，甲本作「編」，誤；「急」，甲本作「給」。

〔九二〕「慈孝」，甲本作「孝行」。

〔九三〕「莫遣」，甲本作「使勿」。

〔九四〕「家」，甲本作「子」；「茲敏」，當作「慈愍」，據甲本改，「茲敏」爲「慈愍」之借字。

〔九五〕「到」，甲本同，當作「倒」，據文義改，「到」爲「倒」之借字；「踈」，當作「竦」，據文義改，「踈」爲「竦」之訛，「竦」同「疏」。

〔九六〕「箭」，甲本作「剪」，「剪」爲「箭」之借字。

〔九七〕「願共諸衆生」，據甲本補。

〔九八〕「至心歸命禮」，甲本同，乙本作「南無」。

〔九九〕「能爲」，甲本作「不違」。

〔一〇〇〕「流」，甲本作「留」。

〔一〇一〕「悮」，當作「悟」，據甲本改，「悮」爲「悟」之借字。

〔一〇二〕甲本脱此句。

〔一〇三〕甲本脱此句。

〔一〇四〕「説」，甲本同，乙、丙本作「在」。

〔一〇五〕「賤」，乙、丙本同，甲本作「善」，「善」爲「賤」之借字；「招」，甲本同，乙、丙本作「昭」，「昭」爲

「招」之借字。

〔一〇六〕「畏」，甲本同，乙、丙本作「是」。

〔一〇七〕「衆」，當作「終」，據甲本改。

〔一〇八〕「彼」，甲本作「諸」；「喜」，甲本作「憙」。

〔一〇九〕「佛」，當作「天」，據甲本改。

〔一一〇〕「至」，甲本作「止」。

參考文獻

《敦煌寶藏》一三冊，五八九至六〇一頁（圖）；《英藏敦煌文獻》三卷，一四八至一五一頁（圖）。

斯一八〇七　二　黄昏無常偈抄

釋文

諸衆等聽説『黄昏無常偈』〔一〕：

人間忩忩營衆忘（務）〔二〕，不覺年命日夜去〔三〕。

如燈風中艶（焰）難期〔四〕，忙忙六道無定趣〔五〕。

未得解奪（脱）度苦海〔六〕，□□□□□□□

（後缺）

説明

此件首全尾缺，據斯一九三一背，應爲『黄昏無常偈』抄，與斯一四七三背之『黄昏無常偈』内容不同。

以上釋文以斯一八〇七爲底本，用斯一九三一背（稱其爲甲本）參校。

校記

〔一〕「諸」，甲本作「白」。

〔二〕「忩忩」，甲本作「蔥蔥」；「營」，甲本作「榮」，「榮」通「營」；「忘」，當作「務」，據甲本改。

〔三〕「日夜去」，甲本作「夜去日」。

〔四〕「如」，甲本脱；「艷」，當作「焰」，據甲本改，「艷」爲「焰」之借字。

〔五〕「忙忙」，據殘筆劃及甲本補。

〔六〕「奪」，當作「脱」，據甲本改；「度」，甲本作「出」；「海」，據殘筆劃及甲本補。

參考文獻

《敦煌寶藏》一三冊，六〇一頁（圖）；《英藏敦煌文獻》三卷，一五一頁（圖）。

斯一八一〇　勵忠節鈔卷第一

釋文

（前缺）

□暴之□□若能師識前□今將遺爾子孫，非敢問（聞）諸達者[一]，勉之哉！勉之哉！

忠臣部[二]、道德部[三]、恃德部[四]、德行部[五]、賢行部、言行部、親賢部、任賢部[六]、簡賢部[七]、薦賢部[八]。

忠臣部[九]

《忠臣論》曰：『夫臣者，其猶地乎？萬□不辭其下[一〇]，草木植焉而不有其功，□而不望其榮。被斥擯棄而忠[一一]，成人□勉而行也。』

蔡邕《廣連珠》曰：『臣聞天下善言不入[一二]，入言不善；罪入（人）不刑〔一三〕，刑人不罪〔一四〕。』

論曰〔一五〕：『忠臣之於其主〔一六〕，猶孝子之於其親〔一七〕，盡心焉，盡力焉。進而喜，非貪位〔一八〕；退而憂〔一九〕，非懷寵〔二〇〕。忠結於心，戀慕不已。

語曰：『忠以奉上，正以憂公，懷似□之直，愛人猶子〔二一〕，憂國同家。事利其君，屈身不辭其辱；功益於主，陳力靡憚其勞。』

陳軫云：『仵（伍）子胥忠於君〔二二〕，而天下爭以爲臣〔二三〕；曾參孝於親，而天下皆願以爲子。』

論曰：『夫忠臣者，卑身賤體，唯賢是進。稱古帝明王聖主立德行道之事，以勵主心，使百姓安寧而海內無事，思（斯）可謂忠臣也〔二四〕。』

臣聞臧文仲事君也，〔見〕〔有〕〔禮〕〔於〕〔君〕〔者〕〔事〕〔之〕〔二五〕，〔如〕〔孝〕〔子〕〔之〕〔養〕〔父〕〔母〕〔二六〕；見無禮於君者誅之，如鷹鸇之逐鳥雀。

夫君大臣者，智慮足以圖國，忠貞足以伏人，公平足以懷衆，溫柔足以洽物；不詭詐以求進，不危人以自安；不蔽賢能，不耽榮祿。孜孜匪懈，如救溺人。行不忘君之恩，坐即思存國計。如此者，爲忠臣之正體也。

夫爲人臣，〔以〕忠正爲基〔二七〕，以慈孝（惠）爲本〔二八〕，故爲臣不能慈惠於百姓，而曰忠（正）於其君者〔二九〕，非至忠也。

孔子曰：『爲人臣者〔三〇〕，其猶土乎〔三一〕？種之即五穀生焉，掘之即甘泉出焉〔三二〕，草木植焉，禽獸有（育）焉〔三三〕，多其功而不言，此乃忠臣之至道也。』《禮記》曰：『善則稱君，過則稱己，則人作忠〔三四〕；善則稱親，過則稱己，則人作孝〔三五〕。』

昔賢臣之事君也，入則造膝而言，出則跪（詭）詞（辭）而對〔三六〕。其進人也，唯畏人知之，不欲思從己出；其圖事也，必推明於君，不欲謀自己造。周公於成王可謂大忠〔三七〕，管仲於桓公可謂次忠，子胥於大（夫）差可謂下忠矣〔三八〕。《禮記》曰：『夫爲臣，若煞其身有益於其君者，則爲之。』大（夫）賢臣之於百姓〔三九〕，其猶赤子乎？飢則食之〔四〇〕，寒者衣之〔四一〕。將之養之，育之長之，唯恐不至於大也〔四二〕。

夫事君者，竭仁義之道，盡卑下之節，服勞辱之事，當危亡之難，肝腦塗地、膏腋（液）潤草而不辭者〔四三〕，將以安上治人〔四四〕，宣化成德，使君爲萬代之聖明，己爲一時之良輔〔四五〕。豈惜七尺之軀，寵一官之禄，而陷君於不義。

齊傾（頃）公共晉戰〔四六〕，爲晉所敗，退而奔走，逢丑父爲御車。晉逐之，將及，丑父歎曰：『請公潛服去。』自著君之衣飾，坐於車上而待進（晉）師〔四七〕，戰，進（晉）師獲丑父[四八]，知非傾（頃）公而欲戮之[四九]。丑父歎曰：『自今已後[五〇]，若爲臣忠於其主[五一]，以身代君死者，皆當如我今日之受戮也。』晉大夫郤（郤）獻子聞之而議曰[五二]：『臣不難身死，免君之危，今若煞之，是不祥也。宜赦其罪。』公成其節。丑父後得歸國，封爲忠烈侯。

昔稽（嵇）紹爲晉忠臣[五三]，父康，有奇材。年十歲而孤，事母孝謹。超（起）家拜秘書丞[五四]，累遷徐州刺史并散騎常侍。懿（惠）帝敗於蕩陰[五五]，百官左右皆去，紹徹（傲）然端免（冕）以身衛[五六]，以身衛帝，御輦兵交，飛箭雨下，終亦不避，遂已（以）見害[五七]，後贈以忠也。

狄人侵衛，煞懿公，盡食其肉，獨捨其肝於地。辛弘演使還，見懿公屍，號叫呼天，因自剖其腹，出其肝於地，内懿公之肝[五八]。齊桓公聞之，歎曰：『弘演直（真）可〔謂〕忠矣[五九]。』命史書之。

《周書》曰：『茲惟三公，論道經拜（邦）[六〇]，爽（燮）理陰陽[六一]。官弗畢備，爲（惟）其人[六二]。』

趙充國云：臣事三帝，盡忠爲國以（已）五十四載矣[六三]！臣今年過八十而更居位，譬由（猶）鍾（鐘）鳴漏盡[六四]，夜行不息，是罪人也。

《東觀漢記》曰：漢光武擢王常，謂群臣曰：此人於諸將中，竭力盡誠，輔翼漢室，心如金石，直（真）忠臣也〔六五〕。是日，遷常爲漢中（忠）大將軍〔六六〕。

〔王〕式〔字〕公（翁）思〔六七〕，爲昌邑王師。王犯罪，〔上〕欲誅公（翁）思〔六八〕。

思對曰：『臣以三百五篇授王，每讀忠臣孝子之篇，未嘗不返（反）覆（復）爲王

言〔六九〕；至於危亡失道之至（君）〔七〇〕，未嘗不殷懃爲王流涕，此非臣之過也。』上赦之。

語曰：『夫事親不爲親所知，是孝未至也；事君不爲君所知，是忠未至也。』

范睢曰：『臣恐臣身死之後，天下不見臣盡忠而身死矣〔七一〕。』

《忠臣論》曰：『樊於期不能死於秦王，而死於荊軻；姜維不能死於蜀主，而死〔於〕

鍾會〔七二〕。夫爲人臣者，非死之難，而得死事以爲難也。』

夫爲臣者，若附不（下）罔上者死〔七三〕，附下（上）罔〔下〕者刑〔七四〕，聞國政而無

益於人者斥〔七五〕，在上位而不能進賢者逐〔七六〕。

范睢曰：『臣死後秦理〔七七〕，臣死賢於生。』

子產相鄭，養百姓以仁，教百姓以禮，使之以義；賞疑從重，罰疑〔從〕輕〔七八〕。

蜀先主劉備與諸葛亮情好繆蜜（密）〔七九〕，而張飛、關羽等嫉之，先主謂之曰：『孤之

有孔明，猶魚之有水，願卿勿復言。』

齊恒（桓）公爲（謂）管仲曰〔八〇〕：『寡人有仲父，猶飛鴻之有羽翼。』

高宗曰謂傅說云〔八一〕：『若齊（濟）巨川〔八二〕，用汝作舟檝；若歲大旱，用汝作霖

雨。啓乃心，沃朕心。』

晉獻公使荀（荀）息傅奚齊[八三]，息曰：『敢竭股肱之力，加之以忠貞之節。』《史記》曰：陳平爲（謂）文帝〔曰〕[八四]：『陛下不知臣駑下，使得待罪宰相。宰相者，上佐天子，理陰陽，下育萬物，外鎮遏四夷，内親附百姓，使公卿大夫得任其財（材）職[八五]。』

袁山松曰：或有人評論朝政[八六]，未嘗言人主之非，書數十上而外人不知，私理謁見，即流涕極諫，此可謂忠臣。

道德部

夫以道德馭人，故可大可久，而福祚長遠；以刑法馭人，故可淺可近，而福祚短促。行道德則福流子孫，用刑法則禍延後嗣。

《莊子》曰：夫體道者，無天怨，無人非，無物累，無鬼責，一心定而萬事得。夫道者，無爲無形[八七]，内以修身，外以理人[八八]。故君臣有道則忠惠，父子有道則慈孝，士庶有道則相親[八九]。故有道則和同，無道即離二（貳）[九〇]。

《管子》曰：『道有（者）[九一]，一人用之，不聞有餘；天下行之，不聞不足。所以正其身而清其心，直道在身[九二]，言自順，行自正，事君自忠，事父自孝。』

《淮南子》曰：『大道之行，其猶日月也。江河淮濟，不能移其所[九三]；馳騖千里〔九四〕，不能移其處。是以容成得之，宜爲軒輔；傅說得之，而爲殷相。故至（致）魚者先通水〔九五〕，欲務鳥者先樹木〔九六〕，欲養身者先以道。」《說苑》曰：『山致其高，而雲雨起焉；水致其深，而蛟龍止（生）焉〔九七〕；人得其道，萬事通焉。萬事（物）得其本則生〔九八〕，百事得其道萬事通焉則成〔九九〕。』漢明帝問東平王蒼曰：『居家何以得其樂？』蒼曰：『唯念善事最爲樂。』書曰：『聖莫大於唐虞，賢莫過於周孔，道莫過於莊老。』荀卿子曰：『夫道仁義之於身〔一〇〇〕，譬之若貨財穀米之於家，多有人則富〔一〇一〕，少有人則貧〔一〇二〕，至無有者窮也〔一〇三〕。』《老子》曰：『若使道之可獻，則人莫不獻之於其君；若所（使）道之可進〔一〇四〕，則人莫不進之於其父；若所（使）道之可以共（告）〔人〕〔一〇五〕，則人莫不識（告）其弟兄〔一〇六〕；若所（使）道之可以與人，則人莫不與其子孫。然而不可與者，爲道無刑（形）也〔一〇七〕，中無主也。無受道之質，則雖聞而道去也。』夫知道者不言，言者不知，故聖人行不言之教也〔一〇八〕。古之得道者〔一〇九〕，窮亦樂，道亦樂〔一一〇〕，所樂非窮道〔一一一〕，但爲道德耳。

夫君子通於道謂之道〔一一二〕，窮於道謂之窮。今丘者懷仁義之道，遭亂世之患而非窮。元始曰〔一一三〕：『道之不可忠，忠而非道也；道不〔可〕見〔一一四〕，見而非道也。有道名而竟，無刑（形）像也〔一一五〕。道不可問，問而無應。能脩忠孝仁義之行者，即合於道。』
古之有重賞而人不歡，有嚴刑而人不畏。由此言之，嚴刑重賞，不可制人也〔一一六〕。
能行一德者，可以馭人。一德者，一而後誠〔一一七〕，誠而後信，信而後變，則人之（知）政（正）〔一一八〕；政則人知〔道〕〔德〕〔一一九〕，道德行則人不犯也。

恃德部

《列子》曰〔一二〇〕：『居其位而無其德，君子恥之〔一二一〕；有其言而無其行，君子恥之。夫君子者，蓋恥德（得）之而不能理〔一二二〕，不恥能理而不能德（得）也〔一二三〕。』
夫道德者以爲成（城）〔一二四〕，仁義爲墎〔一二五〕，莫之敢敞（敵）〔一二六〕，文王是也；以道德爲甲曹（胄）〔一二七〕，以人（仁）義爲劒戟〔一二八〕，莫之敢蔽（敵）〔一二九〕，湯武是也。
司馬錯對秦〔惠〕王曰〔一三〇〕：『臣聞滋畜國者〔一三一〕，務廣其地；欲強其兵者〔一三二〕，務富其人〔一三三〕；欲附人者〔一三四〕，務厚其德。』
荀卿子言〔一三五〕：『志意脩則驕富貴，道德善重則輕公王〔一三六〕。』
《列子》曰：『夫人之道有德，若魚之有水。魚得水則生，人無道則死。』
田子方有道德，侍坐於魏文侯。太子繫入朝，群臣皆起，獨子方不起，太子不悅。子方曰：『爲子起，無如何（禮）禮（何）〔一三七〕？不爲子起，無如罪何？吾聞敦其父而兼其子〔一三八〕，非禮也。』太子納子方之言，三覆而誦之。

《呂氏春秋》曰：『汎江者託之於船〔一三九〕，致遠者託之於驥，霸王者託之於賢相〔一四〇〕。』

馬融曰：『夫〔大〕人者〔一四一〕，與天地合其德，與日月齊其明。』

鄧林（析）曰〔一四二〕：『爲人君有德於百姓者，若冬日之陽，夏日之陰。』

《淮南子》曰：『古者至德之代〔一四三〕，賈人歡於市〔一四四〕，農人樂於田，大夫安其職，處士修其道。風雨以時，草木不殘。』

賈誼《新書》曰：『禹見高山仰之，深谷府（俯）之〔一四五〕，慮有遺材。』

語曰：『爲政以德，譬如北辰，居其所而衆星共之〔一四六〕。』又云〔一四七〕：『天何言哉！四時行焉，百物生焉。』

德行部

魯恭曰〔一四八〕：『以德勝人者昌，以力勝人者亡。』

應世叔曰：『逝不可追者，時也。往而不返者〔一四九〕，年也〔一五〇〕。立德弘道〔一五一〕，宜與及時。』

夫有言者不必有德，有德者不必〔一五二〕□□□□□□

（後缺）

説明

此件首尾均缺，起「暴之」，訖「有德者不必」，中有「忠臣部」、「道德部」、「恃德部」、「德行部」等標題，係《勵忠節鈔》卷第一并序的部分内容。此件分欄書寫，書法良好，有朱筆圈點。正文爲避唐諱，改「世」爲「代」，改「民」爲「人」，改「治」爲「理」，可知爲唐時抄本。有關《勵忠節鈔》的作者、成書時代以及敦煌寫本的傳抄情況，可參看王三慶《敦煌類書》（麗文文化事業股份有限公司，一九九三年版，二一至三〇頁）、屈直敏《敦煌寫本類書〈勵忠節鈔〉研究》（民族出版社，二〇〇七年版，九至二七頁、一〇二至一〇九頁）以及本書第六卷所收斯一四四一+斯五七六三《勵忠節鈔卷第一、第二》的「説明」（社會科學文獻出版社，二〇〇九年版，二七五至二七七頁）。

以上釋文以斯一八一〇號爲底本，以對此件有校勘價值的斯一四四一+斯五七六三（稱其爲甲本）、伯三六五七（稱其爲乙本）參校。

校記

〔一〕「問」，當作「聞」，據文義改，《敦煌類書》逕釋作「聞」，「問」爲「聞」之借字。

〔二〕「忠臣部」，《敦煌類書》據正文校補。

〔三〕「道德部」，《敦煌類書》據正文校補。

〔四〕「恃德部」，《敦煌類書》據正文校補。

〔五〕「德行」，《敦煌類書》據正文校補。

〔六〕「任賢部」，《敦煌類書》據正文校補。

〔七〕「簡賢部」，《敦煌類書》據正文校補。

〔八〕「薦賢」，《敦煌類書》據正文校補。

〔九〕「忠臣」，《敦煌類書》據正文校補。

〔一〇〕此句，《敦煌類書》據《群書治要》卷四八引杜恕《體論》校補爲「萬物載焉而不辭其重，水瀆污焉而不辭其下」。

〔一一〕此句疑有脱文。

〔一二〕「善言」，據《金樓子・立言》補。

〔一三〕「入」，當作「人」，《敦煌類書》、《敦煌寫本類書〈勵忠節鈔〉研究》據文義校改；「不」，《敦煌寫本類書〈勵忠節鈔〉研究》據《金樓子・立言》校改作「無」，原文可通，可不作校改；「刑」，《敦煌類書》釋作「問」，誤。

〔一四〕「刑」，《敦煌類書》釋作「問」，誤；「不」，《敦煌寫本類書〈勵忠節鈔〉研究》據《金樓子・立言》校改作「無」，原文可通，可不作校改。

〔一五〕「曰」，《敦煌類書》據荀悦《漢紀》校補。

〔一六〕「忠臣之於其主」，《敦煌類書》據荀悦《漢紀》校補。

〔一七〕「猶孝子」，《敦煌類書》據荀悦《漢紀》校補。

〔一八〕「位」，《敦煌類書》據荀悦《漢紀》校補。

〔一九〕「退而憂」，《敦煌類書》據荀悦《漢紀》校補。

〔二〇〕「非懷寵」，《敦煌類書》據荀悦《漢紀》校補。

〔二一〕「人」，原當作「民」，當係避唐太宗之諱而改。

〔二二〕「仵」，當作「伍」，《敦煌類書》、《敦煌寫本類書〈勵忠節鈔〉研究》據文義校改，「仵」爲「伍」之借字。

〔二三〕《敦煌寫本類書〈勵忠節鈔〉研究》據文義在「天下」後補「皆」字，不補亦通。

〔二四〕「思」，當作「斯」，《敦煌類書》、《敦煌寫本類書〈勵忠節鈔〉研究》據文義校改，「思」爲「斯」之借字。

〔二五〕「見有禮於君者事之」，《敦煌寫本類書〈勵忠節鈔〉研究》據相關典籍校補。

〔二六〕「如孝子之養父母」，《敦煌寫本類書〈勵忠節鈔〉研究》據相關典籍校補。

〔二七〕「以」，《敦煌寫本類書〈勵忠節鈔〉研究》據《臣軌·至忠》校補。

〔二八〕「孝」，當作「惠」，《敦煌寫本類書〈勵忠節鈔〉研究》據下文及《臣軌·至忠》校改。

〔二九〕「正」，《敦煌寫本類書〈勵忠節鈔〉研究》據《臣軌·至忠》校補。

〔三〇〕「爲人」，底本原作「人爲」，旁有朱筆倒勾符，據此乙正，《敦煌類書》、《敦煌寫本類書〈勵忠節鈔〉研究》釋作「人爲」，誤。

〔三一〕「猶」，《敦煌類書》釋作「尤」，誤。

〔三二〕「掘」，《敦煌寫本類書〈勵忠節鈔〉研究》校作「淈」，亦可通。

〔三三〕「有」，當作「育」，據《孔子家語·困誓》改，《敦煌類書》、《敦煌寫本類書〈勵忠節鈔〉研究》逕釋作「育」。

〔三四〕「人」，《禮記·坊記》作「民」，係避唐太宗諱而改。

〔三五〕「人」，《禮記·坊記》作「民」，係避唐太宗諱而改。

〔三六〕「跪詞」，當作「詭辭」，《敦煌寫本類書〈勵忠節鈔〉研究》據《風俗通義·過譽》、《晉書·羊祜傳》校改，「跪詞」爲「詭辭」之借字。

〔三七〕「忠」，《敦煌寫本類書〈勵忠節鈔〉研究》釋作「忠也」。

〔三八〕「大」，當作「夫」，《敦煌類書》、《敦煌寫本類書〈勵忠節鈔〉研究》據文義校改。

〔三九〕「大」，當作「夫」，據文義改。

〔四〇〕「飢」，《敦煌寫本類書〈勵忠節鈔〉研究》據《説苑·貴德》補作「飢者」。按底本此句可通，可不校補。

〔四一〕「者」，《敦煌類書》、《敦煌寫本類書〈勵忠節鈔〉研究》據《説苑·貴德》補作「者則」。按底本此句可通，可不校補。

〔四二〕「恐」，《敦煌寫本類書〈勵忠節鈔〉研究》據《説苑·貴德》補作「恐其」。按底本此句可通，可不校補。

〔四三〕「腋」，當作「液」，《敦煌類書》、《敦煌寫本類書〈勵忠節鈔〉研究》據《群書治要》卷四七引桓範《政要論》校改，「腋」爲「液」之借字。

〔四四〕此句中「人」字，《群書治要》卷四七引桓範《政要論·臣不易》作「民」，係避唐太宗諱而改。

〔四五〕「時」，《敦煌寫本類書〈勵忠節鈔〉研究》據《群書治要》卷四七引桓範《政要論·臣不易》校改作「世」。按「時」字亦通，可不校改。

〔四六〕「傾」，當作「頃」，《敦煌類書》據《左傳·成公二年》校改，「傾」爲「頃」之借字。

〔四七〕「進」，當作「晉」，《敦煌類書》、《敦煌寫本類書〈勵忠節鈔〉研究》據《左傳·成公二年》校改，「進」爲「晉」之借字；「師」字原寫於「戰」字之後，下有重文符號，右側有墨點，疑此爲隔字重文之例，故將上一「師」字移於此處。

〔四八〕「進」，當作「晉」，《敦煌類書》、《敦煌寫本類書〈勵忠節鈔〉研究》據《左傳·成公二年》校改，「進」爲「晉」之借字。以上兩句，《敦煌類書》釋作「坐於車上而待進（晉）戰，進（晉）〔戰〕師獲丑父」，《敦煌寫本類書〈勵忠節鈔〉研究》釋作「坐於車上而待進（晉）師，戰，〔晉〕師獲丑父」。

〔四九〕「傾」，當作「頃」，《敦煌類書》、《敦煌寫本類書〈勵忠節鈔〉研究》據《左傳·成公二年》校改，「傾」爲

「頃」之借字。

〔五〇〕「已」，《敦煌類書》認爲當作「以」，「已」與「以」古今字通用，可不校改。

〔五一〕「其」，《敦煌類書》漏録。

〔五二〕「郗」，當作「郤」，《敦煌類書》、《敦煌寫本類書〈勵忠節鈔〉研究》據《左傳·成公二年》校改，《敦煌類書》以爲「郤」、「郗」二字前人多混用。

〔五三〕「稽」，當作「嵇」，《敦煌寫本類書〈勵忠節鈔〉研究》據《晉書·嵇紹傳》校改，「稽」爲「嵇」之借字。

〔五四〕「超」，當作「起」，《敦煌類書》據《晉書·嵇紹傳》校改。

〔五五〕「懿」，當作「惠」，《敦煌類書》、《敦煌寫本類書〈勵忠節鈔〉研究》據《世説新語·德性》「嵇紹爲晉忠臣」條注引王隱《晉書》校改。

〔五六〕「徹」，當作「傲」，據文義改，《敦煌類書》、《敦煌寫本類書〈勵忠節鈔〉研究》逕釋作「傲」；「免」，當作「冕」，《敦煌類書》、《敦煌寫本類書〈勵忠節鈔〉研究》據《世説新語·德性》「嵇紹爲晉忠臣」條注引王隱《晉書》校改，「免」爲「冕」之借字；「以身衛」，疑爲衍文，當删。

〔五七〕「已」，當作「以」，《敦煌類書》、《敦煌寫本類書〈勵忠節鈔〉研究》據《世説新語·德性》「嵇紹爲晉忠臣」條注引王隱《晉書》校改，「已」爲「以」之借字。

〔五八〕「内」，《敦煌類書》認爲當作「納」，「内」是「納」之本字，可不校改。

〔五九〕「直」，當作「真」，《敦煌寫本類書〈勵忠節鈔〉研究》據文義校改；「謂」，《敦煌類書》、《敦煌寫本類書〈勵忠節鈔〉研究》據文義及《韓詩外傳》校補。

〔六〇〕「拜」，當作「邦」，《敦煌類書》、《敦煌寫本類書〈勵忠節鈔〉研究》據《尚書·周官》校改。

〔六一〕「爽」，當作「獎」，《敦煌類書》、《敦煌寫本類書〈勵忠節鈔〉研究》據《尚書·周官》校改。

〔六二〕「爲」，當作「惟」，《敦煌類書》、《敦煌寫本類書〈勵忠節鈔〉研究》據《尚書·周官》校改，「爲」爲「惟」之借字。

〔六三〕「以」，當作「已」，《敦煌類書》、《敦煌寫本類書〈勵忠節鈔〉研究》據文義校改，「以」爲「已」之借字。

〔六四〕「由」，當作「猶」，《敦煌類書》、《敦煌寫本類書〈勵忠節鈔〉研究》據《三國志·田豫傳》校改，「由」爲「猶」之借字；「鍾」，當作「鐘」，據文義改，「鍾」爲「鐘」之借字。

〔六五〕「直」，當作「真」，《敦煌類書》、《敦煌寫本類書〈勵忠節鈔〉研究》據文義及《類聚》所引《東觀漢記》校改。

〔六六〕「遷」，《敦煌類書》釋作「累遷」；「中」，當作「忠」，《敦煌寫本類書〈勵忠節鈔〉研究》據《東觀漢紀·王常傳》校改，「中」爲「忠」之借字；「大」，《東觀漢紀·王常傳》無此字。

〔六七〕「王」、「字」，《敦煌類書》、《敦煌寫本類書〈勵忠節鈔〉研究》據《漢書·王式傳》校補；「公」，當作「翁」，《敦煌寫本類書〈勵忠節鈔〉研究》據《漢書·王式傳》校改，「公」爲「翁」之借字。

〔六八〕「上」，《敦煌類書》、《敦煌寫本類書〈勵忠節鈔〉研究》據文義校補；「公」，當作「翁」，《敦煌寫本類書〈勵忠節鈔〉研究》據《漢書·王式傳》校改，「公」爲「翁」之借字。

〔六九〕「返覆」，當作「反復」，《敦煌寫本類書〈勵忠節鈔〉研究》據《漢書·王式傳》校改，《敦煌類書》校改作「反覆」，「返覆」爲「反復」之借字。

〔七〇〕「至」，當作「君」，《敦煌類書》、《敦煌寫本類書〈勵忠節鈔〉研究》據文義及《漢書·王式傳》校改。

〔七一〕「不」，《戰國策·秦策》、《史記·范睢蔡澤列傳》無此字。

〔七二〕「於」，《敦煌類書》、《敦煌寫本類書〈勵忠節鈔〉研究》據文義及相關典籍校補。

〔七三〕「不」，當作「下」，《敦煌類書》、《敦煌寫本類書〈勵忠節鈔〉研究》據文義及《説苑·臣術》所引《泰誓》校改。

〔七四〕第一個「下」，當作「上」，《敦煌類書》、《敦煌寫本類書〈勵忠節鈔〉研究》據文義及《説苑・臣術》所引《泰誓》校改；第二個「下」，《敦煌類書》、《敦煌寫本類書〈勵忠節鈔〉研究》據文義及《説苑・臣術》所引《泰誓》校補。

〔七五〕「人」，《説苑・臣術》引《泰誓》、《漢書・武帝紀》作「民」，係避唐太宗諱而改。

〔七六〕底本「上」下原有「者」字，旁有朱筆删字符，不録。

〔七七〕「理」，《戰國策・秦策》、《史記・范睢蔡澤列傳》作「治」，係避唐高宗諱而改。

〔七八〕「從」，《敦煌類書》、《敦煌寫本類書〈勵忠節鈔〉研究》據《群書治要》、《藝文類聚》所引《新序》校補。

〔七九〕「蜜」，當作「密」，《敦煌寫本類書〈勵忠節鈔〉研究》據文義及《三國志・諸葛亮傳》校改，「蜜」爲「密」之借字。

〔八〇〕「恒」，當作「桓」，據文義改；「爲」，當作「謂」，《敦煌類書》、《敦煌寫本類書〈勵忠節鈔〉研究》據文義及《管子・霸形》校改，「爲」爲「謂」之借字。

〔八一〕「曰」，疑爲衍文，據文義當删。

〔八二〕「齊」，當作「濟」，《敦煌類書》、《敦煌寫本類書〈勵忠節鈔〉研究》據文義及《尚書・説命上》校改，「齊」爲「濟」之借字。

〔八三〕「苗」，當作「荀」，《敦煌類書》據《左傳・僖公九年》校改。

〔八四〕「爲」，當作「謂」，《敦煌類書》、《敦煌寫本類書〈勵忠節鈔〉研究》據文義校改，「爲」爲「謂」之借字；「曰」，《敦煌類書》、《敦煌寫本類書〈勵忠節鈔〉研究》據文義校補。

〔八五〕「財」，當作「材」，《敦煌類書》據文義校改，「財」爲「材」之借字。

〔八六〕「或有人評論朝政」，甲本起於此句。

〔八七〕「形」，甲本作「刑」，「刑」爲「形」之借字。

〔八八〕「理」，甲本同，《文子·道德》作「治」，係避唐高宗諱而改。

〔八九〕「庶」，甲本作「庶人」，《敦煌寫本類書〈勵忠節鈔〉研究》認爲「人」字爲衍文，應删。

〔九〇〕「二」，甲本同，當作「貳」，據文義改，「二」爲「貳」之借字。

〔九一〕「有」，當作「者」，據文義及甲本改。

〔九二〕「直」，甲本同，《敦煌寫本類書〈勵忠節鈔〉研究》認爲當校改作「故」。

〔九三〕「移」，甲本作「餘」，誤，《敦煌寫本類書〈勵忠節鈔〉研究》認爲當校改作「易」。

〔九四〕「鶩」，甲本作「鶩」，本書第六卷釋作「鶩」。

〔九五〕「故」，《敦煌寫本類書〈勵忠節鈔〉研究》據《臣軌·守道》校補作「故欲」；「至」，當作「致」，據文義及甲本改，「至」爲「致」之借字。

〔九六〕「務」，甲本同，《敦煌寫本類書〈勵忠節鈔〉研究》認爲當校改作「致」。

〔九七〕「止」，甲本同，當作「生」，《敦煌類書》據《説苑》卷五《貴德》校改。

〔九八〕「事」，甲本同，當作「物」，《敦煌類書》、《敦煌寫本類書〈勵忠節鈔〉研究》據相關典籍校改。

〔九九〕「萬事通焉」，《敦煌類書》認爲係衍文，當删，可以信從。甲本此句作「百事得其道萬事通焉，萬事得其本則生，百事得其道則成」。

〔一〇〇〕「道」，甲本同，《敦煌寫本類書〈勵忠節鈔〉研究》疑爲衍文，此不從。

〔一〇一〕「人」，甲本作「之」；「則」，甲本同，《敦煌寫本類書〈勵忠節鈔〉研究》認爲當校改作「者」。

〔一〇二〕「人」，甲本作「之」；「則」，甲本同，《敦煌寫本類書〈勵忠節鈔〉研究》認爲當校改作「者」。

〔一〇三〕「有」，甲本作「道」，誤。

〔一〇四〕「所」，當作「使」，據文義及甲本改，疑「所」爲「使」之借字。以下同，不另出校。

〔一〇五〕「共」，甲本同，當作「告」，《敦煌寫本類書〈勵忠節鈔〉研究》據相關典籍校改；「人」，《敦煌寫本類書〈勵忠節鈔〉研究》據相關典籍校補，甲本作「失」，誤。

〔一〇六〕「識」，當作「告」，《敦煌寫本類書〈勵忠節鈔〉研究》據相關典籍校改。

〔一〇七〕「刑」，當作「形」，據文義及甲本改，「刑」爲「形」之借字。

〔一〇八〕「也」，甲本脱。

〔一〇九〕「古」，甲本作「故」，「故」爲「古」之借字。

〔一一〇〕「道」，甲本同，《敦煌寫本類書〈勵忠節鈔〉研究》認爲當校改作「通」。

〔一一一〕「非窮道」及下文「但爲道德耳」，《敦煌類書》漏録。

〔一一二〕底本第二個「道」字，甲本同，《敦煌類書》、《敦煌寫本類書〈勵忠節鈔〉研究》據文義及《莊子·讓王》校改作「通」。

〔一一三〕「元」，甲本作「無」。

〔一一四〕「可」，甲本亦脱，《敦煌寫本類書〈勵忠節鈔〉研究》據相關典籍校補。

〔一一五〕「刑」，當作「形」，據文義及甲本改，「刑」爲「形」之借字。

〔一一六〕「可」，甲本作「可以」。

〔一一七〕「一」，甲本同，《敦煌類書》漏録。

〔一一八〕「之」，當作「知」，據文義及甲本改，「之」爲「知」之借字；「政」，甲本作「正」，均可通，「政」爲「正」之本字。

〔一一九〕「政」，甲本作「正」，均可通，「政」爲「正」之本字；「道德」，據文義及甲本補。

〔一二〇〕「列」，甲本同，《敦煌寫本類書〈勵忠節鈔〉研究》認爲當校作「孔」。

〔一二一〕「君子恥之」，乙本首起此句。

〔一二二〕「德」，甲本同，當作「得」，《敦煌類書》據文義校改，「德」爲「得」之借字；「不」，乙本同，甲本脱。

〔一二三〕「德」，甲本同，當作「得」，據乙本改，「德」爲「得」之借字。

〔一二四〕「成」，當作「城」，據文義及甲本改，「成」爲「城」之借字。

〔一二五〕「仁」，甲本作「人」，「人」爲「仁」之借字。

〔一二六〕「敵」，當作「敵」，據文義及甲、乙本改。

〔一二七〕「曹」，乙本同，當作「冑」，據文義及甲本改。

〔一二八〕「人」，當作「仁」，據文義及甲本改，「人」爲「仁」之借字。

〔一二九〕「蔽」，當作「敵」，據文義及甲本改。

〔一三〇〕「惠」，乙本無，據甲本補；「曰」，乙本同，甲本脱。

〔一三一〕「滋」，甲本同，乙本作「茲」，「茲」爲「滋」之借字。「滋畜」，《敦煌寫本類書〈勵忠節鈔〉研究》疑爲「之富」之誤。

〔一三二〕「其」，甲本同，《敦煌寫本類書〈勵忠節鈔〉研究》疑爲衍文，此不從。

〔一三三〕「人」，甲本同，《史記·張儀列傳》、《戰國策·秦策》作「民」，當係避唐太宗諱而改。

〔一三四〕「人」，甲、乙本同，原當作「民」，係避唐太宗諱而改。

〔一三五〕「言」，甲本同，《敦煌類書》釋作「曰」，誤。

〔一三六〕甲本「善」前另有「至」字，據文義爲衍文，當刪。

〔一三七〕「何禮」，乙本同，當作「禮何」，據文義及甲本改。

〔一三八〕「敦」，甲本作「敬」。

〔一三九〕「汎」，甲本作「泛」，《敦煌寫本類書〈勵忠節鈔〉研究》據相關典籍校改作「絕」，按「汎」、「泛」均可通。

〔一四〇〕「於」，甲本脱。

〔一四一〕「大」，甲本亦脱，《敦煌寫本類書〈勵忠節鈔〉研究》據相關典籍校補。

〔一四二〕「林」，甲本同，當作「析」，《敦煌類書》、《敦煌寫本類書〈勵忠節鈔〉研究》據相關典籍校改。

〔一四三〕「代」，甲本同，《淮南子·俶真》、《文子·道德》作「世」，係避唐太宗諱而改。

〔一四四〕「歡」，甲本作「勸」，誤。

〔一四五〕「府」，乙本同，當作「俯」，據文義及甲本改，「府」爲「俯」之借字。

〔一四六〕「共」，甲、乙本同，《敦煌類書》校改作「拱」，案「共」有「拱」意，不煩校改。

〔一四七〕「又」，乙本同，甲本作「有」，「有」爲「又」之借字。

〔一四八〕「魯恭」，乙本同，甲本作「曾參」。

〔一四九〕「而不返者」，據甲本補。

〔一五〇〕「年也」，據甲、乙本補。

〔一五一〕「立德弘道」，據甲、乙本補，乙本作「立得弘道」，「得」爲「德」之借字。

〔一五二〕「不必」，據甲本補。

參考文獻

Descriptive Catalogue of the Chinese Manuscripts from Tunhuang in the British Museum, p. 242；《敦煌遺書總目索引》一四五頁；《敦煌寶藏》一三冊，六〇四至六〇六頁（圖）；《講座敦煌》第五卷《敦煌漢文文獻》，三六八至三七一頁；《英

藏敦煌文獻》三卷，一五一至一五三頁（圖）；《敦煌類書》二一至三〇頁、一六三至二二〇頁、五七八至六五四頁（録）；《九州學刊》一九九二年第四期，八七至九五頁；《文獻》一九九四年第一期，一九五至二〇五頁；《敦煌遺書總目索引新編》五五頁；《敦煌學輯刊》二〇〇三年第二期，四八至五七頁；《敦煌學輯刊》二〇〇四年第一期，二六至三八頁；《敦煌學國際研討會論文集》九〇至九九頁；《敦煌學輯刊》二〇〇五年二期，一二至一八頁；《敦煌寫本類書〈勵忠節鈔〉研究》一一頁、二〇三至二三二頁（録）。

斯一八一〇背　小地子抄

釋文

勒頭小地子兩畦子，長田子三畦子，舍頭（？）小地子五畦子，佛堂邊小地子兩畦子。小地子額官義兩（？）。

説明

此件僅此二行，似爲有關『地子』的文書。

參考文獻

《敦煌寶藏》一三冊，六〇六頁（圖）；《英藏敦煌文獻》三卷，一五三頁（圖）。

斯一八一五　百行章（施行章第七至貞行章第十三）

釋文

（前缺）

良田下子，乃獲秋收之菓；韜匱之珍〔一〕，施之以納其價〔二〕。劉節身居高位〔三〕，乃得太府之鄉（卿）〔四〕；裴寂告謀，身處唐朝之相。

報行章弟（第）八〔五〕

功臣不賞〔六〕，後無所使〔七〕；節士不録〔八〕，人誰致死？至於前行之臣，如何不寄（記）意〔九〕？但以君情深重，銜珠以報其恩〔一〇〕；捨弊同榮〔一一〕，持還（環）而奉其德〔一二〕。

恭行章弟（第）九

入公門，斂手而行〔一三〕；在公庭，鞠躬而立；對尊者，卑辭而言。二親在堂〔一四〕，不得當門而竚；國有明王〔一五〕，不得當街而蹈。縱居私室，恒須整容。至於妻子之間，每加嚴恪，終日畏天懼地怕君者〔一六〕，是爲恭行〔一七〕。

勤行章弟（第）十

居官之體，憂公忘私，受委須達，執事有功。在家勤作，修營桑梓。農業以時，物（勿）令失度〔一八〕。竭情周（用）力〔一九〕，以養二親。此則忠孝俱存，豈非由勤力？而若居官慢墮〔二〇〕，則有點辱及身；在家不勤，便追弊劣之困。必須夙夜匪懈〔二一〕，以託榮名，預爲方計，以防其損。

儉行章弟（第）十一

藏知（如）山海〔二二〕，用之有窮；庫等須彌〔二三〕，還成有乏〔二四〕；儉者恒足，豐者不盈；在公及私，皆須友（有）度〔二五〕；事君養親，莫過此要。

謹行章弟（第）十二〔二六〕

榮華當勢，謹約其心〔二七〕。慮過思愆，勿令縱逸〔二八〕。治家之道，重戒苦言，莫聽侵暴他人之物；在官之法〔二九〕，謹卓小心，共尊風化〔三〇〕，奉法治人〔三一〕。一則父母無憂，二則君臨爲美〔三二〕。

貞行章弟（第）十三

（後缺）

説明

此件首尾均缺，起『良田下子』，訖『貞行章弟十三』，中間有『報行章弟八』、『恭行章弟九』、『勤行章弟十』、『儉行章弟十一』、『謹行章弟十二』、『貞行章弟十三』等標題，卷中有朱筆句讀和校改，且改『民』爲『人』，但不避『治』字。

《百行章》爲唐初杜正倫撰述的一部童蒙讀物。所謂『百行』，蓋指各種品德行爲。鄭阿財、朱鳳玉指出，儒家尊德行，重修身，後世士大夫對立身行己之道，多有具體要求，或舉百事爲數，因謂之爲百行。從『孝行章第一』來看，百行之中尤以孝爲宗。全書共八十四章，約五千字，每章皆有約義標題，以忠孝節義統攝全書，其中摘引儒家經典中的要言警句，多出自《論語》《孝經》等書；而典故則多源於《史記》《説苑》等書（鄭阿財、朱鳳玉《敦煌蒙書研究》，甘肅教育出版社，二〇〇二年版，三二〇至三四八頁）。此書在宋代以前的正史和目録中皆有著録，但南宋以後失傳。所幸的是，敦煌文獻中保存了有關《百行章》的寫本十七件：即斯一八一五、斯一九二〇、斯三四九一、斯五五四〇、伯二五〇二、伯二八〇八、伯三〇五三、伯三〇七七背、伯二五六四、伯三三〇六、伯三一七六、伯三七九六、伯四九三七、Дх.六〇二八、Дх.一二五二三、北敦八六六八（位字六八、北八四四二）和《貞松堂藏西陲秘籍叢殘》所收《百行章殘卷》，可據之整理出完整的《百行章》文本。鄧文寬、胡平生及鄭阿財、朱鳳玉先後對《百行章》作過録文和校釋工作（參見鄧文寬《敦煌寫本〈百行章〉校釋》，《敦煌研究》一九八五年二期；胡平生《敦煌寫本〈百行章〉校釋補正》，《敦煌吐魯番文獻研究論集》第五輯，北京大學出版社，一九九〇年版）。

以上釋文以斯一八一五爲底本，用對此件有校勘價值的斯一九二〇（稱其爲甲本）、伯三三〇六（稱其爲乙本）、斯三四九一＋伯三〇五三（稱其爲丙本）、《貞松堂藏西陲秘籍叢殘》所收《百行章殘卷》（稱其爲丁本）參校。甲本首題「百行章一卷，杜正倫」，中間所抄篇目及正文均極完整；乙本首全尾缺，首題「百行章一卷」，訖「返行章弟四十三」中之「居近良鄰」，卷背有雜寫文字「開運四年丁未歲三月廿六日押衙」；丙本係由斯三四九一和伯三〇五三兩件綴合而成，綴合後的寫本首尾完整，首部亦有題名「百行章一卷，杜正倫」；丁本起「勇行章弟六」之「有難先登，拓定四方，息塵諍亂」，訖「慜行章弟卌七」之「有氣之類，盛愛其軀，莫好煞生」。

校記

〔一〕「韜」，甲、乙、丙本作「韞」，均可通。

〔二〕「以」，甲、丙本同，乙本作「與」，「與」爲「以」之借字。

〔三〕「位」，甲、乙、丙本同，丁本作「品」，均可通。

〔四〕「乃得」，甲、丙本同，乙本脫「得」字，丁本作「倍乃」，誤；「鄉」，乙、丙本同，當作「卿」，據甲本改。

〔五〕底本「報」前有「一」字短橫，似爲筆誤；「弟」，甲、乙本同，丙本脫，當作「第」，據文義改，《敦煌寫本〈百行章〉校釋》、《敦煌蒙書研究》逕釋作「第」，「弟」爲「第」之本字。以下同，不另出校。

〔六〕「功」，甲、乙、丙本同，丁本作「公」，「公」爲「功」之借字。

〔七〕「所使」，乙、丁本同，甲、丙本作「使所」，誤。

〔八〕「士」，乙本同，甲、丙本作「仕」，「仕」爲「士」之借字，丁本誤作「土」。

〔九〕「寄」，當作「記」，據甲、乙、丙、丁本改，「寄」爲「記」之借字；「意」，甲、乙、丙本同，丁本作「之意」，「之」爲衍文，當删。

〔一〇〕「珠」，甲、丙、丁本同，乙本作「殊」，誤；「報」，甲、丙、丁本同，乙本作「保」，「保」爲「報」之借字。

〔一一〕「捨」，甲、丙本同，乙、丁本作「拾」，誤；「榮」，甲、丙、丁本同，乙本作「營」，「營」爲「榮」之借字。

〔一二〕「持」，乙、丁本同，甲、丙本作「特」，誤；「還」，乙、丁本同，當作「環」，據甲、丙本改，「還」爲「環」之借字；「而」，甲、乙、丙本同，丁本作「進」，誤。

〔一三〕「而行」，甲、乙、丙本同，丁本作「行而」，當乙。

〔一四〕「堂」，甲、乙、丙本同，丁本作「唐」，「唐」爲「堂」之借字。

〔一五〕「王」，甲、乙、丙、丁本作「君」，均可通。

〔一六〕「懼」，乙、丁本同，甲、丙本作「衢」，誤。

〔一七〕「爲」，乙、丁本同，甲、丙本作「謂」，均可通。

〔一八〕「物」，當作「勿」，據甲、乙、丙、丁本改，「物」爲「勿」之借字。

〔一九〕「周」，乙、丁本同，當作「用」，據文義及甲、丙本改。

〔二〇〕「而若」，《敦煌蒙書研究》將其斷入上句，疑誤。

〔二一〕「夙」，甲、乙、丁本同，丙本作「風」，誤。

〔二二〕「知」，當作「如」，據甲、乙、丙、丁本改。

〔二三〕「彌」，甲、丙本同，乙、丁本作「珍」，誤。

〔二四〕「乏」，甲、乙、丁本同，丙本作「之」，誤。

〔二五〕「友」，乙、丁本同，當作「有」，據文義及甲、丙本改，「友」爲「有」之借字。

〔二六〕「謹」，乙本同，甲、丙、丁本作「勤」，誤。

〔二七〕「約」，甲、丙、丁本同，乙本作「納」，誤。

〔二八〕「勿」，甲、丙、丁本同，乙本作「物」，「物」爲「勿」之借字。

〔二九〕「官」，甲、乙、丁本同，丙本作「家官」，「家」爲衍文，當刪。

〔三〇〕「尊」，甲、乙、丙、丁本作「遵」，均可通。

〔三一〕「人」，甲、乙、丙、丁本同，當爲「民」之諱改字。

〔三二〕「則」，乙、丁本同，甲、丙本作「乃」。

參考文獻

《東方宗教》一三、一四號，一至二三頁；《敦煌古籍叙録》一九〇至一九一頁；《敦煌寶藏》一三冊，六二〇頁（圖）；《文物》一九八四年九期，六五至六六頁；《敦煌研究》一九八五年一期，七一至九八頁（録）；《1983年全國敦煌學術討論會文集·文史遺書編》，九九至一〇七頁；《敦煌古籍叙録新編》一〇冊，九二頁、一一九至一二〇頁（圖）；《敦煌吐魯番文獻研究論集》五輯，二七九至三〇五頁；《英藏敦煌文獻》三卷，一五五頁（圖）；《第二届敦煌學研討會論文集》二二六頁；《敦煌文獻論集》二〇八頁；《敦煌蒙書研究》三二〇至三四八頁（録）；《敦煌學輯刊》二〇〇四年一期，一八至一九頁。

斯一八一五背　一　六十甲子納音抄

釋文

甲子、乙丑金，丙寅、丁卯火，戊辰、己巳木[一]，庚午、辛未土[二]，壬申[三]、癸酉金，甲戌、乙亥火，丙子、丁丑水，戊寅、己卯土[四]，庚辰、辛巳金[五]，壬午[六]、癸未木[七]，甲辰（申）[八]、乙酉水，丙戌、丁亥土[九]，戊（戊）子[一〇]、己酉（丑）火[一一]，庚寅、辛卯木，壬辰、癸巳水，甲午、乙未金[一二]，丙辛（申）[一三]、丁酉火，戊戌、己亥木[一四]，庚子[一五]、辛酉（丑）土[一六]，壬寅[一七]、癸卯金[一八]，甲辰[一九]、乙巳火[二〇]，丙午、丁未水，戊辛（申）[二一]、己酉土，庚戌、辛亥金，壬子、癸酉（丑）木[二二]，甲寅、乙卯水，丙辰、丁巳土，戊午、己未火，庚〔申〕[二三]、辛酉木，壬戌、癸亥水。

説明

此卷正面首尾均缺，僅存不足一紙，所存内容是《百行章》的一部分（存第七的後半部分至第十三章標題）。背面所存内容並非一人所書寫，從書法形態看似是四種筆跡。此件爲第一種筆跡，字跡基本清楚，現存八行，文書內容也是首尾完整。第二部分是「經疏標題」，僅抄寫了一行半，筆跡與《六十甲子納音抄》相近。值得注意的是，「經疏標題」的一行半不是自右向左順序書寫，其尾部半行是抄寫在了首行右下側《六十甲子納音抄》尾部所留下空白處。第三種筆跡是「雜字抄」，也僅抄寫了一行半，字體稍大，書法稚拙，但墨跡已模糊，不易辨認。第四種筆跡或第四件文書尾部殘缺，與前兩件相比，字體很小，墨跡已很淡，如果依據圖版，大部分文字已經無法辨識。筆者雖然先後兩次查閱過原件，也未能把文字全部辨認出來。其內容爲「除夕驅儺文抄」，但與已公佈的幾件「驅儺文」不同。以上情況表明，此卷原應是完整的一卷《百行章》，但至少在利用其背面抄寫第一件文書時，首部已經殘缺了，因爲，背面第一件文書不僅首部是完整的，而且起首還留有大約一行的空白。從背面第三件文書亦爲尾部殘缺來看，在背面文字抄寫之後，此卷尾部又有殘損。

此件首尾完整，鄧文寬考定其爲《六十甲子納音》，並指出斯三七二四、伯三九八四背和伯四七一一等號中也都保存了《六十甲子納音》，其內容與此件大同小異（參看鄧文寬《敦煌古曆叢識》，《敦煌學輯刊》一九八九年一期）。黃正建在《敦煌占卜文書與唐五代占卜研究》（學苑出版社，二〇〇一年版）一書中，又著錄了BD〇〇四九〇背（洪〇九〇背、北八六一九背）、伯二九一五背、伯三二七七背、斯三二八七、斯一一四一五背（與斯三七二四背可綴合）、斯五七三九背、斯八三五〇、Дх.二八九九（應爲二八九八）等號中的《六十甲子納音》。該書在介紹「祿命類」占卜文書時，還介紹了與《六十甲子納音》有關的文書，即伯三一七五、斯三七二四背及斯六二五八中的《六十甲子納音性行法》。完整的《六十甲子納音性行法》包括《六十甲子納音》的全部內容，但在每對甲子的納音後還有關於屬於這兩年的性行及與人性關係的占辭。所以，《六十甲子納音性行法》應屬與《六十甲子納音》同類的文書，但並非《六十甲子納音》。上述鄧文寬列舉的伯三九八四背（上引黄正建書指出北大D一九五背有與該件相同的内容），與《六十甲子納音性行法》類似，雖亦包括《六十甲子納音》的全部内容，但在其中注有完整的五合、五離，是供『選日定時』的占卜文書，也不能稱作《六十甲子納音》。可見，現知有十一號敦煌寫本中保存了《六十甲子納音》，其中斯一一四一五背可以和斯三七二四背綴合，而斯三七二四背抄有兩通。與《六十甲子納音》屬於同類或在《六十甲子納音》基礎上添加内容的文書有五件。説明這類文書在當時頗爲流行。

《六十甲子納音》雖然保存的數量不少，但時人抄寫這些文字的目的是多元的。其中BD〇〇四九〇背（洪〇九〇背、北八六一九背）、伯四七一一和斯八三五〇是由從事占卜的專業人員抄寫的正式文本，是被作爲占卜的基礎知識抄寫的；伯二九一五、斯三二八七和此件與佛教文書和世俗文書合抄在一起，是被當作一般知識或生活常識抄寫的；伯三二七七背、斯五七三九背和Дх.二八九八屬於時人隨手所寫的雜寫，都只抄了一兩行；而斯三七二四背+斯一一四一五背中的兩通，雖然是與十干、五行、卜法等抄在一起，但抄寫隨意性較大，應該是對陰陽五行六十甲子卜法感興趣的人隨意抄寫的結果。由於以抄件居多，敦煌寫本《六十甲子納音》一般都有錯誤，此件的脱、誤多達六處，屬於錯誤較多者，只有伯二九一五經過抄者校對，没有錯誤。與這些寫本多數不是正式文本相對應，這些寫本的另一特點是多爲利用已經使用過的紙張的背面抄寫。

此件後的『除夕驅儺文抄』中有『送却丁未舊歲，迎取戊申來前』，黄正建《敦煌占卜文書與唐五代占卜研究》推測『丁未』可能是實曆三年（公元八二七年）。伯三二七七背《六十甲子納音》前有『顯德六年（公元九五九年）歲次甲子（己未）十一月六日』字様，《國家圖書館藏敦煌遺書》編者將包括有《六十甲子納音》的BD〇〇四九〇背（洪〇九〇背、北八六一九背）定爲『歸義軍時期』。從此卷正背文字的書法水平來看，其時代在歸義軍時期（公元八八七年或九四七年）的可能性更大一些。

以上釋文以斯一八一五背爲底本，用斯三二八七（稱其爲甲本）、斯三七二四背第一種+斯一一四一五背（稱其爲乙本）、斯三七二四背第二種（稱其爲丙本）、伯三一七五（稱其爲丁本）、伯四七一一（稱其爲戊本）、伯二九一五（稱其爲己本）、BD〇〇四九〇背（洪〇九〇背、北八六一九背）（稱其爲庚本）、斯八三五〇（稱其爲辛本）、斯五七三九背（稱其爲壬本）、伯三二七七背（稱其爲癸本）、Дх.二八九八（稱其爲甲二本）參校，與此件屬於同類的伯三九八四背、伯三一七五和斯三七二四背中的《六十甲子納音性行法》未列爲校本。

校記

〔一〕『己巳木』，甲、乙、丁、戊、己、庚、壬、癸、甲二本同，丙本脱。甲二本止於此句。

〔二〕癸本止於此句。

〔三〕『申』，甲、乙、丁、戊、己、庚、辛、壬本同，丙本作『辛』，丁本作『辰』，均誤。辛本始於此句，壬本止於此句。

〔四〕『己』，甲、丁、戊、己、庚、辛本同，乙本脱，丙本作『癸』，誤。

〔五〕『巳』，甲、乙、丁、戊、己、庚、辛本同，丙本作『巳巳』，衍一『巳』字；『辛巳』二字之間左側有一圓圈，中間加一墨點。

〔六〕「壬」，甲、乙、丁、戊、己、庚、辛本同，丙本作「姓任」，「姓」字衍，「任」爲「壬」之借字。

〔七〕「未」，甲、乙、丁、戊、己、庚、辛本同，丙本脱。

〔八〕「辰」，當作「申」，據甲、乙、丙、丁、戊、己、庚本改。

〔九〕「土」，甲、乙、丁、戊、己、庚本同，丙本脱。

〔一〇〕「戌」，丙本同，當作「戊」，據甲、乙、丁、戊、己、庚本改。

〔一一〕「酉」，當作「丑」，據甲、乙、丙、丁、戊、己、庚本改；「子」、「己」二字右側有「之月」二字，字較小，未録。丙本此句後衍「庚寅戊子己丑火」。

〔一二〕「未」，甲、乙、丙、丁、己、庚本同，戊本作「癸」，誤。

〔一三〕「辛」，當作「申」，據甲、乙、丙、丁、戊、己、庚、辛本改。

〔一四〕戊本止於此句。

〔一五〕「庚」，甲、乙、丁、己、庚、辛本同，丙本作「辰庚」，衍一「辰」字。

〔一六〕「酉」，當作「丑」，據甲、乙、丙、丁、己、庚、辛本改。

〔一七〕「寅」，甲、乙、丁、己、庚、辛本同，丙本作「申」，誤。

〔一八〕「癸」，甲、乙、丙、丁、己、辛本同，庚本作「巳」，誤；「卯」，甲、乙、丁、己、庚、辛本同，丙本作「酉」，誤。

〔一九〕「辰」，甲、乙、丁、己、庚、辛本同，丙本作「戌」，誤。

〔二〇〕「巳」，甲、乙、丁、己、庚、辛本同，丙本作「亥」，誤。丙本此句其下文字爲「丙子丁丑水，戊寅癸卯土，庚辰辛巳金，壬午癸未木，甲申乙酉水，丙戌丁亥土，戊子己丑火」。因與底本和其他校本差别較大，其差異不再一一出校。

〔二一〕『辛』，當作『申』，據甲、乙、丁、己、庚本改。

〔二二〕『酉』，當作『丑』，據甲、乙、丁、己、庚本改。

〔二三〕『申』，底本、乙本均脱，據甲、丁、己、庚、辛本補。

參考文獻

《敦煌遺書總目索引》一四五頁；《敦煌寶藏》一三册，六二〇頁（圖）；《英藏敦煌文獻》三卷，一五四頁（圖）；《敦煌占卜文書與唐五代占卜研究》一七二頁、二一八頁；《敦煌遺書總目索引新編》五五頁；《敦煌吐魯番天文曆法研究》一〇九至一一一頁；*Divination et sociètèdans la Chine médèivale*, *Bibliothè que nationale de France*, p. 278.

斯一八一五背　二　經疏標題

釋文

《金光經》中立六通義，《百法論》中立四緣義，《金剛般若波羅蜜經》云云。

説明

此件僅抄寫了一行半，據其内容擬名爲「經疏標題」。值得注意的是，此件並非自右至左順序書寫，「金剛」二字之後的文字是被抄寫在了首行右側《六十甲子納音抄》尾部的空白處。頗疑此件之後的「雜字抄」抄寫在前，抄寫者是利用《六十甲子納音抄》和「雜字抄」之間的空白來抄寫「經疏標題」，因空間不足，故違反時人的書寫習慣，改爲自左向右轉行。

參考文獻

《敦煌寶藏》一三册，六二〇頁（圖）；《英藏敦煌文獻》三卷，一五四頁（圖）。

斯一八一五背　三　雜字抄

釋文

牝閔殞窘弜捐黝駒嫋畠淼恂聏
礧邔孨魄鉻妗縋逌鏙

説明

此件亦僅抄寫了一行半，據其内容擬名爲『雜字抄』，其性質尚待研究。

參考文獻

《敦煌寶藏》一三册，六二〇頁（圖）；《英藏敦煌文獻》三卷，一五四頁（圖）。

斯一八一五背　四　除夕驅儺文

釋文

送却丁未舊歲，迎取戊申來前。向旦元貞初啓[一]，齊聽拜賀新（？）年（？）。今且歲時末也，逐出鬼去（？）街（？）先（？）。所有之家不等，各各□□近前。家□長鬼，均平衣食，恐怕勾當不全，朝日早去夜臥，家計必（？）然（？）鉤（？）愆。今者三界判官處分，個個聽言。新□鬼（？），長（常）說不飽[二]，抱（？）麵不下（？）鐺煎。忽然出門走去，元來傍村趁煙。不業作鬼，他家送后，庠把男女恩義，少多得些食喫，時常長在門邊。造飯鬼，偷燒併（餅）[三]，看人眼目懸入。着火鬼，冷眼等着，庠（？）庠（？）出門少便（？），比至喫得一半，爭食兩個努樣（？）。受（？）作（？）鬼，人家說事，半飢半飽害（？）顏（？），城内不憂家計，成（城）外不肯（？）重（種）田[四]。師姑鬼，不出門戶，日夜□□，睡眼悶（？）說有何，此事言到（道）個時運[五]。腳子鬼，夜頭不睡，招喚纔到門前，曲頭共他齒話，言語漸入全年。偷羊鬼，長軀拴丈不放，夜睡頭旋，三更已後掘孔，不諫大多塹愆，破剥便到天名（明）[六]。肚冷未入一前，從後有尋覓

（下缺）

説明

此件首全尾缺，墨跡極淡，《敦煌詩集殘卷輯考》、《全敦煌詩》曾將其作爲詩歌做過釋録，但僅辨認出起首四句，以上釋文亦有多處尚待校定。從以上所釋讀出的文字看，此件應爲《除夕驅儺文》，而其中之「家□長鬼」、「新□鬼」、「不業作鬼」、「造飯鬼」、「着火鬼」、「受作鬼」、「師姑鬼」、「腳子鬼」、「偷羊鬼」等爲其他「驅儺文」所無。而學界整理的「兒郎偉·驅儺文」，亦未收録此件。此件中之「丁未」，似應爲公元八八七年或九四七年（參看本卷之「六十甲子納音」説明）。

校記

〔一〕「貞」，《敦煌詩集殘卷輯考》、《全敦煌詩》校改作「正」，「貞」本有「正」之義，不煩改。

〔二〕「長」，當作「常」，據文義改，「長」爲「常」之借字。

〔三〕「併」，當作「餅」，據文義改，「併」爲「餅」之借字。

〔四〕「成」，當作「城」，據文義改，「成」爲「城」之借字；「重」，當作「種」，據文義改，「重」爲「種」之借字。

〔五〕「到」，當作「道」，據文義改，「到」爲「道」之借字。

〔六〕「名」，當作「明」，據文義改，「名」爲「明」之借字。

參考文獻

《敦煌遺書總目索引》一四五頁；《敦煌寶藏》一三冊，六二〇頁（圖）；《英藏敦煌文獻》三卷，一五四頁（圖）；《全敦煌詩》九冊，四〇九三至四〇九四頁；《敦煌詩集殘卷輯考》八六五頁；《敦煌歲時文化導論》四二七頁；《敦煌遺書總目索引新編》五五頁。

斯一八二三A　亡齋文抄（亡考文、亡妣文）

釋文

蓋聞金烏常轉，生死□□以□；玉兔恒輪，愛入欲之河難返[一]。界城實巨（？），運數推而會終；劫（？）境雖高，輕（？）衣拂而必盡。所以逝川覺其迅疾，巢（？）歎其奔。影（？）像喻其非真，水珠方其無實。厥今座前齋主捧爐祈願所申意者：奉爲亡妣某七功德之所建也。惟　亡姊乃英靈獨秀，奇傑孤標。於家有清訓之儀，於君立盡終（忠）之効[二]。文超七步，筆操月落龍飛；武越由基，劍（機）負亞夫之勇[三]。將謂乾坤齊壽，育子謀孫，何圖捨世早終，奄歸冥路。遂乃慕劬勞之德，義切昊天；懷罔極之恩，哀傷五内。但以朱光驟影，綠水翻（？）波，信宿相催，俄經某七。至孝等，自云孝誠虧感，早隔尊顔；攀風樹而不停，望寒泉而永別。縱使羸（羸）形碎體[四]，未益幽魂；泣血終身，莫能上答。故於斯日，以建齋筵，屈請聖凡，用酬厥德。是日夜（也）[五]，香湯灑於私弟（第）[六]，敷寶座於家庭；開玉藏而轉金言，奩金容橫輝幢傘。遂乃請佛三世，僧會十方；廚供香積之饍筵，爐焚淨土之百味。惣斯多善，無限勝因，先用莊嚴亡靈所生魂路：惟願長辭惡道，絕愛水之三塗；永離蓋纏，斷貪河於八苦；魂遊碧沼，泛般若之舟航；託質青蓮，證涅槃之彼岸。又持勝福，次用莊嚴齋主合門居眷、內外親姻等：伏願心同朗月，春夏恒明；體似貞松，秋冬不變。然後七世父母，蓮花化生；人以（與）非人[七]，咸蒙吉慶。摩訶般若，利樂無〔邊〕[八]。

亡妣文

蓋聞無常苦海[九]，六道同居；生死河深，四生共受[一〇]。縱使高登十地，未免去流（留）[一一]；受絕空禪，亦隨生滅[一二]。是知有識者，莫不無常；壽（受）稟氣者[一三]，會歸歿（殄）滅[一四]。然今座前齋主捧爐啓願所申意者[一五]：奉爲亡妣某七功德之所建也。惟亡妣乃性本柔和[一六]，行常貞潔，母儀含於淑質[一七]，慈軌叶於謙恭，行順弘於六親，美卹憂於九族[一八]，理應久居人代[一九]，訓範子孫，何圖業受有終，奄歸幽路。但以逝川東注[二〇]，洪波之浪難迴[二一]；光影西山，孰制嵎峰之日[二二]。至孝等[二三]，自云禍從靈祐[二四]，盟（阻）隔慈顔[二五]，撫寒泉以窮哀[二六]，踐霜露而增感（憾）[二七]。色養之體[二八]，攀拱木而無追；乳哺之恩[二九]，佇禪林而契福[三〇]。縱使相（捐）軀斷髓[三一]，無益幽路之灰魂[三二]；泣血碎身[三三]，詎能酬報之亡識[三四]？故於是日，已建齋筵〔三五〕，屈請聖凡〔三六〕，用資冥路〔三七〕。是日夜（也）〔三八〕，宏敷寶室，嚴灑清宮〔三九〕，轉三世之金言〔四〇〕，誦千佛之移（秘？）密〔四一〕。幡花匝匝，爐焚百味之香〔四二〕；廚饌七珍〔四三〕，何異純陀之供〔四四〕。惣斯多善，無限勝因，先用莊嚴亡靈所生魂路〔四五〕：惟願神生淨土〔四六〕，識坐蓮臺，花開聞解脫之音（香）〔四七〕，舉足身（昇）涅槃之果〔四八〕，當當來代〔四九〕，還與至孝作菩提善因〔五〇〕，莫善（若）今生〔五一〕，愛別離苦〔五二〕。又持勝福〔五三〕，次用莊嚴齋主合門居養（眷）〔五四〕、內外親姻等〔五五〕，齊登佛果〔五六〕。摩訶般若云云〔五七〕。

□山禪師文。

（後缺）

說明

此號分爲A、B兩片。此件寫於A片正面，首全尾缺，《英藏敦煌文獻》編者將其定名爲「文樣（亡考文、亡妣文）」，實應爲亡齋文抄兩篇（有關情況可參看郝春文《敦煌寫本齋文及其樣式的分類與定名》，《中古時期社邑研究》，台灣新文豐出版公司，二〇〇六年版，四七一頁至四八六頁）。第一篇爲

《亡考文》，無標題，除個别字殘失外，内容基本完整；第二篇爲《亡妣文》，有標題，中間上半部和尾部殘缺。此件有朱筆句讀，尾部殘存「山禪師文」，可知爲某位禪師的文本。又《亡妣文》中「世」字改作「代」，應爲避唐諱。

此件中的《亡妣文》，與斯五五七三《亡齋文一道小序》基本相同。《敦煌願文集》曾以斯五五七三爲底本、以此件爲校本對《亡妣文》做過釋録。

以上釋文以斯一八二三爲底本，用斯五五七三（稱其爲甲本）參校。

校記

〔一〕「入」，據文義疑爲衍文，當删。
〔二〕「終」，當作「忠」，據文義改，「終」爲「忠」之借字。
〔三〕「劍」，當作「機」，據文義改。
〔四〕「羸」，當作「贏」，據斯六四一七《亡考文》「縱使贏刑（形）碎體」句改；「碎」，據殘筆畫及斯六四一七《亡考文》「縱使贏刑（形）碎體」句補。
〔五〕「夜」，當作「也」，據文義改，「夜」爲「也」之借字。
〔六〕「弟」，當作「第」，據文義改，「弟」爲「第」之本字。
〔七〕「以」，當作「與」，據文義改，「以」爲「與」之借字。
〔八〕「邊」，據斯六四一七《亡考文》補。
〔九〕「蓋聞」，甲本無。

〔一〇〕「四」，甲本作「死」，「死」爲「四」之借字。
〔一一〕「流」，甲本同，當作「留」，《敦煌願文集》據文義校改，「流」爲「留」之借字。
〔一二〕「隨」，甲本作「須」。
〔一三〕「壽」，當作「受」，據文義及甲本改，《敦煌願文集》疑爲衍文，「壽」爲「受」之借字。
〔一四〕「殄」，當作「殄」，據文義及甲本改。
〔一五〕「座」，甲本作「坐」，「坐」通「座」；「捧」，甲本作「奉」，誤。
〔一六〕「惟」，甲本作「爲」，「爲」爲「惟」之借字；「性本」，甲本作「本性」。
〔一七〕「儀」，甲本作「義」，「義」爲「儀」之借字；「淑」，甲本作「叔」，「叔」爲「淑」之借字。
〔一八〕「憂」，甲本作「幽」，「幽」爲「憂」之借字。
〔一九〕「代」，甲本同，據文義當以「世」字爲佳，疑因避唐太宗諱使然。
〔二〇〕「逝」，甲本作「誓」，「誓」爲「逝」之借字。
〔二一〕「浪」，甲本作「朗」，「朗」爲「浪」之借字。
〔二二〕「嵎」，甲本作「危」，疑誤；「日」，據甲本補。
〔二三〕「至孝等」，據甲本補。
〔二四〕「自云禍愆靈祐」，據甲本補。
〔二五〕「盟」，據甲本補，當作「阻」，據文義改，《敦煌願文集》逕釋作「阻」。
〔二六〕「寒」，甲本脱；「哀」，據甲本補。
〔二七〕「踐霜露而增」，據甲本補；「感」，據甲本補，當作「憾」，據文義改，「感」爲「憾」之借字。
〔二八〕「色養之體」，據甲本補。

〔二九〕「之恩」，據甲本補。

〔三〇〕「佇禪林而契福」，據甲本補。

〔三一〕「縱使」，據甲本補；「相」，據甲本補，當作「捐」，據文義改，《敦煌願文集》校作「捨」，亦通；「軀」，甲本作「摳」，「摳」爲「軀」之借字。

〔三二〕「灰魂」，據甲本補。

〔三三〕「泣血碎身」，據甲本補。

〔三四〕「詎能酬報之亡」，據甲本補，《敦煌願文集》疑「之」字爲衍文。

〔三五〕「已」，甲本同，《敦煌願文集》校作「以」。

〔三六〕「屈請聖凡」，據甲本補。

〔三七〕「用資冥路」，據甲本補。

〔三八〕「是日」，據甲本補；「夜」，據甲本補，當作「也」，《敦煌願文集》據文義校改，「夜」爲「也」之借字。

〔三九〕「宫」，據甲本補。

〔四〇〕「轉三世之金言」，據甲本補。

〔四一〕「誦千佛之」，據甲本補；「移」，據甲本補，疑當作「秘」，《敦煌願文集》據文義校改；「密」，甲本作「蜜」，「蜜」通「密」。

〔四二〕「樊」，甲本同，《敦煌願文集》釋作「焚」，雖意可通而字誤；「味之香」，據甲本補。

〔四三〕「廚饌七珍」，據甲本補。

〔四四〕「何異純陀之」，據甲本補。

〔四五〕「先用莊嚴亡靈所生魂路」，據甲本補。

〔四六〕「惟願神生」，據甲本補。

〔四七〕「聞解脱之」，據甲本補；「音」，據甲本補，當作「香」，《敦煌願文集》據文義校改。

〔四八〕「舉足」，據甲本補；「身」，據甲本補，當作「昇」，據文義改，「身」爲「昇」之借字；「涅槃之果」，據甲本補。

〔四九〕「當當」，據甲本補；「代」，甲本同，據文義當以「世」字爲佳，疑因避唐太宗諱使然。

〔五〇〕「善因」，據甲本補。

〔五一〕「莫善今生」，據甲本補；「莫」，《敦煌願文集》釋作「業」，誤；「善」，當作「若」，《敦煌願文集》據文義校改。

〔五二〕「愛別離苦」，據甲本補。

〔五三〕「又」，據甲本補；「持」，據甲本補，《敦煌願文集》釋作「特」，校作「持」；「勝福」，據甲本補。

〔五四〕「養」，據甲本補，當作「眷」，《敦煌願文集》據文義校改。

〔五五〕「内外親姻等」，據甲本補。

〔五六〕「齊登佛果」，據甲本補。

〔五七〕「摩訶般若云云」，據甲本補。

參考文獻

《英藏敦煌文獻》三卷，一五五頁（圖）；《敦煌願文集》七八〇至七八三頁（録）。

斯一八二三A背　一　齋儀抄（優婆姨設供）

釋文

然今清信優婆姨，柔明植性，婉順成德。映張箴而緝禮，軼班史而流訓。加以馳心妙覺，展志玄門，仰因菓緣，廣修珍供。

説明

此件《英藏敦煌文獻》標爲斯一八二三V2，實爲斯一八二三A背。原件爲倒書，《英藏敦煌文獻》編者將其定名爲「優婆姨轉經文」，誤。因此件僅爲齋文之「歎德」部分，並無一篇完整齋文所必備的「號頭」、「歎德」、「齋意」、「道場」和「莊嚴」等内容（關於齋文的結構，可參看郝春文《關於敦煌寫本齋文的幾個問題》，《中古時期社邑研究》，台灣新文豐出版公司，二〇〇六年版，四八七至五〇二頁）。所以，此件並非『齋文』文本，而是供僧人起草的與優婆姨有關齋文的《齋儀抄》（有關情況可參看郝春文《敦煌寫本齋文及其樣式的分類與定名》，《中古時期社邑研究》，四七一至四八六頁）。因此件並無「齋意」部分，所以也不能確定其是否「優婆姨轉經文」的《齋儀》部分。此號B片正面亦有與之相同的内容，僅首字『然』作『厥』，其餘文字相同，筆跡也相似，疑兩件爲一人所書。此件後空白處有時人隨手所書「奉奉」等文字。

參考文獻

《英藏敦煌文獻》三卷，一五七頁（圖）。

斯一八二三A背　二　雜寫（一一如一、一四如四）

釋文

奉
奉
一一如一。
一四如四。

書記

説明

以上文字爲時人隨手所寫。

參考文獻

《敦煌寶藏》一三冊，六三六頁（圖）；《英藏敦煌文獻》三卷，一五七頁（圖）。

斯一八二三B　一　齋儀抄（優婆姨設供）

釋文

厥今清信優婆姨，柔明植性，婉順戍（成）德〔一〕。映張箴而緝禮，軼班史而流訓。加以馳心妙覺，展志玄門，仰因菓緣，廣修珍供。

説明

此件爲倒書，與A片背面之《齋儀抄》内容僅有一字之差，兩件似一人所書，有關情况可參看該件説明。

校記

〔一〕「戍」，當作「成」，據斯一八二三A背《齋儀抄》改。

參考文獻

《敦煌寶藏》一三册，六二七頁（圖）；《英藏敦煌文獻》三卷，一五六至一五七頁（圖）。

斯一八二三B　二　癸卯年（公元九四三年）都師道成於樑戶手上就庫領油抄

釋文

癸卯年正月一日，都師道成於樑戶價（賈）進子手上就庫領（零）散領得油[一]，抄録如後：

正月至五月中間，就庫領得領（零）散油柒斗柒勝（押）[二]。五月至十月中間，就庫領（零）領散領得油壹碩壹斗肆勝（押）[三]。十月至十一月中間，就庫領（零）散領得油叁斗壹勝（押）[四]。

維歲〔次〕天福拾年乙巳四月廿四日[五]，釋門法律。

癸卯年正月一日，都師道成於樑戶張員住手上就庫領（零）散領油[六]，抄録如後：

正月至五月中間，領（零）散領得油伍斗（押）[七]。五月至十月中間，領（零）散就庫領得油捌斗叁勝半（押）[八]。十月至十一月中間，就庫領（零）散領得油壹斗（押）[九]。

說明

此件首尾完整，爲癸卯年某寺都師道成於樑戶賈進子、張員住手上零散領油的記録，兩家樑戶的記録分爲兩通分別書寫，每筆記録後都有道成的簽押，說明此件具有憑證性質。在兩通領油抄中間，有同一筆跡抄寫的「維歲天福拾年乙巳四月廿四日釋門法律」文字一行，此行文字雖與領油抄無關，但據此可推測此件中之「癸卯年」是距天福拾年較近的天福八年（公元九四三年）。

校記

〔一〕「價」，當作「賈」，據文義改，「價」爲「賈」之借字；第一個「領」，當作「零」，《英藏敦煌文獻》據文義校改，「領」爲「零」之借字。

〔二〕第二個「領」，當作「零」，據文義改，「領」爲「零」之借字。

〔三〕第一個「領」，當作「零」，據文義改，「領」爲「零」之借字；此句抄有三個「領」字，前兩「領」字分別抄於行末和下一行之首，這是敦煌寫本中比較常見的重文現象，其中第二個「領」字應不讀，《敦煌社會經濟文獻真蹟釋録》將前兩個「領」字釋作「領得」，誤。

〔四〕第一個「領」，當作「零」，據文義改，「領」爲「零」之借字。

〔五〕「次」，《敦煌社會經濟文獻真蹟釋録》據文義校補。

〔六〕「員」，《敦煌社會經濟文獻真蹟釋録》釋作「安」，誤；第一個「領」，當作「零」，據文義改，「領」爲「零」之借字。

〔七〕第一個「領」，當作「零」，據文義改，「領」爲「零」之借字。
〔八〕第一個「領」，當作「零」，據文義改，「領」爲「零」之借字。
〔九〕第一個「領」，當作「零」，據文義改，「領」爲「零」之借字。

參考文獻

《敦煌遺書總目索引》一四五頁；《敦煌寳藏》一三冊，六三七頁（圖）；《唐五代敦煌寺戸制度》二五四頁（録）；《敦煌吐魯番文書研究》三四六頁（録）；《敦煌社會經濟文獻真蹟釋録》三輯，一二一至一二二頁（録）、（圖）；《英藏敦煌文獻》三卷，一五六頁（圖）；《1990年敦煌學國際研討會論文集》（石窟史地語文編）五六〇至五六一頁（録）；《敦煌文書學》四三七頁；《敦煌遺書總目索引新編》五五頁。

斯一八二三B背　僧名

釋文

（前缺）

德、定幽、定保、

法律、法崇、劉法律、

延、慶會、宋法律、

延成、慶進、慶願、

曇真、曇政、曇紹（？）、

曇智、曇善。

説明

此件上半部殘缺，所存均爲僧名，多數僧名右側有墨點，應爲表示已知或到場的標記。

參考文獻

《英藏敦煌文獻》三卷，一五七頁（圖）。

斯一八二四　受十戒文

釋文

（前缺）

具六神通[一]，三界有情，誓當濟拔[二]。［　　］來降道場[三]，證明懺悔。又更啓請：天上龍宮，五乘奥典；人間鷲嶺[四]，十二部經[五]。大涅槃山，大般若海，願垂沃潤，普濟沉淪。又更啓請：無學辟支、斷或羅漢、三賢十聖、五眼六通，並願發慈悲心，從禪定起[六]，無違啓請[七]，來降道場，爲作證明，照知懺悔。撕倒（禱）至誠[八]，□□□受，弟子請至心敬禮常住三寶。三明懺悔。側聲。

啓請已了。

夫受戒者，先須至誠懺悔，洗蕩身心。身器清淨，方堪受戒於三寶前。若能五體投地，悲泣流淚，身毛皆豎，流暮一目，發殷重心，當知是人，無罪不滅，於其自身，作重病相，於說法者，作大醫王相，拔苦與樂相。聞說罪名，或作身心戰悼[九]，遍體流汗；或可怕怖不安，身毛皆豎。有如是相，當知無始時來，所有罪業，悉皆消滅。恒沙善根，運運增長。夫發業煩惱，不過三種，今恒衣（依）三業懺悔〔一〇〕，一切諸罪，悉皆消滅，各各至誠〔一一〕，依口懺悔。

我某甲等〔一二〕，從元始來，至于今日，造諸惡業〔一三〕，無量無邊，猶若塵沙，不可知數。身業不善，行煞盜婬，不問親踈（疏）〔一四〕，不分恩德，上至人命，下至畜生，若凡若聖，若親若踈（疏）〔一五〕，苦具隨身，奪他性命。害心既起，以煞爲期。溉灌陸田，焚燒山澤，殘害蟣虱，拂撲蚊虻，煞害衆生，不可知數。偷盜無量，奪人財寶，上至金銀，下至單葉，因官形勢，恐赫（嚇）規求〔一六〕；借貸不還，知而拒諱；破齋破戒，無慚愧心；不孝父母，不敬師僧。棠（唐）突聖賢〔一七〕，陵蔑道俗，行婬無量，汙淨梵行。上至親屬，及以（與）僧尼〔一八〕，下至畜生，禽獸之類，和情強逼〔一九〕，非禮□交。寺舍塔中，行不淨行。口業不善，訶罵三寶，毀呰二親，破和合僧，撥無因果，離間彼此，阻隔君臣，轉是爲非，黐長作矩（短）〔二〇〕。苟求世間，色香味觸。或於怨對，結不捨心；或於無辜，横加惱害。如斯等罪，無量無邊，或以教他，或時隨喜，愚癡障蔽，不覺不知。苦中自安，不驚不怖。今逢善友〔二一〕，開我盲冥，教我歸依，教我懺悔，始從今身，乃至成佛。一切諸惡，誓當惣斷；一切諸善，誓當物（惣）修〔二二〕；一切衆生，誓當惣度。惟願十方一切諸佛，起六神通，慈光照燭冥官業道〔二三〕，一切靈祇，咸願證知。此諸罪障，若多若少，若輕若重，今日今時，願皆消滅。

懺悔已了。

先須歸依三寶，然後受戒。所以先歸依佛寶者，佛是衆生無上慈父，能於三界拔衆生苦，究竟令得大涅槃樂，非如世聞（間）父母〔二四〕，暫時因緣，百年之後，各隨六道，不相繫屬，故先須歸依無上佛寶。弟（第）二歸依法寶者〔二五〕，法是衆生無上良藥。能療衆生煩惱重病，故須歸依法寶。弟（第）三歸依僧寶者〔二六〕，僧是衆生良祐福田。能長衆生菩提芽。故若有衆生恭敬供養，獲無量福，故須歸依僧寶。

三歸依者，先受番邪三歸，次受得戒三歸。

我某甲歸依佛、歸依法、歸依僧。我今隨佛出家，某甲爲和尚，如來至至真等正覺是我世尊〔二七〕。三授已，便得戒。

我某甲歸依佛竟，歸依法竟、歸依僧竟，我今隨佛出家已，某甲爲和尚，如來至真等正覺是我世尊。三歸已〔二八〕，與戒相。

夫戒者，是死舟紅，佛法根本。若五戒有犯，具戒成難。故須身無遮難，方漸次受，當於受戒前具問遮難。故《善生經》云：汝等不盜現前僧物不？於六親、比丘、比丘尼所行不淨行不？汝父母、師長有病，不棄去不？汝煞發菩提心衆生不？如是問已，若無者，應語言：『此戒甚難，能爲聲聞，菩薩戒而作根本。今當示汝戒相，汝諦聽受之。』盡形壽不煞生，是優婆塞戒，能持不？答言：能持。盡形壽不偷盜，是優婆塞戒，能持不？答言：能持。盡形壽不邪婬，是優婆塞戒，能持不？答言：能持。盡形壽不妄語，是優婆塞戒，能持不？答言：能持。盡形壽不飲酒，是優婆塞戒，能持不？答言：能持。

既受五戒已，次受十戒。染習佛法，必須漸次。先受五戒，以自調伏；信樂漸憎（增）〔二九〕，次受十戒。善根轉勝，後受具戒，深心無退。如是次第得佛味，如遊大海，漸漸深入，好樂堅固，難可退敗。夫欲受戒，須發增上勝心，所受之戒還得上品之戒。不得怠慢，各各須發志誠心，蹋跪合掌〔三〇〕，一心聽受其戒。

盡形壽不煞生，是沙彌戒，能持不？答：能。盡形壽不偷盜，是沙彌戒，能持不？答：能。盡形壽不婬欲，是沙彌戒，能持不？答：能。盡形壽不妄語，是沙彌戒，能持不？答：能。盡形壽不飲酒，是沙彌戒，能持不？答：能。盡形壽不著華鬘香油塗身，是沙彌戒，能持不？答：〔能〕持〔三一〕。盡形壽不歌舞倡伎及故往觀聽，是沙彌戒，能持不？答：〔能〕持〔三二〕。盡形壽不得高大牀上坐，是沙彌戒，能持不？答：能。盡形壽不得非時食，是沙彌戒，能持不？答：能。盡形壽不得捉生像金銀寶物，是沙彌戒，能持不？答：能。此是沙彌十戒，盡形壽不得犯。

受戒已了。汝等亦須同過去諸佛菩薩，所有一毫之善誓當迴施法界有情之心。各各蹋跪，依口迴向發願：

我某甲等上來所有啓請賢聖、懺悔罪障、歸依受戒所生功德，無量無邊，廣大如法界，究竟等虛空，盡將迴向無上菩提，於菩提中得堅固力，於諸法中得深信力，於多聞中得不忘力，於生死中得自在力，於衆生中得大悲力，於布施中得堅捨力，於持戒中得不懷（壞）力[三三]，於忍辱中得大誓力，於諸魔中得智惠力。常願衆生斷惡修善[三四]，願諸衆生，平等共有，同受禁戒，終無毀犯。立此誓已，更不敢違。虛空等界，設有盡期[三五]，我此誓願，終無有盡。當當來世，普益蒼生，彌勒會中，一時成佛。

光啓肆年戊申五月八日，三界寺比丘僧法信於城東索使君佛堂頭寫記。

丁卯年後正月十四日寫受十戒文卷，　福巖記之。

說明

此件首缺尾全，從尾部「三界寺比丘僧法信」及「福巖」的題記來看，應爲晚唐時期敦煌寺院給沙彌授三歸、五戒、十戒儀式的文範。除第一部分「啓請文」略殘外，其餘「懺悔」、「歸依」、「問遮難」、「受五戒」、「受十戒」和「迴向發願」等各部分均保存完整，從中可以窺知當時沙彌授戒儀式的全部儀程（參見郝春文《唐後期五代宋初敦煌僧尼的社會生活》，中國社會科學出版社，一九九八年版，一四至一九頁）。

校記

〔一〕「具六神」，據斯一一三七、斯二六八五背中之《啟請文》補。
〔二〕「當濟拔」，據斯一一三七、斯二六八五背中之《啟請文》補。
〔三〕「來降」，據斯二六八五背中之《啟請文》補。
〔四〕「人間」，據斯二六八五背中之《啟請文》補；「鷲嶺」，據斯一一三七中之《啟請文》補。
〔五〕「十二部」，據斯一一三七、斯二六八五背中之《啟請文》補。
〔六〕「定起」，斯一一三七、斯二六八五背中之《啟請文》同，《唐後期五代宋初敦煌僧尼社會生活》釋作「起定」，按底本原寫作「起定」，二字右側似有倒乙符號。
〔七〕「無」，《唐後期五代宋初敦煌僧尼社會生活》據文義校補。
〔八〕「倒」，當作「禱」，《唐後期五代宋初敦煌僧尼的社會生活》據文義校改，「倒」爲「禱」之借字。
〔九〕「悼」，《唐後期五代宋初敦煌僧尼的社會生活》釋作「掉」，誤。
〔一〇〕「衣」，當作「依」，《唐後期五代宋初敦煌僧尼的社會生活》據文義校改，「衣」爲「依」之借字。
〔一一〕「各各」，《唐後期五代宋初敦煌僧尼的社會生活》釋作「今□」，誤。
〔一二〕「我」，《唐後期五代宋初敦煌僧尼的社會生活》據文義校補。
〔一三〕「業」，《唐後期五代宋初敦煌僧尼的社會生活》釋作「事」，誤。
〔一四〕「踈」，當作「疎」，「踈」爲「疎」之訛，《唐後期五代宋初敦煌僧尼的社會生活》釋作「疏」，「疎」同「疏」。
〔一五〕「踈」，當作「疎」，「踈」爲「疎」之訛，《唐後期五代宋初敦煌僧尼的社會生活》釋作「疏」，「疎」同「疏」。
〔一六〕「赫」，當作「嚇」，《唐後期五代宋初敦煌僧尼的社會生活》據文義校改，「赫」爲「嚇」之借字。
〔一七〕「棠」，當作「唐」，《唐後期五代宋初敦煌僧尼的社會生活》據文義校改，「棠」爲「唐」之借字。

〔一八〕「以」，當作「與」，《唐後期五代宋初敦煌僧尼的社會生活》據文義校改，「以」爲「與」之借字。
〔一九〕「和」，《唐後期五代宋初敦煌僧尼的社會生活》釋作「私」，疑誤。
〔二〇〕「矩」，當作「短」，據文義改。
〔二一〕「友」，《唐後期五代宋初敦煌僧尼的社會生活》釋作「發」，誤。
〔二二〕「物」，當作「惚」，據文義改，《唐後期五代宋初敦煌僧尼的社會生活》逕釋作「惚」。
〔二三〕「官」，《唐後期五代宋初敦煌僧尼的社會生活》校改作「宫」。
〔二四〕「聞」，當作「間」，據文義改，《唐後期五代宋初敦煌僧尼的社會生活》逕釋作「間」。
〔二五〕「第」，當作「第」，據文義改，《唐後期五代宋初敦煌僧尼的社會生活》逕釋作「第」，「弟」爲「第」之本字。
〔二六〕「弟」，當作「第」，據文義改，《唐後期五代宋初敦煌僧尼的社會生活》逕釋作「第」，「弟」爲「第」之本字；「者」，《唐後期五代宋初敦煌僧尼的社會生活》漏録。
〔二七〕「至至」，疑第二個「至」字爲衍文，當刪。
〔二八〕「歸」，《唐後期五代宋初敦煌僧尼的社會生活》釋作「説」，誤。
〔二九〕「憎」，當作「增」，《唐後期五代宋初敦煌僧尼的社會生活》據文義校改，「憎」爲「增」之借字。
〔三〇〕「踋」，《唐後期五代宋初敦煌僧尼的社會生活》釋作「胡」，誤。
〔三一〕「能」，據文義補；「持」，《唐後期五代宋初敦煌僧尼的社會生活》釋作「能」，誤。
〔三二〕「能」，據文義補；「持」，《唐後期五代宋初敦煌僧尼的社會生活》釋作「能」，誤。
〔三三〕「懷」，當作「壞」，《唐後期五代宋初敦煌僧尼的社會生活》據文義校改。
〔三四〕「常」，《唐後期五代宋初敦煌僧尼的社會生活》釋作「長」，誤。
〔三五〕「設」，《唐後期五代宋初敦煌僧尼的社會生活》釋作「沒」。

參考文獻

Giles, *BSOS*, 9.4（1937）, p. 1041; *Descriptive Catalogue of the Chinese Manuscripts from Tunhuang in the British Museum*, p. 205（録）;《敦煌遺書總目索引》一四五頁（録）;《敦煌寶藏》一三册，六三八至六四〇頁（圖）;《敦煌曆日譜》四〇七頁;《莫高窟年表》四三七頁;《敦煌學輯刊》一九八六年二期，二九頁;《英藏敦煌文獻》三卷，一五八至一五九頁（圖）;《唐後期五代宋初敦煌僧尼的社會生活》一四至一九頁（録）;《敦煌詩集殘卷輯考》八六六頁（録）;《敦煌遺書總目索引新編》五五頁（録）;《全敦煌詩》第九册，四〇九五頁。

斯一八二四背　日日長相望詩一首

釋文

日日長相望[一]，苑（宛）轉不離心[二]。見君行坐處，一似火燒身。

說明

此件原無詩題及作者，《全敦煌詩》據首句擬題作「日日長相望」。《敦煌詩集殘卷輯考》認爲筆跡與斯一八二四題記相同，「當爲福嚴所鈔」，題記之「丁卯年」爲天祐四年（公元九〇七年）（參見徐俊《敦煌詩集殘卷輯考》，中華書局，二〇〇二年版，八六五至八六六頁），但從筆跡看，此詩更有可能是比丘僧法信所鈔，即光啟四年鈔。

校記

〔一〕第二個「日」，《英藏敦煌文獻》釋作「曰」，疑作「月」，《敦煌遺書總目索引》、《敦煌遺書總目索引新編》逕釋作「月」。

〔二〕「苑」，當作「宛」，《敦煌詩集殘卷輯考》據文義校改，《敦煌遺書總目索引》、《敦煌遺書總目索引新編》逕釋作

「宛」。

參考文獻

《敦煌遺書總目索引》一四五頁（録）；《敦煌寳藏》一三冊，六四〇頁（圖）；《文藝研究》一九八三年一期，七四頁；《英藏敦煌文獻》三卷，一五九頁（圖）；《敦煌學海探珠》上，一八三頁（録）；《全敦煌詩》九冊，四〇九四至四〇九五頁（録）；《敦煌詩集殘卷輯考》八六五至八六六頁（録）；《敦煌遺書總目索引新編》五五頁（録）。

斯一八三四　大乘無量壽經題記

釋文

氾子昇寫。

説明

此件《英藏敦煌文獻》未收，現予補録。

參考文獻

Descriptive Catalogue of the Chinese Manuscripts from Tunhuang in the British Museum, p. 144（録）；《敦煌遺書總目索引》一四五頁（録）；《敦煌寶藏》一四冊，五七頁（圖）；《中國古代寫本識語集録》三九〇頁（録）；《敦煌遺書總目索引新編》五五頁（録）。

斯一八三五　失名類書（勸納諫）

釋文

（前缺）

媚之語，多悅貌而會情〔一〕；忠謇正直之言，必倒心而逆耳〔二〕。《吕氏春秋》曰：至忠逆於耳，到（倒）於心〔三〕，非賢主其熟（孰）能聽之〔四〕？注云：倒亦逆。故諂辭易進，忠諫難陳；高門隔於九重，堂上遠於百里。屈原者，楚三閭大夫，仕於懷王。同列大夫上官靳尚妒害其能，譖毁之，王乃流放屈原。屈原作《離騷》，以諷諫懷王，冀其覺悟。原弟子宋玉又作《九辯》，以述其志，稱：『豈不鬱（陶）以思君兮〔五〕？君之門兮九重〔六〕。』《管子》曰：堂上遠於百里。今步者一日，百里之情通；堂上有事，十日而君不聞之也。是使闇君庸主，喪國亡身，莫辯（辨）鹿馬之殊〔七〕，不知蒲脯之異。《史記》曰：秦二世皇帝尊用趙高〔八〕，常居禁中與高決事，公卿希得朝見。高說二世煞承（丞）相李斯〔九〕，以高爲承（丞）相。高欲爲辭，恐群臣不聽，乃先設驗，持鹿獻於二世，曰：『馬。』二世笑曰：『承（丞）相誤也，以鹿爲馬。』問左右，左右或言馬以阿順趙高，或言鹿。高因陰中煞諸言鹿者以法，後群臣皆畏高，遂煞二世於望夷宮。《故（古）今注》曰〔一〇〕：趙高用事，先獻蒲爲脯，以驗群臣。至有罪加直士，誅及諍臣。龍逢歿而夏亡〔一一〕，比干死而殷滅。《符子》曰：夏桀無道，龍逢諫曰：『臣觀君冕也，非冕，危石；臣觀君履，非履，履春冰。未有冠冕（危）〔石〕而不墜〔一二〕，蹈春冰而不陷。』桀笑曰：『是日，則我與日俱亡。子知我之亡，不自知亡乎？子就炮格（烙）之刑〔一三〕，吾觀子之亡，知我不亡。』龍逢赴火而死，桀尋爲湯所滅。《帝王世紀》曰：殷紂無道，比干歎曰：『主過不諫非忠也，畏死不言非勇也。』乃進諫，不去者三日。紂怒曰：『吾聞聖人心有九竅。』遂煞比干，刳視其心。紂尋爲周所滅。事並出《史記》之〔一四〕。陳煞泄治〔一五〕，社稷由其顛墜〔一六〕；《左傳》曰：泄冶者，陳大夫。陳零（靈）公與其大夫孔甯〔一七〕、儀行父通於夏姬，衷其衵服，以戲於朝。泄治諫曰：『公卿宣淫，民無效焉？』公告二子，二子請煞之，公弗禁，遂煞泄治。陳尋爲楚所滅。吳滅子胥，宗廟以之傾殞。伍子胥，名員，佐吳王闔閭破楚。闔閭死，又佐吳王夫差破越。越王勾踐西（栖）於會稽〔一八〕，使以厚葬（幣）遺吴太宰嚭（嚭）請和〔一九〕，子胥諫曰：『越王爲人，能辛苦。今王不滅，後必悔。』吴王不聽，用太宰嚭（嚭）計，與越平，又北伐齊。越王勾踐重賫以獻太宰嚭（嚭）。嚭（嚭）既受越賂，日夜爲言於吴王，吴王信嚭（嚭）之計。子胥諫曰：『夫越，心腹之病。今信其浮亂（辭）爲（僞）詐而貪齊〔二〇〕，（破）齊〔二一〕，譬猶石田，無所用之。願擇（釋）齊而先越〔二二〕。』吴王不聽，信嚭（嚭）之讒，乃賜子胥燭（屬）鏤之劒〔二三〕，曰：『以此自裁。』子胥臨死曰：『必抉吾朗（眼）〔二四〕，著吴城門上，以觀越破吴也。』後九年，越遂滅吴，煞夫差而誅太宰嚭（嚭）。夫差將死，曰：『吾何面目得見子胥？』遂蒙絮覆面而自刎。事出《左傳》、《國語》、《史記》、《説苑》。故明王聖主，高居審聽，恐有過而不聞，懼忠言之莫達〔二五〕。《六韜》曰：王人（者）之道〔二六〕，如龍之首，高居而遠望，深視而聽（審）審（聽）〔二七〕。《説苑》曰：明王有〔三〕懼〔二八〕：一曰居尊位而恐不聞其過；二曰得志而恐驕；三曰聞天下志（至）道而恐不行〔二九〕。博延骨鯁之士，廣開獻納之塗。或懸旌置木，或設鞀樹鼓。《漢書》曰：古之治天下，朝有進善之旌、誹謗之木。注云：堯也。《粥（鬻）子》曰〔三〇〕：禹之治天下，門懸鼓、鍾、鐸、磬，而置鞀以待四海之士。曰：『教寡人以道者，擊鼓；教寡人以義者，擊鍾；教寡人以事者，振鐸；語寡人以憂者，擊磬；語寡人以獄訟者，揮鞀之〔三一〕。』得失許以規箴，可否恣其陳説。引裾却座，不以爲非；《魏志》曰：辛毗，字佐治，文帝踐祚，爲侍中。帝欲徙冀州士家十万户以實河南，時民飢，群司以爲不可。帝意甚盛，毗與朝臣求見，帝知其欲諫，作色以見之，皆莫敢言。毗曰：『陛下欲徙士家，其計安出？』帝曰：『卿言我徙非耶？』曰：『誠以爲非也。』帝曰：『吾不與卿共議也。』毗曰：『陛下不以臣不肖，不置之爲左右〔三二〕，安得不與臣議？臣所云非私也，乃社稷之慮也，安得怒臣？』帝不答，起入内，毗隨其後，而引其裾，帝遂奮衣，不還。良久乃出，曰：『佐治，卿持我何太急耶？』毗曰：『今徙既失民心，又無以食。』帝遂其意解〔三三〕。《漢書》曰：文帝幸上林，皇后、慎夫人從，其禁（在）禁中〔三四〕，常同坐。及〔坐〕〔三五〕，郎署袁盎却慎夫人席〔三六〕，慎夫人不肯坐，文帝亦怒，起。盎前説曰：『臣聞尊卑有序，上下和合。今陛下既立居（后）〔三七〕，慎夫人乃爲妾。妾主豈同坐哉！』文帝乃悦也。折檻壞踈（疎）〔三八〕，更標其美。《漢書》曰：朱雲，字子游，魯人。成帝時，張禹以帝師甚尊重。雲上書求見，公卿在前。雲曰：『今朝庭（廷）大臣〔三九〕，上不能匡主，下無以益民，願賜臣尚方斬馬劒，斷佞臣一人以厲其餘。』帝問曰：『誰？』對曰：『安昌侯張禹等。』帝怒曰：『小臣居下訕上，庭（廷）辱師傅〔四〇〕，罪死不赦。』御史將雲下，雲攀殿檻，檻折，雲呼曰：『臣得下從龍逢、比干遊於地下，足矣！未知聖朝何如耳？』左將軍辛慶忌叩頭諫曰：『此臣素著狂直於世，使其言是，不誅；其言非，固當容之，臣敢以死争。』帝意解，然後得已。當作檻，帝曰：『勿易，因而輯之〔四一〕，以旌直臣。』《説苑》曰：師經鼓瑟，魏文侯起儛，歌曰：『使我言而無見違。』師經援瑟而撞文侯，不中，中踈（疎），潰之。文侯使提師經下堂一等，師經曰：『臣可得一言而死乎？』文侯曰：『可。』師經曰：『堯舜之君，恐言而人不違；桀紂之君，惟恐言而人違之。臣撞桀，非撞君也。』文侯釋之，不補踈（疎），以爲戒。踈（疎），窗也。見善如不及，從諫如轉圓。《論語》曰：『見善如不及。』《漢書》梅福曰：『高祖從諫如轉圓也。』用能動，必可觀。舉不失職，永保洪基，長享靈祚。《書》曰：『木從繩則正〔四二〕，君從諫則聖。』豈虚也哉！

其書未勞記寫年月，要以預備防萌，脱逢無軌之流，横云浪訶書本。以兹慮或，即

（？）須手記標年耳（？）[四三]。以十二月之中，永隆元祀之始，抄是晉部之重（？）名，記是□懷讚之□。

說明

此件首缺尾全，正文爲大字，注釋係小字，採用雙行夾注形式。其所存内容主題是勸君主納諫，注文則摘引《吕氏春秋》、《管子》、《左傳》、《史記》、《漢書》、《尚書》、《論語》、《六韜》、《說苑》、《古今注》、《帝王世紀》等傳統典籍，頗似類書之『納諫』部分，《英藏敦煌文獻》定名爲《失名書》（勸納諫）。又卷末有另一種筆跡之題記數行，尾部略殘，題記的書法介於行書和草書之間，從其書體來看，深受王羲之書法風格的影響（參看石坤《敦煌書法藝術》，《尋根》二〇〇五年四期，二三至二七頁）。

此件中『世』字缺筆，卷末草書題記中有『永隆元祀』字樣，可知其爲唐初高宗永隆元年（公元六八〇年）寫本（參見池田溫《中國古代寫本識語集録》，大藏出版株式會社，一九九〇年版，二三三頁）。

校記

〔一〕『貌』，《敦煌遺書總目索引》釋作『皃』，誤；『情』，《敦煌遺書總目索引》、《敦煌遺書總目索引新編》漏録。

〔二〕『耳』，《敦煌遺書總目索引》釋作『即』，并斷入下句，誤。

〔三〕『到』，當作『倒』，據今本《吕氏春秋》改，『到』爲『倒』之借字。

〔四〕『熟』，當作『孰』，據文義改，『熟』爲『孰』之借字。

〔五〕「陶」，據今本「九辯」補。

〔六〕「兮」，今本「九辯」作「以」。

〔七〕「辯」，當作「辨」，據文義改，《敦煌遺書總目索引》、《敦煌遺書總目索引新編》逕釋作「辨」，「辯」爲「辨」之借字。

〔八〕「世」，底本原作「卋」，此爲避唐太宗諱而缺筆。以下同，不另出校。

〔九〕「承」，當作「丞」，據文義改，「承」爲「丞」之借字。以下同，不另出校。

〔一〇〕「故」，當作「古」，據文義改，「故」爲「古」之借字。

〔一一〕「逢」，《敦煌遺書總目索引》、《敦煌遺書總目索引新編》均釋作「蓬」，誤。

〔一二〕「㲂」，當作「危」，據《太平御覽》所引《符子》改；「石」，據《太平御覽》所引《符子》補。

〔一三〕「格」，當作「烙」，據文義改。

〔一四〕「之」字爲補白，可不讀。

〔一五〕「泄」右部之「世」字，底本原作「卋」，亦爲避唐太宗諱而缺筆。以下同，不另出校。

〔一六〕「其」，《敦煌遺書總目索引》、《敦煌遺書總目索引新編》釋作「斯」，誤。

〔一七〕「零」，當作「靈」，據文義改，「零」爲「靈」之借字。

〔一八〕「西」，當作「栖」，據《史記·伍子胥列傳》改，「西」爲「栖」之借字。

〔一九〕「蘚」，當作「幣」，據《史記·伍子胥列傳》改，「蘚」爲「幣」之借字；「䡖」，當作「賂」，據《史記·伍子胥列傳》改。以下同，不另出校。

〔二〇〕「亂」，當作「辭」，據《史記·伍子胥列傳》改；「爲」，當作「僞」，據文義改。

〔二一〕「破」，據《史記·伍子胥列傳》及文義補。

〔二二〕「擇」，當作「釋」，據文義改。
〔二三〕「燭」，當作「屬」，據《史記·伍子胥列傳》改，「燭」爲「屬」之借字。
〔二四〕「朗」，當作「眼」，據《史記·伍子胥列傳》改。
〔二五〕「懼」，《敦煌遺書總目索引新編》釋作「惟」，誤。
〔二六〕「人」，當作「者」，據《六韜》第一篇《文韜·上賢》及文義改。
〔二七〕「聽審」，當作「審聽」，據《六韜》第一篇《文韜·上賢》改。
〔二八〕「三」，據文義補。
〔二九〕「志」，當作「至」，據文義改，「志」爲「至」之借字。
〔三〇〕「粥」，當作「鬻」，據相關典籍改。
〔三一〕「之」字爲補白，可不讀。
〔三二〕「不」，疑爲衍文，據文義當删。
〔三三〕「其」，疑爲衍文，據文義當删。
〔三四〕「禁」，當作「在」，據《漢書·爰盎傳》改。
〔三五〕「坐」，據《漢書·爰盎傳》補。
〔三六〕「袁」，《漢書·爰盎傳》作「爰」，但《史記·袁盎晁錯列傳》則作「袁」。
〔三七〕「居」，當作「后」，據《漢書·爰盎傳》及文義改。
〔三八〕「踈」，當作「疎」，「踈」爲「疎」之訛，「疎」同「疏」。以下同，不另出校。
〔三九〕「庭」，當作「廷」，據文義改，「庭」爲「廷」之借字。
〔四〇〕「庭」，當作「廷」，據文義改，「庭」爲「廷」之借字。

〔四一〕『[illegible]』，同『輯』，『輯』通『葺』。

〔四二〕『正』，《敦煌遺書總目索引》、《敦煌遺書總目索引新編》釋作『直』，誤。

〔四三〕『即』，《中國古代寫本識語集録》釋作『有』；『耳』，《中國古代寫本識語集録》釋作『了』。

參考文獻

Descriptive Catalogue of the Chinese Manuscripts from Tunhuang in the British Museum , p. 244；《敦煌遺書總目索引》一四五頁（録）；《敦煌寶藏》一四册，五七至五八頁（圖）；《英藏敦煌文獻》三卷，一六〇至一六一頁（圖）；《中國古代寫本識語集録》二三三頁；《敦煌遺書總目索引新編》五五頁（録）。

斯一八三七　大乘無量壽經題記

釋文

姚良。

説明

此件《英藏敦煌文獻》未收，現予補錄。

參考文獻

Descriptive Catalogue of the Chinese Manuscripts from Tunhuang in the British Museum, p. 144（錄）；《敦煌寶藏》一四冊，七四頁（圖）；《中國古代寫本識語集錄》三九三頁（錄）。

斯一八三八　大乘無量壽經題記

釋文

（中爲經文）

呂日興（中題）。

呂日興。

説明

此卷抄寫兩通《大乘無量壽經》，每通後都有「呂日興」題名，《英藏敦煌文獻》未收，現予補録。

參考文獻

Descriptive Catalogue of the Chinese Manuscripts from Tunhuang in the British Museum, p. 144（録）；《敦煌寶藏》一四册，七八頁（圖）；《中國古代寫本識語集録》三九二頁（録）；《敦煌遺書總目索引新編》五五頁（録）。

斯一八三九　大乘無量壽經題記

釋文

宋昇。

説明

此件《英藏敦煌文獻》未收，現予補録。

參考文獻

Descriptive Catalogue of the Chinese Manuscripts from Tunhuang in the British Museum, p. 144（録）；《敦煌寶藏》一四冊，八一頁（圖）；《中國古代寫本識語集録》三九一頁（録）；《敦煌遺書總目索引新編》五五頁（録）。

斯一八四〇　大乘無量壽經題記

釋文

馬豐。

説明

此件《英藏敦煌文獻》未收，現予補録。

參考文獻

Descriptive Catalogue of the Chinese Manuscripts from Tunhuang in the British Museum, p. 144（録）；《敦煌寶藏》一四册，八四頁（圖）；《中國古代寫本識語集録》三九三頁（録）。

斯一八四一　大乘無量壽經題記

釋文

宋昇。

説明

此件《英藏敦煌文獻》未收，現予補録。

參考文獻

Descriptive Catalogue of the Chinese Manuscripts from Tunhuang in the British Museum, p. 144（録）；《敦煌寶藏》一四冊，八七頁（圖）；《中國古代寫本識語集録》三九一頁（録）；《敦煌遺書總目索引新編》五六頁（録）。

斯一八四二　　大乘無量壽經題記

釋文

馬豐寫。

説明

此件《英藏敦煌文獻》未收，現予補録。

參考文獻

Descriptive Catalogue of the Chinese Manuscripts from Tunhuang in the British Museum, p. 144（録）；《敦煌寶藏》一四冊，九〇頁（圖）；《中國古代寫本識語集録》三九一頁（録）；《敦煌遺書總目索引新編》五六頁（録）。

斯一八四三　大乘無量壽經題記

釋文

張略没藏寫[一]

（中爲佛經）

張略没藏寫[二]

説明

此卷共抄寫了三通《大乘無量壽經》，第一通和第二通尾部均有題記，《英藏敦煌文獻》未收，現予補録。

校記

〔一〕『略没』，《敦煌遺書總目索引》、《敦煌遺書總目索引新編》釋作『興復』。

〔二〕『略没藏寫』，*Descriptive Catalogue of the Chinese Manuscripts from Tunhuang in the British Museum*、《敦煌遺書總目索引》

未能釋讀。

參考文獻

Descriptive Catalogue of the Chinese Manuscripts from Tunhuang in the British Museum, p. 144（録）；《敦煌遺書總目索引》一四五頁（録）；《敦煌寶藏》一四冊，九二頁，九四頁（圖）；《中國古代寫本識語集録》三八八頁（録）；《敦煌遺書總目索引新編》五六頁（録）。

斯一八四四　　大乘無量壽經題記

釋文

氾子昇寫。

説明

此件《英藏敦煌文獻》未收，現予補録。

參考文獻

Descriptive Catalogue of the Chinese Manuscripts from Tunhuang in the British Museum, p. 144（録）；《敦煌寶藏》一四册，九九頁（圖）；《中國古代寫本識語集録》三九〇頁（録）；《敦煌遺書總目索引新編》五六頁（録）。

斯一八四五　丙子年（公元九七六年）四月十七日祝定德阿婆身故納贈歷

釋文

丙子年四月十七日祝定德阿婆身故納贈歷

社官氾

録事李　并（餅）粟[一]　白細褐三十五尺。

氾小兒子　并（餅）粟　白昌褐二丈，白斜褐一丈三尺，又白斜褐丈二[二]。

氾願德　并（餅）粟　桃花昌褐丈七[三]，斜褐丈二，又斜褐丈四。

程永德　并（餅）小粟　弘（紅）斜褐内接二丈六[四]，白褐一丈。

陰善保　并（餅）粟　故非（緋）褐婆（？）子十七[五]，白斜褐丈三，白褐二丈。

李富昌　并（餅）粟　桃花斜褐三丈。

陰富定　并（餅）粟　白細褐三丈二尺。

程慢兒　并（餅）粟

程定海　并（餅）小粟　弘（紅）褐丈二[六]，碧褐白斜褐内接二丈二。

押衙氾延子　并（餅）粟　白褐一疋。
程善保　并（餅）粟
程闍梨　并（餅）粟
安友子　并（餅）粟〔七〕
竹阿朵　并（餅）粟
氾願清　并（餅）粟　碧昌褐白褐三丈。
程阿朵　并（餅）粟
程保成　并（餅）粟
蔣清奴　并（餅）粟　白昌褐二丈六尺，白斜褐一丈二尺。
陰小兒　并（餅）粟　白昌褐二丈七尺，紅斜褐一丈四尺。
程住德　并（餅）粟
王安德　并（餅）粟　白斜褐一丈四尺〔八〕，白昌褐二丈。
安友員　并（餅）粟
程憨多　并（餅）
陰定德　并（餅）粟　白昌褐一丈二尺，桃花斜褐二丈二尺，右（又）紫斜褐八尺〔九〕。
李流安　并（餅）小粟　碧昌褐一丈五尺，白桃花昌褐二丈五尺。

竹什子　并（餅）粟

程醜子　并（餅）粟

李章七　并（餅）粟　談（淡）青斜褐一丈四尺〔一〇〕，白斜褐一丈二尺。

程保通　粟

氾善進郎君　粟

竹王午　并（餅）粟

陰富通　粟

陰乞子　粟　白斜褐一丈四尺，白斜褐一丈四尺。

安瘦兒　并（餅）粟〔一一〕　白斜褐一丈一尺。

安慢兒　并（餅）粟　白昌細褐二丈。

安集子　并（餅）粟　斜談（淡）青褐一丈八尺，談（淡）青斜褐一丈四尺。

程永千　并（餅）粟　白斜褐二丈五尺，白斜褐一丈四尺。

張闍梨　并（餅）粟　白斜褐一丈二尺，白斜褐一丈一尺。

竹闍梨　并（餅）粟

竹員昌　并（餅）粟

竹清子　并（餅）粟

竹再富　并（餅）粟
竹子昌　并（餅）粟
竹萬定　并（餅）粟
竹衍子　并（餅）粟
竹定奴　并（餅）粟
吴保昌　并（餅）粟
吴昌子　并（餅）粟
吴僧子　并（餅）小粟
吴清奴　并（餅）粟
押牙吴彦松　并（餅）粟
押牙吴保德　并（餅）粟
吴昇子　并（餅）粟
吴子昇　并（餅）粟
令狐判官　并（餅）粟〔一二〕
令狐再子　并（餅）小粟〔一三〕
令狐員德　并（餅）粟〔一四〕

安住奴　并（餅）粟

王再晟　粟

就憨兒　并（餅）粟[一五]　談（淡）青昌褐二丈，紫昌褐七尺，白斜褐三丈。

郭憨子　并（餅）粟

□粟

（後缺）

（以下斯一八四五背）

付色物三十三段，又十段，又一段，又一段。

（中空數行）

陳願長　并（餅）粟　付萬定。

粟五石五斗，又一斗，又二斗，又一斗，又二斗[一六]。

付闍梨　并（餅）一百，又七百八十，又四十，又卌。又四十。

説明

此件首全尾缺，係「丙子年」社邑成員爲社人「祝定德阿婆身故」助葬而納贈的物品清單。其中社人名下之「餅」、「粟」是按規定數量交納，故無需書寫數量；織物則每人交納品種和數量不同，有的人未交，每種織物右上方都劃有墨線作爲交割的勘驗符號。卷背文字筆跡與正面相同，内容則是正面所記各色物品匯總數及支付説明，應爲同一文書，故將正、背面文書合并釋録。

此件中的「丙子年」，研究者已考定爲宋開寶九年（公元九七六年）（參見《敦煌社邑文書輯校》，江蘇古籍出版社，一九九七年版，四三五頁）。

校記

〔一〕「并」，當作「餅」，《敦煌社邑文書輯校》據文義校改，「并」爲「餅」之借字。以下同，不另出校。
〔二〕「丈二」，《敦煌社邑文書輯校》釋作「二丈」。
〔三〕「桃」，《敦煌社會經濟文獻真蹟釋録》釋作「散」。
〔四〕「弘」，當作「紅」，據文義改，《敦煌社會經濟文獻真蹟釋録》、《敦煌社邑文書輯校》逕釋作「紅」，「弘」爲「紅」之借字。
〔五〕「非」，當作「緋」，《敦煌社邑文書輯校》據文義校改，「非」爲「緋」之借字；「婆」，《敦煌社邑文書輯校》釋作「被」。
〔六〕「弘」，當作「紅」，據文義改，《敦煌社會經濟文獻真蹟釋録》、《敦煌社邑文書輯校》逕釋作「紅」，「弘」爲「紅」之借字。
〔七〕「友」，《敦煌社會經濟文獻真蹟釋録》釋作「支」。
〔八〕「一」，《敦煌社邑文書輯校》釋作「二」，誤。
〔九〕「右」，當作「又」，《敦煌社邑文書輯校》據文義校改，「右」爲「又」之借字。

〔一〇〕「談」，當作「淡」，《敦煌社邑文書輯校》據文義校改，「談」爲「淡」之借字。以下同，不另出校。

〔一一〕「瘦」，《敦煌社會經濟文獻真蹟釋録》釋作「撥」，誤。

〔一二〕「狐」，《敦煌社會經濟文獻真蹟釋録》釋作「孤」，誤。

〔一三〕「狐」，《敦煌社會經濟文獻真蹟釋録》釋作「孤」，誤。

〔一四〕「狐」，《敦煌社會經濟文獻真蹟釋録》釋作「孤」，誤。

〔一五〕「就」，《敦煌社邑文書輯校》釋作「龍」。

〔一六〕「二」，《敦煌社會經濟文獻真蹟釋録》釋作「一」，誤。

參考文獻

Descriptive Catalogue of the Chinese Manuscripts from Tunhuang in the British Museum, p. 270；《敦煌寶藏》一四册，一〇〇至一〇二頁（圖）；《敦煌社會經濟文獻真蹟釋録》一輯，三六六至三六九頁（録）、（圖）；《英藏敦煌文獻》三卷，一六二至一六三頁（圖）；《敦煌社邑文書輯校》四二九至四三六頁（録）。

斯一八五七　老子化胡經并序

釋文

老子化胡經序　　魏明帝製〔一〕。

渾元未始，老君唯先，長於太初〔二〕。冥昧之前〔三〕，無師無祖〔四〕，誕生自然，合真散樸〔五〕，乃微乃玄〔六〕。仰而舉之〔七〕，耀乎霄乾；俯而循之〔八〕，深乎淵源〔九〕。敷二儀以布化〔一〇〕，燭三光以列天。其性無欲〔一一〕，純粹精也〔一二〕；體虛抱素，妙難名也。撓之不濁〔一三〕，澄之不清〔一四〕，幽之不昧〔一五〕，顯之不榮。誰謂天高，懸象可標〔一六〕；誰謂地厚〔一七〕，重泉可洮。然夫道也，標之不高〔一八〕，洮之不浚〔一九〕。物受其形，莫鑒其源；人稟其中〔二〇〕，莫識其全〔二一〕。美哉乎道，追之彌遠，挹之彌沖，□□□□，仰之彌崇〔二二〕，動之則行，靜之則止〔二三〕，開之則通〔二四〕，塞之斯否〔二五〕，爲萬物之宗，天地之始。吾欲書之〔二六〕，非筆可紀〔二七〕；吾欲體之，無形可擬。飄乎無外，或沉或浮〔二八〕，淪乎九〔淵〕〔二九〕，潛豪翳餘。止如響紀，消若雲除〔三〇〕，入水出火〔三一〕，探巢捕魚，比之於道，不足稱無。深慭後生，託下於陳，爲周柱史，經九百年。金身玉質，口方齒銀，額有叁午（伍）〔三二〕，龍顔犀文，耳高於頂，日角月玄，鼻有雙柱，天中平填，足蹈二五，手把十文。無極之際，言歸崑崙，化彼胡域，次授罽賓，後及天竺，於是遂遷。文垂後世，永乎弗泯。

老子西昇化胡經序説第一

是時太上老君以殷王湯甲庚申之歲建午之月，從常道境，駕三氣雲，乘於日精，垂芒九耀，入於玉女玄妙口中，寄胎爲人。庚辰之歲二月十五日，誕生於亳。九龍吐水，灌洗其形，化爲九井。爾時老君鬚髮皓白，登即能行，步生蓮花，乃至於九。左手指天，右手指地，而告人曰：天上天下，唯我獨尊。我當開揚無上道法，普度一切動植衆生，周遍十方及幽牢地獄，應度未度，咸悉度之。隱顯人間，爲國師範，位登太極無上神仙。時有自然天衣掛體，神香滿室，陽景重輝。九日中身長九尺，衆咸驚議，以爲聖人，生有老容，故號爲老子。天神空裏，讚十號名。所言十者：太上老君、圓神智、無上尊、帝王師、大丈夫、大仙尊、天人父、無爲上人、大悲仁者、元始天尊。此後老君凝神混跡，教化天人，兼説治身中外法。百有餘載，王道將衰，殺戮賢良，枉害無數。忠臣切諫，反被誅夷。天降洪災，曾無覺悟。如是數載，爲周所滅。

康王之時，歲在甲子，示同俗官，晦跡藏名，爲柱下史，師輔王者。至於昭王[三三]，其歲癸丑，便即西邁，過函谷關，授喜《道德五千章句》，並説《妙真》、《西昇》等經，乃至太清上法、三洞真文、靈寶符圖、太玄等法。使其教授至精仁者，羽化神仙，令無斷绝。便即西度，經歷流沙，至于闐國毗摩城所。爾時老君舉如來節，柖（招）諸從人[三四]，倏忽之間，有赤松子、中黄丈人、元始天王、太一元君、六丁玉女、八卦神君，及龍虎君、功曹使者、金乘童子、惠光童子、天官地官、水官空官、日官月官、山官海官、陰官陽官、木官火官、金官土官、五嶽四瀆諸神等君[三五]，天丁力士、遊羅將軍、飛天神王、仙人玉女十萬餘衆，乘雲駕龍，浮空而至。

於是老君處於玉帳，坐七寶座，熉百和香，散衆名花，奏天鈞樂，諸天賢聖[三六]，周匝圍遶。復以神力召諸胡王，無問遠近，人士咸集。于闐國王，乃至朱俱半王、渴叛陀王[三七]、護蜜多王、大月氏王、骨咄陀王、俱蜜王、解蘇國王、拔汗那王、久越得犍王、怛國王、烏拉喝王、失范延王、護時健王、多勒建王、罽賓國王、訶達羅支王、波斯國王、踈（疏）勒國王[三八]、碎葉國王、龜兹國王、拂林國王、大食國王、殖膩國王、數漫國王、石國王、弓月國王〔四〇〕、焉耆國王、高昌國王、曇陵國王、嵯骨國王、俱藥國王、怛没國王〔三九〕、大小安國王、何國王、曹國王、似没盤國王、米國王、史國王、康國王、瑟匿國王、波羅柰國王、舍衛國王、大秦國王、西女國王、火尋國王、尋勿國王、烏那葛國王、穆國王、泥王、不路羅王、迦羅王、迦葉彌羅國王、烏長國王、乾陀羅王、伽摩路王、帝那忽國王、瞻波羅國王、室羅伐王、刧毗陀王、毗舍離王、拘尸那揭羅王、師子國王、熱吒國王、婆羅王、色王、狗頭國王、扈利國王、烏剌尸王、信度國王、蘇剌吒國王、烏荼國王、三摩咀吒王、陀羅伊羅王、軒渠國王、小人國王、奢彌國王、越底延王、泥拔國王、漫吐嘍王、伽栗王、狼揭羅王、五天竺國王。如是等八十餘國王，及其妃后，并其眷屬，周匝圍遶，皆來聽法。

爾時老君告諸國王：汝等心毒，好行煞害，唯食血肉，斷衆生命。我今爲汝説《夜叉經》，令汝斷肉，專食麥麨，勿爲屠煞。不能斷者，以自死肉。胡人佷戾〔四一〕，不識親踈（疎）〔四二〕，唯好貪婬（婬）〔四三〕，一無恩義；鬚髮拳鞠，蹺（梳）洗至難〔四四〕；性既羶腥，體多垢穢。使其脩道，煩惱行人，是故普令剔除鬚髮，隨汝本俗而衣氈裘。教汝小道，令漸脩學，兼持禁戒，稍習慈悲，每月十五日，常須懺悔。又以神力爲化佛形，騰空而來，高丈六身，體作金色，面恒東向，示不忘本。以我東來，故顯斯狀，令其見者發慈善心。汝等國王所有朝拜，一像吾面東向政事。

如是不久，過蔥嶺，山中有深池，毒龍居止。五百商旅宿於池濱，爲龍所害，竟不遺一。我遺（遣）其國渴叛陀王〔四五〕，傳祝與之，就池行法。龍王恐怖，乃變爲人謝過，向王請移別住，不復於此更損人民，令後往來絕其傷害。次即南出，至於烏場，遍歷五天，入摩竭國。我衣素服，手執空壺，置精舍中，立浮屠教，號清淨佛，令彼剎〔帝〕利〔四六〕、婆羅門等而奉事之，以求無上正真之道。

歷年三八，穆王之時，我還中夏，使入東海，至於蓬萊、方丈等洲，到於扶桑，暫過太帝之所，校集仙品，稱位高下。又經八王二百餘載，幽深演之時〔四七〕，歲次辛酉，三川震蕩，王者將亡，數遭百六，非人可制。我更西度，教化諸國。次入西海，至於聚窟、流麟等洲，惣召十方神仙大士，及初得道地下主者，并未授任遊散仙人、至孝至忠適經歷度者，如是等輩八萬餘人，校量功德行業輕重，授其職位，五等仙官、廿七品仙真上聖，嶽瀆三天，咸悉補擬。

如是又經六十餘載，桓王之時，歲次甲子一陰之月，我令尹喜乘彼月精，降中天竺國，入乎白淨夫人口中，託廕而生，號爲悉達。捨太子位，入山脩身，成無上道，號爲佛陀。始建悉曇十二文字，展轉離合三萬餘言，廣説經誡，求無上法。又破九十六種邪道。歷年七十，示入涅槃〔四八〕。襄王之時，其歲乙酉，我還中國。教化天人，乃授孔丘仁義等法。爾後王誕六十年間，分國從都。王者無德，我即上登崑崙，飛昇紫微，布氣三界，含養一切。後經四百五十餘年，我乘自然光明道氣，從真寂境飛入西那玉界蘇鄰國中，降誕王室，示爲太子，捨家入道，號末摩尼。轉大法輪，説經誡律定慧等法，乃至三際及二宗門。教化天人，令知本際，上至明界，下及幽塗，所有衆生，皆由此度。摩尼之後，年垂五九，金氣將興，我法當盛，西方聖象，衣彩自然，來入中洲，是效也。當此之時，黄白氣合，三教混齊，同歸於我。仁祠精舍，接棟連甍，翻演後聖大明尊法。中州道士[四九]，廣説因緣，爲世舟航，大弘法事，動植含氣，普皆救度，是名惣攝一切法門。

老子化胡經卷第一

道士索洞玄經[五〇]。

説明

此件首部十餘行的下半截殘缺，尾部完整，首行題「老子化胡經序，魏明帝製」，中間有標題「老子西昇化胡經序説第一」，尾題「老子化胡經卷第一」，末行有另筆所書「道士索洞玄經」。全卷楷書抄寫，書法精美，共一二九行，正文每行十七字，字體規範，體例嚴謹，爲唐開元年間抄本。

《老子化胡經》相傳爲西晉末道士王浮所撰，僅一卷，在南北朝至唐代被逐漸增益至十卷，至元世祖至元年間敕令焚毁後失傳（王卡《敦煌道教文獻研究——綜述·目録·索引》，中國社會科學出版社，二〇〇四年版，一八七至一八八頁）。除此件外，伯二〇〇七、Дх.七六九+斯六九六三、伯三四〇四和伯二〇〇四等號亦爲該經。其中伯二〇〇七所存内容大致與此件相同；Дх.七六九＋斯六九六三與此件筆跡相同，所存内容爲該經卷二；伯三四〇四爲卷八；伯二〇〇四爲卷十。以上數件雖遠非十卷本《老子化胡經》之完璧，但對研究道教史和佛道關係史仍具有重要價值。
以上釋文以斯一八五七爲底本，用伯二〇〇七號（稱其爲甲本）參校。

校記

〔一〕「明帝製」，《中華道藏》版《老子化胡經》據《混元聖記》校補。
〔二〕「於太初」，《中華道藏》版《老子化胡經》據《混元聖記》校補。
〔三〕「冥昧之前」，《中華道藏》版《老子化胡經》據《混元聖記》校補。
〔四〕「無」，《中華道藏》版《老子化胡經》據《混元聖記》校補。
〔五〕「散樸」，《中華道藏》版《老子化胡經》據《混元聖記》校補。
〔六〕「乃微乃玄」，《中華道藏》版《老子化胡經》據《混元聖記》校補。
〔七〕「仰而」，《中華道藏》版《老子化胡經》據《混元聖記》校補。
〔八〕「之」，《中華道藏》版《老子化胡經》據《混元聖記》校補。
〔九〕「深乎淵源」，《中華道藏》版《老子化胡經》據《混元聖記》校補。
〔一〇〕「敷二儀」，《中華道藏》版《老子化胡經》據《混元聖記》校補。
〔一一〕「其性無欲」，《中華道藏》版《老子化胡經》據《混元聖記》校補。
〔一二〕「純粹精也」，《中華道藏》版《老子化胡經》據《混元聖記》校補。

〔一三〕「濁」，《中華道藏》版《老子化胡經》據《混元聖記》校補。
〔一四〕「澄之不清」，《中華道藏》版《老子化胡經》據《混元聖記》校補。
〔一五〕「幽」，《中華道藏》版《老子化胡經》據《混元聖記》校補。
〔一六〕「懸象可標」，《中華道藏》版《老子化胡經》據《混元聖記》校補。
〔一七〕「誰謂」，《中華道藏》版《老子化胡經》據《混元聖記》校補。
〔一八〕「之不高」，《中華道藏》版《老子化胡經》據《混元聖記》校補。
〔一九〕「洮之不」，《中華道藏》版《老子化胡經》據《混元聖記》校補。
〔二〇〕「其中」，《中華道藏》版《老子化胡經》據《混元聖記》校補。
〔二一〕「莫識其全」，《中華道藏》版《老子化胡經》據《混元聖記》校補。
〔二二〕「仰」，《中華道藏》版《老子化胡經》據《混元聖記》校補。
〔二三〕甲本首起「則止」二字，其「則」字僅存左半。
〔二四〕「之」，據甲本補；「則」，《中華道藏》版《老子化胡經》據文義校補；「通」，據阮籍《東平賦》中之「開之則通，塞之則否」補，《中華道藏》版《老子化胡經》校補爲「約」。
〔二五〕「塞之」，據阮籍《東平賦》中之「開之則通，塞之則否」補，《中華道藏》版《老子化胡經》校補作「動靜」。
〔二六〕「欲書之」，據甲本補。
〔二七〕「非筆」，據甲本補。
〔二八〕「或沉或」，據甲本補。
〔二九〕「淵」，《中華道藏》版《老子化胡經》據文義校補。
〔三〇〕「雲除」，據甲本補。

〔三一〕「入」，《中華道藏》版《老子化胡經》據文義校補。

〔三二〕「午」，當作「伍」，據文義改，「午」爲「伍」之借字。

〔三三〕「昭」，甲本作「照」，「照」爲「昭」之借字。

〔三四〕「招」，當作「招」，據甲本改，「招」爲「招」之借字。

〔三五〕「瀆」，甲本作「續」，誤。

〔三六〕「賢」，甲本同，《中華道藏》版《老子化胡經》釋作「衆」，誤。

〔三七〕「陀」，甲本同，《中華道藏》版《老子化胡經》釋作「陁」，誤。疑「濕叛陀」爲「竭盤陀」之誤。

〔三八〕「踈」，甲本同，當作「疏」，據文義改，「踈」爲「踈」訛，「踈」同「疏」。

〔三九〕「怛」，甲本作「恒」，誤。

〔四〇〕「弓」，甲本同，《中華道藏》版《老子化胡經》釋作「弓」，校作「卷」。

〔四一〕「佷」，甲本同，《中華道藏》版《老子化胡經》釋作「狠」，雖義可通而字誤。

〔四二〕「踈」，甲本同，當作「踈」，「踈」爲「踈」之訛，「踈」同「疏」。

〔四三〕「婳」，甲本同，當作「娙」，據文義改。

〔四四〕「蹠」，甲本同，當作「梳」，據文義改。

〔四五〕「遺」，甲本同，當作「遺」，《中華道藏》版《老子化胡經》據文義校改。疑此句中之「濕叛陀」爲「竭盤陀」之誤。

〔四六〕「帝」，甲本亦脱，《中華道藏》版《老子化胡經》據文義校補。

〔四七〕「幽深演」，甲本同，《中華道藏》版《老子化胡經》校作「幽王」。

〔四八〕「入」，甲本作「人」。

〔四九〕「州」，甲本作「洲」，「洲」爲「州」之借字。

〔五〇〕「經」，《中華道藏》版《老子化胡經》校作「寫經」，疑未當。

參考文獻

《觀堂集林》卷二一，一〇一八頁；*Descriptive Catalogue of the Chinese Manuscripts from Tunhuang in the British Museum*, p. 220；《敦煌道經目録編》三二二頁；《敦煌寶藏》一四冊，一七三至一七六頁（圖）；《英藏敦煌文獻》三卷，一六四至一六六頁（圖）；《敦煌古籍叙録》二五九至二六〇頁；《敦煌古籍叙録新編》一三冊，二九七至二九八頁、三一六至三二八頁（圖）；《唐研究》第二卷，一〇二至一〇六頁；《道藏》一七冊，八二六至八二七頁；《敦煌道藏》四冊，二〇七二至二〇七七頁（圖）；《敦煌道教文獻研究——綜述、目録、索引》一八七頁；《中華道藏》八冊，一八六至一八九頁（録）。

斯一八六二　大乘無量壽經題記

釋文

宋昇。

説明

此件《英藏敦煌文獻》未收，現予補録。

參考文獻

Descriptive Catalogue of the Chinese Manuscripts from Tunhuang in the British Museum, p. 145（録）；《敦煌寶藏》一四册，一八五頁（圖）；《中國古代寫本識語集録》三九一頁（録）；《敦煌遺書總目索引新編》五六頁（録）。

斯一八六四　維摩詰所説經題記

釋文

歲次甲戌年九月卅日，沙州行人部落百姓張玄逸[一]，奉爲過往　父母，及七世先亡、當家夫妻男女親眷，及法界衆生，敬寫小字《維摩經》一部，普願往西方淨土，一時成佛。

説明

此件中之「甲戌年」，《中國古代寫本識語集録》推定爲公元七九四年，《英藏敦煌文獻》未收，現予補録。

校記

〔一〕「落」、「張玄逸」，《敦煌遺書總目索引》漏録。

參考文獻

Descriptive Catalogue of the Chinese Manuscripts from Tunhuang in the British Museum, p. 89（録）；《敦煌遺書總目索引》

一四六頁（録）；《敦煌寶藏》一四册，二一三頁（圖）；《中國古代寫本識語集録》三一六至三一七頁（録）；《敦煌遺書總目索引新編》五六頁（録）。

斯一八六六　　大乘無量壽經題記

釋文

宋昇。

說明

此件《英藏敦煌文獻》未收，現予補録。

參考文獻

Descriptive Catalogue of the Chinese Manuscripts from Tunhuang in the British Museum, p. 145（録）。

斯一八六八　大乘無量壽經題記

釋文

馬豐。

説明

此件《英藏敦煌文獻》未收，現予補録。

參考文獻

Descriptive Catalogue of the Chinese Manuscripts from Tunhuang in the British Museum, p. 145（録）；《敦煌寶藏》一四册，二三五頁（圖）；《中國古代寫本識語集録》三九三頁（録）；《敦煌遺書總目索引新編》五六頁（録）。

斯一八六九　大乘無量壽經題記

釋文

（中爲佛經）

張涓子〔一〕。

張涓子。

說明

此卷抄有兩通《大乘無量壽經》，每通尾部均有「張涓子」題名，《英藏敦煌文獻》未收，現予補録。

校記

〔一〕「涓」，《敦煌遺書總目索引新編》釋作「清」。

參考文獻

Descriptive Catalogue of the Chinese Manuscripts from Tunhuang in the British Museum, p. 145（録）；《敦煌寶藏》一四冊，二三八、二四〇頁（圖）；《中國古代寫本識語集録》三八八頁（録）；《敦煌遺書總目索引新編》五六頁（録）。

斯一八七〇　　大乘無量壽經題記

釋文

姚良[一]。

説明

此件《英藏敦煌文獻》未收，現予補録。

校記

〔一〕『姚』，*Descriptive Catalogue of the Chinese Manuscripts from Tunhuang in the British Museum* 釋作『毗』。

參考文獻

Descriptive Catalogue of the Chinese Manuscripts from Tunhuang in the British Museum, p. 145（録）；《敦煌寶藏》一四册，二四三頁（圖）；《中國古代寫本識語集録》三九三頁（録）。

斯一八七一　大乘無量壽經題記

釋文

呂寶。

説明

此件《英藏敦煌文獻》未收，現予補録。

參考文獻

Descriptive Catalogue of the Chinese Manuscripts from Tunhuang in the British Museum, p. 145（録）；《敦煌寶藏》一四冊，二四七頁（圖）；《中國古代寫本識語集録》三九二頁（録）；《敦煌遺書總目索引新編》五六頁（録）。

斯一八七二　大乘無量壽經題記

釋文

呂日興。

說明

此件《英藏敦煌文獻》未收，現予補錄。

參考文獻

Descriptive Catalogue of the Chinese Manuscripts from Tunhuang in the British Museum, p. 145（録）；《敦煌寶藏》一四册，二四九頁（圖）；《中國古代寫本識語集録》三九一頁（録）；《敦煌遺書總目索引新編》五六頁（録）。

斯一八七三　大乘無量壽經題記

釋文

呂日興。

説明

此件《英藏敦煌文獻》未收，現予補録。

參考文獻

Descriptive Catalogue of the Chinese Manuscripts from Tunhuang in the British Museum, p. 145（録）；《敦煌寶藏》一四册，二五二頁（圖）；《中國古代寫本識語集録》三九二頁（録）；《敦煌遺書總目索引新編》五六頁（録）。

斯一八七四　大乘無量壽經題記

釋文

宋昇。

說明

此件《英藏敦煌文獻》未收，現予補録。

參考文獻

Descriptive Catalogue of the Chinese Manuscripts from Tunhuang in the British Museum, p. 145（録）；《敦煌寶藏》一四册，二五五頁（圖）；《中國古代寫本識語集録》三九一頁（録）；《敦煌遺書總目索引新編》五六頁（録）。

斯一八七五　大乘無量壽經題記

釋文

呂日興。

（中爲佛經）

呂日興。

（中爲佛經）

呂日興。

説明

此卷抄有三通《大乘無量壽經》，每通尾部均有『呂日興』題名，《英藏敦煌文獻》未收，現予補録。

參考文獻

Descriptive Catalogue of the Chinese Manuscripts from Tunhuang in the British Museum, p. 145（録）;《敦煌寶藏》一四册，二五七頁、二六〇頁、二六二頁（圖）;《中國古代寫本識語集録》三九二頁（録）;《敦煌遺書總目索引新編》五六頁（録）。

斯一八八〇A＋斯一一四四六CV＋斯一一四四六D＋斯一八八〇B　唐永徽二年（公元六五一年）東宫諸府職員令

釋文

（前缺）

三人，掌行署文案。史六人，掌同府〔一〕。典衛八人，掌諸守當之事〔二〕。舍人四人，掌供引納監使之事〔三〕。學官長一人，掌供承學館之事。食官長一人，掌倉廩、廚膳及田農之事。丞一人，掌同長，餘准此。厩牧長二人，掌厩牧、雜畜及車乘之事。丞二人，典府長二人，掌庫藏、財物、工作及市易之事。丞二人。

右府官加府、史者，其國司加置大農一人，府二人，史四人。王未出閤者〔四〕，則並不置。

三師三公府：開府儀同三司府准此。

長史一人，司馬一人，掾一人，屬一人，主簿一人，記室參軍一人，功曹參軍二人，倉曹參軍一人，兵曹參軍二人，行參軍六人，典籤二人，親事五十人，帳內八十人。

嗣王府：郡王府准此。

長史一人，司馬一人，掾一人，屬一人，主簿一人，記室參軍一人，功曹參軍一人，兵曹參軍一人，行參軍六人，典籤二人，親事卅九人，帳内六十九人。

上柱國以下帶文武職事府：

上柱國帶二品以上職事者：長史一人，記室參軍一人，功曹參軍一人，倉曹參軍一人，行參軍六人，典籤二人，親事卅四人，帳内六十一人。帶三品職事者：長史一人，記室參軍一人，功曹參軍一人[5]，倉曹參軍一人，行參軍二人，典籤二人[6]，親事廿五人，帳内卌四人。帶四品職事者[7]：記室參軍一人，行參軍三人，典籤二人。帶五品職事者[8]：記室參軍一人，行參軍一人，典籤二人[9]。

柱國帶二品以上職事者：長史一人，記室參軍一人，功曹參軍一人，倉曹參軍一人，行參軍四人，典籤二人，親事廿九人，帳内五十五人。

帶三品職事者[10]：長史一人[11]，記室/參軍一人[12]，功曹參軍一人[13]，行參軍二人[14]，典籤二/人[15]，親事廿二人[16]，帳内卌人[17]。帶四品職事者[18]：記室參軍一人[19]，行參軍二人[20]，典籤二人[21]。帶五品職事者[22]：記室參軍一人〔二三〕，行參軍一人，典籤一人。上護軍帶二品以上職事者：長史一人〔二四〕，記室參軍二人〔二五〕，行參軍四人，典籤二人〔二六〕，親事廿四人〔二七〕，帳内卌九人。帶三品職事者：長史一人〔二八〕，記室參軍一人〔二九〕，行參軍二人，典籤二人，親事十九人〔三〇〕，帳内卌□人〔三一〕。帶四品職事者：記室參軍一人，行參軍一人〔三二〕，典籤二人。帶五品職事者〔三三〕：記事參軍一人，行參軍一人，典籤一人。

護軍帶二品以上職事者：長史一人，記室參軍一人，行參軍二人，典籤二人，親事廿二人，帳内卌人〔三四〕。帶三品職事者〔三五〕：長史一人〔三六〕，記室參軍一人，行參軍二人〔三七〕，典籤二人〔三八〕，親事十五人〔三九〕，帳内卌一人。帶四品職事者〔四〇〕：記室參軍一人〔四一〕，行參軍一人，典籤一人〔四二〕。帶五品職事者〔四三〕：記室參軍一人，典籤一人。

嗣王國：郡王及二王後公准此。

令一人，大農一人，尉二人，廂（？）長一人〔四四〕，學官長一人，食官長一人，丞一人，廐牧長一人，丞一人，舍人五人〔四五〕。

國公以下帶文武職事府：

國公帶二品以上職事者：令一人，大農一人，尉二人，食官長一人，丞一人，廄牧長一人，丞一人，舍人四人。帶三品職事者：令一人，大農一人，尉一人，食官長一人，廄牧長一人，舍人三人。

帶四品職事者：尉一人，食官長一人，廄牧長一人，舍人三人。帶五品職事者：尉一人，食官長一人，舍人二人。其無五品以上職事者，亦聽准五品職事例置。

郡公帶二品以上職事者：大農一人，尉二人，食官長一人，丞一人，廄牧長一人，舍人四人。

（後缺）

說明

此件由斯一八八〇A、斯一一四四六CV、斯一一四四六D和斯一八八〇B綴合而成，綴合後的文本仍是首尾均缺。與此件屬於同一文本的還有伯四六三四A（位置在此件之前）、斯三三七五（位置在此件之後）和伯四六三四C（位置亦在此件之後），其中伯四六三四C爲整個文本的尾部，首缺而尾部似未殘缺，但伯四六三四A和斯三三七五都是首尾均缺，不能與此件直接綴合，斯三三七五和伯四六三四C亦不能直接綴合。因斯三三七五尾部有『令卷第六 東宮諸府職員』、『永徽二年閏九月十四日』及『删定臣賈敏行』、『武騎尉臣袁武』，又伯四六三四C片尾部題有張行成、劉燕客、令狐德棻、于志寧、李勣、長孫無忌等官員姓名，所以，可以確定此件是《永徽令》卷六《東宫諸府職員令》的部分内容。又，此件鈐有多方『涼州都督府之印』，卷尾有『沙州寫律令典趙元簡初校』、『典田懷悟再校』、『涼州法曹參軍王義』等題記，説明此件乃涼州都督府作爲正式文書保存之官寫本（參見劉俊文《敦煌吐魯番唐代法制文書考釋》，中華書局，一九八九年版，一九七至一九八頁）。從此卷背面所書寫的《二入四行論》來看，這件官府令文在廢棄後流入寺院，僧人利用其背面抄寫了佛教文字。

中日學者對《東宫諸府職員令》做過細緻的拼接和釋録工作，可參看山本達郎等人編撰的 *Tunhuang and Turfan Documents Concerning Social and Economic History* I、唐耕耦、陸宏基編《敦煌社會經濟文獻真蹟釋録》、劉俊文《敦煌吐魯番唐代法制文書考釋》和李錦繡《唐代制度史略論稿》等。

校記

〔一〕『府』，*Tunhuang and Turfan Documents Concerning Social and Economic History* I、《敦煌社會經濟文獻真蹟釋録》釋作『前』，誤。

〔二〕『守』，《敦煌社會經濟文獻真蹟釋録》校改作『府』。

〔三〕『供引納』，《敦煌吐魯番唐代法制文書考釋》據《唐六典》校補。

〔四〕『閤』，《敦煌社會經濟文書真蹟釋録》釋作『閣』，雖義可通而字誤。

〔五〕『功』，*Tunhuang and Turfan Documents Concerning Social and Economic History* I 據文義校補；《唐代制度史略論稿》逕釋作『功』。

〔六〕『典籤』，*Tunhuang and Turfan Documents Concerning Social and Economic History* I 據文義校補。

〔七〕「事者」，*Tunhuang and Turfan Documents Concerning Social and Economic History* I 據文義校補。

〔八〕「帶」，*Tunhuang and Turfan Documents Concerning Social and Economic History* I 據文義校補。

〔九〕「典」，*Tunhuang and Turfan Documents Concerning Social and Economic History* I 據文義校補。

〔一〇〕「帶三品職事者」見於斯一一四四六 CV，此句之前均見於斯一八八〇 A。

〔一一〕「長史一人」見於斯一一四四六 CV。

〔一二〕「記室」見於斯一一四四六 CV，「參軍一人」見於斯一八八〇 A，爲易於辨識，姑以「／」號以示區分。

〔一三〕「功」見於斯一八八〇 A，「曹參軍一人」見於斯一一四四六 CV。

〔一四〕「行參軍二人」見於斯一一四四六 CV。

〔一五〕「典籤二」見於於斯一一四四六 CV，「人」見於斯一八八〇 A，爲易於辨識，仍以「／」號以示區分。

〔一六〕「親事廿」見於斯一八八〇 A；「二人」見於斯一一四四六 D，原件本寫作「人二」，此二字右側有倒乙符號，此據以釋作「二人」。

〔一七〕「帳内卌人」見於斯一一四四六 D。

〔一八〕「帶四品職事者」見於斯一一四四六 D。

〔一九〕「記」、「人」，見於斯一一四四六 D；「室參軍一」，*Tunhuang and Turfan Documents Concerning Social and Economic History* I 據文義校補。

〔二〇〕「行參軍二人」見於斯一一四四六 D。

〔二一〕「典籤二人」見於斯一一四四六 D。

〔二二〕「帶五」見於斯一一四四六 D；「品職事者」，*Tunhuang and Turfan Documents Concerning Social and Economic History* I 據文義校補。

斯一八八〇 A + 斯一一四四六 CV + 斯一一四四六 D + 斯一八八〇 B

〔二三〕「記」，*Tunhuang and Turfan Documents Concerning Social and Economic History* I 據文義校補，《敦煌社會經濟文獻真蹟釋録》、《唐代制度史略論稿》逕釋作「記」；「室參軍一人」以下均見於斯一八八〇B。

〔二四〕「一人」，*Tunhuang and Turfan Documents Concerning Social and Economic History* I 據殘筆劃校補。

〔二五〕「記室」，*Tunhuang and Turfan Documents Concerning Social and Economic History* I 據殘筆劃校補。

〔二六〕「人」，*Tunhuang and Turfan Documents Concerning Social and Economic History* I 據殘筆劃校補，《敦煌社會經濟文獻真蹟釋録》、《唐代制度史略論稿》逕釋作「人」。

〔二七〕「親事」，*Tunhuang and Turfan Documents Concerning Social and Economic History* I 據殘筆劃校補，《敦煌社會經濟文獻真蹟釋録》、《唐代制度史略論稿》逕釋作「親事」；「四」，*Tunhuang and Turfan Documents Concerning Social and Economic History* I、《敦煌吐魯番唐代法制文書考釋》、《敦煌社會經濟文獻真蹟釋録》、《唐代制度史略論稿》釋作「□」。

〔二八〕「長史一人」，*Tunhuang and Turfan Documents Concerning Social and Economic History* I 據文義校補，《敦煌社會經濟文獻真蹟釋録》、《唐代制度史略論稿》逕釋作「長史一人」。

〔二九〕「記室參」，*Tunhuang and Turfan Documents Concerning Social and Economic History* I 據文義校補，《敦煌社會經濟文獻真蹟釋録》、《唐代制度史略論稿》逕釋作「記室參」。

〔三〇〕「十」，《敦煌吐魯番唐代法制文書考釋》校補作「廿」，疑誤。

〔三一〕「卅□人」，*Tunhuang and Turfan Documents Concerning Social and Economic History* I 據文義校補，《唐代制度史略論稿》逕釋作「卅□人」。

〔三二〕「軍一人」，*Tunhuang and Turfan Documents Concerning Social and Economic History* I 據文義校補，《唐代制度史略論稿》逕釋作「軍一人」。

〔三三〕『帶』，《敦煌吐魯番唐代法制文書考釋》據文義校補，*Tunhuang and Turfan Documents Concerning Social and Economic History* I、《敦煌社會經濟文獻真蹟釋錄》、《唐代制度史略論稿》逕釋作『帶』。

〔三四〕『卌』，《敦煌社會經濟文獻真蹟釋錄》釋作『四十』。

〔三五〕『者』，*Tunhuang and Turfan Documents Concerning Social and Economic History* I據文義校補，《敦煌社會經濟文獻真蹟釋錄》、《唐代制度史略論稿》逕釋作『者』。

〔三六〕『長史一』，*Tunhuang and Turfan Documents Concerning Social and Economic History* I據文義校補，《敦煌社會經濟文獻真蹟釋錄》、《唐代制度史略論稿》逕釋作『長史一』。

〔三七〕『二人』，*Tunhuang and Turfan Documents Concerning Social and Economic History* I據文義校補，《敦煌社會經濟文獻真蹟釋錄》、《唐代制度史略論稿》逕釋作『二人』。

〔三八〕『典籤二人』，*Tunhuang and Turfan Documents Concerning Social and Economic History* I據文義校補，《敦煌社會經濟文獻真蹟釋錄》、《唐代制度史略論稿》逕釋作『典籤二人』。

〔三九〕『親事十』，*Tunhuang and Turfan Documents Concerning Social and Economic History* I據文義校補，《敦煌社會經濟文獻真蹟釋錄》、《唐代制度史略論稿》逕釋作『親事十』。

〔四〇〕『四品職事者』，*Tunhuang and Turfan Documents Concerning Social and Economic History* I據文義校補，《敦煌社會經濟文獻真蹟釋錄》、《唐代制度史略論稿》逕釋作『四品職事者』。

〔四一〕『記室』，*Tunhuang and Turfan Documents Concerning Social and Economic History* I據文義校補，《敦煌社會經濟文獻真蹟釋錄》、《唐代制度史略論稿》逕釋作『記室』。

〔四二〕『一人』，《敦煌吐魯番唐代法制文書考釋》據文義校補，《敦煌社會經濟文獻真蹟釋錄》、《唐代制度史略論稿》逕釋作『一人』。

〔四三〕『帶五品職』，《敦煌吐魯番唐代法制文書考釋》據文義校補，《敦煌社會經濟文獻真蹟釋録》、《唐代制度史略論稿》逕釋作『帶五品職』。

〔四四〕『廂』字左半部殘，《敦煌吐魯番唐代法制文書考釋》釋作『廟』。

〔四五〕『舍人五人』，*Tunhuang and Turfan Documents Concerning Social and Economic History* I 據文義校補，《敦煌社會經濟文獻真蹟釋録》、《唐代制度史略論稿》逕釋作『舍人五人』。

參考文獻

《敦煌石室碎金》二五至二六頁（録）；《史林》二〇卷三、四號，一九三五年；《史林》二一卷三、四號，一九三六年；《觀堂集林》卷二一，一〇〇七至一〇〇九頁；《中國法制史研究・法と習慣・法と道德》二二九至二三三頁、二四九至二六〇頁；《律令の研究》二七三至三〇一頁；《食貨月刊》復刊第九卷，五至八期，一九七九年；《敦煌古籍叙録》一三六至一三七頁；*Tunhuang and Turfan Documents Concerning Social and Economic History* I，Legal Text（A），pp. 36 – 39，pp. 102 – 107；Legal Text（B）pp. 49 – 50；《國學院雜誌》八三—二，二〇至二一頁；《敦煌寶藏》一四册，二八〇至二八一頁（圖）；《敦煌寶藏》二八册，一三三至一三四頁（圖）；《敦煌寶藏》一三四册，六五頁（圖）；《敦煌吐魯番文獻研究論集》三輯，二二一至二四九頁（録）；《敦煌古籍叙録新編》七册，一七〇至一七一頁、一七二至一七八頁（圖）；《東洋法史の探究——島田正郎博士頌壽記念論集》一七九至二一〇頁；《敦煌吐魯番唐代法制文書考釋》一八〇至二〇一頁（録）；《中國古代寫本識語集録》一九五至一九六頁（録）；《英藏敦煌文獻》三卷，一六六至一六七頁（圖）；《英藏敦煌文獻》五卷，五六頁（圖）；《敦煌社會經濟文獻真蹟釋録》二輯，五四二至五五五頁（録）、（圖）；《英藏敦煌文獻》一三卷，二七一頁（圖）；《唐令拾遺補》三四八至三五一頁（録）；《唐代制度史略論稿》五七至六一頁、一五五至一六六頁（録）；《法藏敦煌西域文獻》三二册，二一〇至二一七頁（圖）。

斯一八八三　大般若波羅蜜多經卷第三百八十六題記

釋文

義泉勘了。　田廣談。

說明

此件《英藏敦煌文獻》未收，現予補録。

參考文獻

Descriptive Catalogue of the Chinese Manuscripts from Tunhuang in the British Museum, p. 8（録）；《敦煌寶藏》一四册，三一〇頁（圖）；《中國古代寫本識語集録》三六六頁（録）；《敦煌遺書總目索引新編》五七頁（録）。

斯一八八九　敦煌氾氏家傳并序

釋文

氾氏之先，出自有周，帝嚳之苗裔也。帝妃姜原，履大人之跡，感而有娠，十二月生弃，即帝堯弟也。能播植百穀，爲稷官，曰稷[一]。歷夏殷[二]，常爲農正。世世居於西戎，後遷於豳。大王爲狄所侵，（止）於歧陽[三]，百姓從之，若歸於市。招輯戎俗，築城墎[四]，立宗廟。王道之端，始於此矣。

后稷受封於邰，賜姓曰姬。稷生不窋，不窋孫公劉[五]，受封於邵陵。公劉（孫）皇僕[六]，受國於邠。僕生差弗[七]，弗生毀輿[八]，輿生公非[九]，非生商（高）圉[一〇]，圉生亞圉[一一]，亞圉生祖累[一二]，累生古公亶甫[一三]，甫生大王季歷[一四]，歷生文王昌[一五]，（昌）生武王發[一六]。

武王受命，封弟旦於周。故《春秋左氏傳》曰：凡、蔣、邢、茅、胙、祭，周公之胤。享國者七子，凡是其一焉。隱公七年，凡伯來朝是也。杜預云：汲郡共縣城東南有凡城，當是其國。於周之世，常爲諸侯，遭秦亂，避於氾水，遂改爲氾焉。漢司空何武所封氾鄉侯，是其地也。

王沈《魏書》曰〔一七〕：氾氏之先，出自黄帝之支庶，帝嚳之苗裔也。周公之子，凡伯夏之後也。皇甫士安《世紀》曰：氾氏之先，出周凡伯之後也。當周之世〔一八〕，或爲諸侯，或爲蒸庶，遭秦亂〔一九〕，避於氾國。中間遺漏，絶滅無依。自氾敖已下〔二〇〕，至於氾璜、氾毓之徒，雖傳芳已久，絶而不録。成帝御史中丞氾雄，直道見憚〔二一〕。河平元年，自濟北盧縣徙居敦煌，代代相生，遂爲敦煌望族。孝廉紀世〔二二〕，聲譽有聞，略述宗枝，乃爲頌曰：

於顯遠祖，巍巍帝皇。翹足鼎湖，祉胤餘祥。祚流帝嚳，迺稷公流（劉）〔二三〕。綿綿瓜瓞（瓞）〔二四〕，赫赫隆周。文王受命，武王重集。萬國是建，弈世蕃邑。文公魯邦，崇勲休祖〔二五〕。曰德遠嗣，曰仁流楚。考躬泮渙〔二六〕，頃遘其難。避暴瑯邪〔二七〕，歸德從漢。司農表德，著書民要〔二八〕。三輔是賴，九流先道。其惟中丞，世篤忠貞。面折庭爭，憚懾公卿。禍福斯易，子孫羅騈。冠盖西土，朱紫騰名。

氾諱變〔二九〕，字孔明，蜀郡太守吉之第二子也。高才，通經史，舉孝廉，擢拜爲尚書，後遷左丞相。出洛陽城，京師貴人送者千餘乘。性清嚴高亮，言不妄出，時人爲之語曰：寧爲刑法所加，不爲氾君所非。

氾孚，字仲夏，蜀郡太守吉之孫。通經篤行，州辟爲從事，太守馬艾甚重之〔三〇〕，徵爲州〔三一〕。辟司空，屢辭不起。孚志節尤高，耽道樂業。州累辟命，司空曹公察孝廉，皆不就。下惟（帷）潛思〔三二〕，不窺門庭，或半年百日〔三三〕。吟詠古文，欣然猶笑。精黄老術。蒼梧太守令狐溥與太常張奐書曰〔三四〕：仲夏居高篤學，有梁鴻、周黨之倫。其見重如此〔三五〕。病卒。

氾續，字弘基，昭武令先之吉孫也。續有名稱，博學有才度〔三六〕。族叔上洛太守毗拊其首曰：汝，吾宗千里駒也。歷事三朝，士有服其清亮。舉秀才，爲郎中，遷中部謁者。部内有連理之瑞，續圖形上頌，文甚清麗。重華覽而嘉之，禮以束帛。遷小府參軍，轉右軍都尉。

氾禕〔三七〕，字休臧，晉寘（冥）安太守〔三八〕，素剛直。禕少好學，事（師）師（事）司空索靜（靖）〔三九〕，通三禮、三傳、三易、河洛圖書，玄明，究筭曆。性高義，居家不簡墮，昏行不改節〔四〇〕，不偶衆以素（索）名〔四一〕，不畏毁以求譽。舉孝廉、賢良方正，對策第一，拜駙馬都尉，除護羌將軍、駙馬都尉，徙禄福令。性剛直，不事上府。酒泉太守馬模遣督郵張休祖劾禕。禕曰〔四二〕：君不聞寧逢三千頭狼，不逢氾休臧。

氾毗，字公輔，西海太守禕之弟也。清素有節行，學通經禮，好立然諾之信〔四三〕。曾夜行，得遺綵數十疋，追求亡主歸之。主分綵遺毗，毗曰：『吾若取此，豈若盡取之乎？』毗後遺縑百疋，人得而歸毗，毗分之以半。人曰：『吾安敢忘君昔者敢取之言耶〔四四〕？』

軌聞嘉歎。察孝廉，辟治中別駕，皆不就。永興二年，舉秀才，除郎中、酒泉令、太宰參
軍。討虜有功，封安樂亭侯，食邑二百戶。好雅賢，致仕〔四五〕，薦酒泉趙彝、〔西〕平田
祐〔四六〕，皆至二千石，而不知毗之達己，毗終亦不言〔四七〕。永嘉五年，除上洛太守，路隔不
行。時人爲之頌曰：『穆穆安樂〔四八〕，高才碩德。行爲世範〔四九〕，言爲物則。擢秀西
州〔五〇〕，聲楊（揚）上國〔五一〕。剖符千里，衆望允塞〔五二〕。陰薦田祐〔五三〕，潛舉趙彝。見公
謝世，慟哭之悲。禹（貢）貢（禹）在朝〔五四〕，王陽彈冠。鍾生早世〔五五〕，伯牙絕弦。今
氾生逝矣，吾屬處世，若乘舟之無檝。』其世上見思如此。

氾溠〔五六〕，字世震，西海太守褘之孫也〔五七〕。爲護羌參軍、番禾太守。世〔震〕剛鯁
峻直〔五八〕，博學屬文，容狠（貌）短小〔五九〕。弱冠，屢陳時正（政）損益〔六〇〕，涼文王張
駿嘉之，辟爲都官從事。明筆直繩，好刺舉，爲朝士豪貴所忌，託以他事，還郡爲沙州記室
從事，稱孝廉。文王廿二年〔六一〕，令追還臺，因上書曰：『臣聞稟有生之形〔六二〕，遭有事之
會，曾不能尊主建勳，沒無休聲，以遺後世，非人豪也。每惟齊客以高歌作翼〔六三〕，重華以
贏粮佐命末始〔六四〕，未曾不夙霄（宵）慨歎〔六五〕，有懷高風。往遇殿下，應其革運，開闢
四門，剖礫求珠〔六六〕，含瑕訪玉。臣得危言於初祚之際，邀福於九天之上。』涼文王駿大悅，
納之。擢爲儒林郎中，親寵管要（鑰）〔六七〕。

氾咸，字宣合，爲侍御史輔之玄孫也。咸弱冠從蒼梧太守同郡令狐溥受學，明通經緯，

行不苟合。初咸當世，非政不合〔六八〕，門無雜客。太常奂致書與令狐溥曰〔六九〕：『宣合獨懷白玉〔七〇〕，進退由道，是以尤屈〔七一〕。』咸輕財好施，奉禄雖豐〔七二〕，而家常不足。中子瑋爲咸立廟，從王孟曾之孫買石人石獸等，置於廟中〔七三〕，銘其背曰：『此是神石人。』後有人輒推（椎）破之〔七四〕，遂乃流血。事具《實録·王琴傳》。

氾昭，字嗣光，處士之孫也。昭弱冠從賢良同郡索襲受業〔七五〕。善屬文，與武威段遐論聖人之道，甚有條理。爲人方正，好面折直言，退不談人之非。涼武王軌辟爲從事〔七六〕，遷主簿。在職清平，好理枉屈。人曾於夜中持金以報昭，昭責而遣之〔七七〕。張寔深器重之〔七八〕，寔既嗣位，令曰〔七九〕：『天下有事廿餘年〔八〇〕，衆綱弛廢〔八一〕，刑政不修，其高選十部從事，以肅清上下。武威，十郡之首，繩舉尤難。主簿氾昭，剛毅雅亮，有二鮑之風，以昭部武威，負公之事，當知無不舉，如鷹鸇之逐鳥雀，雖吾兒有事，皆得舉之。』視事，豪傑望風慄服，拜揖次長〔八二〕，黄龍見其界。

氾曼者〔八三〕，晉時涼人也。性沉邃，有志行。涼王舉秀才，拜臨津都尉。涼桓王崩，張祚篡位，撫軍張瓘興義於枹罕，移檄郡國，郡國多應之。歎曰：『涼國不夭〔八四〕，文桓早世〔八五〕，儲后幼沖，傍枝篡亂。吾生擾攘，位下官微，身居小宰，當若之何？且張瓘天性安忍〔八六〕，視高步遠，非人臣也。』遂單馬去官〔八七〕，北突固都。至後梁（涼）主即位〔八八〕，曼以佐命之功〔八九〕，封安樂庭（亭）侯〔九〇〕，拜涼興令。其喪母，至誠泣血，毀瘠遇（過）禮[九一]。徵補理曹郎中、禁中監，後爲湟河太守，民夷歌德。加陵江將軍，轉振武將軍。時年六十九，壽終矣。

氾緒，字叔縱，爲西域長史洋之曾孫也。敦方正直，嘗於當郡別駕令孤（狐）富授（受）《春秋》[九二]、《尚書》。孤幼，事母以孝廉。仕郡上計掾，坐法當救死罪。死罪者於冥中持金數十兩報恩，緒訶之曰：『君之免罪，恩由明主，何得以此謝我？又吾自少及長，未曾授（受）人毛分之遺[九三]，君速去，勿以相汙！』人曰：『今蒙寬宥[九四]，實在於君[九五]，故於冥中奉少物以達至心，人無知者。』緒曰：『古人有言，謂天盖高，不敢不跼，君何言之鄙乎？』卒以清廉著聞，莫敢有交私者。

氾瑗，字彥玉，晉永平令宗之孫也。父族有經學。郡舊時俗皆葬於邑中[九六]，墳墓卑濕。歎曰：『陵之爲言終也，終當山陵，胡爲邑澤哉？』遂葬父於東石[九七]，爲時所非，禁固十年。縣令李充到官，稱志孝合禮，衆心乃化，遂皆出葬東西石。瑗少剛果，有壯節，州辟主簿、治中、別駕從事，舉秀才。三王興義[九八]，惠帝復祚，相國齊王國（冏）專權失和[九九]，瑗切諫不從，自詭爲護羌長史，來西涼。武王軌與語，不覺膝之前席。瑗出，王謂左右曰：『此真將相才，吾當與共濟世難[一〇〇]。』遂周旋帷幄，公幹心膂[一〇一]。

説明

此件首尾完整，上下略殘，無標題，《英藏敦煌文獻》定名爲《敦煌氾氏家傳并序》。卷中記述氾氏姓源及人物事跡，上起帝嚳，下至十六國時期的前涼氾瑗，實是節録劉昺《敦煌實録》中氾氏人物諸條加以編排而成。此卷紙背有疑爲蔣孝琬所書之「破無頭尾經」一行，未録。

此件「世」、「民」二字或不避諱，或有缺筆，從文書避諱及紙質、形狀看，推測爲歸義軍時期抄本（參見《敦煌典籍與唐五代歷史文化》，中國社會科學出版社，二〇〇六年版，四三一至四三二頁）。

校記

〔一〕「曰」，《敦煌地理文書匯輯校注》釋作「日」，並斷屬上句，而將「稷」字斷屬下句，誤。

〔二〕「殷」，《敦煌地理文書匯輯校注》釋作「穀」，誤。

〔三〕「止」，《敦煌石室地志殘卷考釋》據《史記·周本紀》「止於岐下」校補；「陽」，《敦煌石室地志殘卷考釋》釋作「□」，校作「下」。

〔四〕「墎」，《敦煌社會經濟文獻真蹟釋録》釋作「郭」，《敦煌地理文書匯輯校注》、《全敦煌詩》釋作「廓」，《敦煌碑銘讚輯釋》釋作「廊」，均誤。

〔五〕「不窋」，《敦煌地理文書匯輯校注》漏録。

〔六〕「孫」，《敦煌地理文書匯輯校注》、《敦煌碑銘讚輯釋》、《敦煌石室地志殘卷考釋》據《史記·周本紀》補，《全敦煌詩》逕釋作「孫」；「僕」，《敦煌地理文書匯輯校注》、《敦煌碑銘讚輯釋》釋作「樸」，《全敦煌詩》釋作「棄」，誤。

〔七〕「僕」，《敦煌碑銘讚輯釋》、《全敦煌詩》釋作「樸」。

〔八〕「弗」，《敦煌石室地志殘卷考釋》釋作「差弗」；「輿」，《史記·周本紀》作「隃」，「輿」爲「隃」之借字。

〔九〕「輿」，《史記·周本紀》作「隃」，「輿」爲「隃」之借字，《敦煌石室地志殘卷考釋》釋作「毁輿」。

〔一〇〕「非」，《敦煌石室地志殘卷考釋》釋作「公非」；「商」，當作「高」，據《史記·周本紀》改，《敦煌社會經濟文獻真蹟釋録》、《敦煌碑銘讚輯釋》逕釋作「高」。

〔一一〕「圉」，《敦煌石室地志殘卷考釋》釋作「高圉」。

〔一二〕「累」，《史記·周本紀》作「類」，「累」爲「類」之借字。

〔一三〕「累」，《史記·周本紀》作「類」，「累」爲「類」之借字，《敦煌石室地志殘卷考釋》釋作「祖累」；「甫」，《史記·周本紀》作「父」，「甫」爲「父」之借字。

〔一四〕「甫」，《史記·周本紀》作「父」，「甫」爲「父」之借字，《敦煌石室地志殘卷考釋》釋作「古公亶甫」。

〔一五〕「歷」，《敦煌石室地志殘卷考釋》釋作「季歷」。

〔一六〕「昌」，《敦煌社會經濟文獻真蹟釋録》、《敦煌地理文書匯輯校注》、《敦煌碑銘讚輯釋》、《全敦煌詩》據文義校補，《敦煌石室地志殘卷考釋》逕釋作「昌」。

〔一七〕「沈」，《敦煌石室地志殘卷考釋》釋作「沉」。

〔一八〕「世」，底本有缺筆，此爲避唐太宗諱而缺筆。

〔一九〕「秦亂」，《敦煌地理文書匯輯校注》、《敦煌碑銘讚輯釋》、《全敦煌詩》釋作「亡秦」，《敦煌石室地志殘卷考釋》校補作「遭亂之際」。

〔二〇〕「敖」，《敦煌地理文書匯輯校注》、《全敦煌詩》釋作「教」，誤。

〔二一〕「憚」，《敦煌地理文書匯輯校注》、《敦煌碑銘讚輯釋》、《全敦煌詩》釋作「彈」，誤。

〔二二〕「紀」，《敦煌石室地志殘卷考釋》釋作「絕」，誤。

〔二三〕「迺」，《敦煌社會經濟文獻真蹟釋録》釋作「逃」，《敦煌石室地志殘卷考釋》釋作「誕」，《敦煌碑銘讚輯釋》釋作「乃」，「迺」同「乃」，「逃」、「誕」二字誤；「流」，當作「劉」，《敦煌地理文書匯輯校注》、《敦煌碑銘讚輯釋》、《敦煌石室地志殘卷考釋》、《全敦煌詩》據文義校改，「流」爲「劉」之借字。

〔二四〕「瓜」，《敦煌地理文書匯輯校注》、《全敦煌詩》釋作「似」，誤；「瓠」，當作「甈」，據文義改，《敦煌石室地志殘卷考釋》逕釋作「甈」。

〔二五〕「休」，《敦煌地理文書匯輯校注》、《敦煌碑銘讚輯釋》、《全敦煌詩》釋作「述」，誤。

〔二六〕「渙」，《敦煌地理文書匯輯校注》、《全敦煌詩》釋作「漁」，誤。

〔二七〕「瑯邪」，《敦煌石室地志殘卷考釋》釋作「鄉邦」，誤。

〔二八〕底本「民」字原有缺筆，蓋爲避唐太宗諱而改，《敦煌地理文書匯輯校注》、《全敦煌詩》釋作「啓」，《敦煌石室地志殘卷考釋》釋作「以」，均誤。

〔二九〕「㚖」，《敦煌石室地志殘卷考釋》釋作「㚖」，誤。

〔三〇〕「艾」，《敦煌石室地志殘卷考釋》釋作「苾」。

〔三一〕《敦煌社會經濟文獻真蹟釋録》疑「州」下脱漏二字。

〔三二〕「惟」，當作「帷」，據文義改，《敦煌石室地志殘卷考釋》逕釋作「帷」，「惟」爲「帷」之借字。

〔三三〕「半」，《敦煌地理文書匯輯校注》釋作「牟」，《敦煌石室地志殘卷考釋》釋作「□」，校作「經」。

〔三四〕「奐」，《敦煌地理文書匯輯校注》釋作「魚韋」，誤。

〔三五〕「如」，《敦煌石室地志殘卷考釋》釋作「也」，校作「如」，按原卷本作「如」。

〔三六〕「度」，《敦煌地理文書匯輯校注》釋作「庶」，并斷入下句中，誤。

〔三七〕「禕」，《敦煌石室地志殘卷考釋》校補作「禕之」。

〔三八〕「寘」，當作「冥」，《敦煌石室地志殘卷考釋》據《漢書·地理志》校改，《敦煌社會經濟文獻真蹟釋録》釋作「宜」，誤。

〔三九〕「事師」，當作「師事」，《敦煌社會經濟文獻釋録》據文義校改；「静」，當作「靖」，《敦煌社會經濟文獻釋録》據文義校改，《敦煌地理文書匯輯校注》逕釋作「靖」，「静」爲「靖」之借字。

〔四〇〕「節」，《敦煌地理文書匯輯校注》釋作「即」，并斷入下句，誤。

〔四一〕「素」，當作「索」，《敦煌石室地志殘卷考釋》據文義校改。

〔四二〕「禕」，《敦煌地理文書匯輯校注》漏録。

〔四三〕「立」，《敦煌地理文書匯輯校注》釋作「之」，誤，《全敦煌詩》漏録。

〔四四〕「忘」，《敦煌地理文書匯輯校注》釋作「妄」，誤；「耶」，《敦煌地理文書匯輯校注》釋作「邪」，誤。

〔四五〕「仕」，《敦煌地理文書匯輯校注》釋作「士」，誤。

〔四六〕「西」，《敦煌社會經濟文獻真蹟釋録》據文義校補，《敦煌石室地志殘卷考釋》以爲田氏有北平郡望，故疑「平」上脱「北」字；「祐」，《敦煌社會經濟文獻真蹟釋録》釋作「佑」，誤。案，西平，蓋爲涼州西平郡。《晉書》卷一四《地理志》涼州條：「西平郡，漢置。統縣四，户四千」。

〔四七〕「亦」，《敦煌地理文書匯輯校注》漏録。

〔四八〕《敦煌石室地志殘卷考釋》疑「穆穆」上脱漏二字，釋作「□□穆穆」。

〔四九〕「範」，《敦煌地理文書匯輯校注》、《全敦煌詩》釋作「軌」，誤。

〔五〇〕「擢」，《敦煌地理文書匯輯校注》、《全敦煌詩》釋作「雅」，誤。

〔五一〕「楊」，當作「揚」，據文義改，《敦煌地理文書匯輯校注》、《敦煌石室地志殘卷考釋》、《全敦煌詩》逕釋作

「揚」，「楊」爲「揚」之借字。

〔五二〕「允」，《敦煌石室地志殘卷考釋》校改作「充」，誤；「塞」，《敦煌社會經濟文獻真蹟釋録》釋作「賽」，誤。

〔五三〕「祐」，《敦煌社會經濟文獻真蹟釋録》釋作「佑」，誤。

〔五四〕「禹貢」，當作「貢禹」，《敦煌社會經濟文獻真蹟釋録》、《敦煌石室地志殘卷考釋》據文義校改。

〔五五〕「世」，《敦煌地理文書匯輯校注》、《全敦煌詩》校改作「逝」，不改亦通。

〔五六〕「洊」，《敦煌地理文書匯輯校注》釋作「存」，誤。

〔五七〕「禕」，《敦煌地理文書匯輯校注》釋作「諱」，誤。

〔五八〕「世」，《敦煌地理文書匯輯校注》漏録；「震」，據文義補。

〔五九〕「狠」，當作「貌」，《敦煌社會經濟文獻真蹟釋録》、《敦煌石室地志殘卷考釋》據文義校改。

〔六〇〕「正」，當作「政」，《敦煌地理文書匯輯校注》、《敦煌石室地志殘卷考釋》據文義校改，「正」爲「政」之借字。

〔六一〕「廿」，《敦煌地理文書匯輯校注》釋作「二十」。

〔六二〕「稟」，《敦煌地理文書匯輯校注》釋作「弃」，《敦煌石室地志殘卷考釋》釋作「嘉」，均誤。

〔六三〕「歌」，《敦煌地理文書匯輯校注》釋作「歡」，誤。

〔六四〕「末始」，《敦煌石室地志殘卷考釋》校改作「始末」，不改亦通。

〔六五〕「霄」，當作「宵」，《敦煌石室地志殘卷考釋》據文義校改，「霄」爲「宵」之借字。

〔六六〕「珠」，《敦煌地理文書匯輯校注》釋作「陳」，誤。

〔六七〕「管」，《敦煌地理文書匯輯校注》釋作「官」，誤；「要」，當作「鑰」，據文義改，「要」爲「鑰」之借字。

〔六八〕「政」，《敦煌地理文書匯輯校注》漏録。

〔六九〕「奐」，《敦煌地理文書匯輯校注》釋作「魚」，誤。

〔七〇〕「白」，《敦煌石室地志殘卷考釋》校作「百」；「玉」，《敦煌石室地志殘卷考釋》釋作「王」，誤。

〔七一〕「冘」，《敦煌石室地志殘卷考釋》校作「沉」。

〔七二〕「奉」，《敦煌社會經濟文獻真蹟釋録》釋作「俸」，按「奉」字本有「俸禄」義。

〔七三〕「置」，《敦煌社會經濟文獻真蹟釋録》釋作「署」，誤。

〔七四〕「輒」，《敦煌社會經濟文獻真蹟釋録》釋作「輙」；「推」，當作「椎」，據文義改，《敦煌石室地志殘卷考釋》逕釋作「椎」。

〔七五〕「受」，《敦煌地理文書匯輯校注》釋作「寄」，誤。

〔七六〕「軌」，《敦煌石室地志殘卷考釋》校作「親」，誤。

〔七七〕「責」，《敦煌地理文書匯輯校注》釋作「眚」，誤。

〔七八〕「深」，《敦煌地理文書匯輯校注》釋作「淳而」，誤。

〔七九〕「今曰」，《敦煌地理文書匯輯校注》釋作「今日」，誤。

〔八〇〕「廿」，《敦煌地理文書匯輯校注》釋作「二十」。

〔八一〕「弛」，《敦煌地理文書匯輯校注》釋作「馳」，《敦煌社會經濟文獻真蹟釋録》校作「馳」，均誤。

〔八二〕「揖」，《敦煌地理文書匯輯校注》、《敦煌石室地志殘卷考釋》釋作「揹」。

〔八三〕「曼」，《敦煌地理文書匯輯校注》釋作「漫」，誤。

〔八四〕「夭」，《敦煌石室地志殘卷考釋》釋作「天」，誤。

〔八五〕「文桓」，《敦煌石室地志殘卷考釋》校作「桓文」，《敦煌社會經濟文獻真蹟釋録》逕釋作「桓文」；「世」，《敦煌地理文書匯輯校注》校改作「逝」，不改亦通。

〔八六〕「張」，《敦煌地理文書匯輯校注》漏録。

〔八七〕「去」，《敦煌石室地志殘卷考釋》釋作「丟」，誤。

〔八八〕「梁」，當作「涼」，《敦煌社會經濟文獻真蹟釋録》、《敦煌石室地志殘卷考釋》據文義校改，「梁」爲「涼」之借字。

〔八九〕「曼」，《敦煌地理文書匯輯校注》釋作「漫」，誤。

〔九〇〕「庭」，當作「亭」，《敦煌石室地志殘卷考釋》據文義校改，《敦煌地理文書匯輯校注》逕釋作「亭」，「庭」爲「亭」之借字。

〔九一〕「遇」，當作「過」，據文義改，《敦煌石室地志殘卷考釋》逕釋作「過」。

〔九二〕「孤」，當作「狐」，據文義改；「授」，當作「受」，《敦煌社會經濟文獻真蹟釋録》據文義校改，「授」爲「受」之借字。

〔九三〕「授」，當作「受」，《敦煌社會經濟文獻真蹟釋録》、《敦煌石室地志殘卷考釋》據文義校改，「授」爲「受」之借字。

〔九四〕「寬」，《敦煌地理文書匯輯校注》釋作「兎」，誤。

〔九五〕「實」，底本原作「曾」，後於其右側改寫「實」，《敦煌地理文書匯輯校注》釋作「實曾」，《敦煌石室地志殘卷考釋》釋作「曾實」，均誤；「於」，《敦煌地理文書匯輯校注》釋作「子」，誤。

〔九六〕「郡」，《敦煌石室地志殘卷考釋》漏録。

〔九七〕「遂」，《敦煌地理文書匯輯校注》釋作「遞」，誤。

〔九八〕「義」，《敦煌石室地志殘卷考釋》釋作「戈」，誤。

〔九九〕「國」，當作「冏」，《敦煌社會經濟文獻真蹟釋録》據文義校改，《敦煌地理文書匯輯校注》逕釋作「冏」。

〔一〇〇〕「共」，《敦煌地理文書匯輯校注》釋作「其」，誤。

〔一〇一〕「膂」，《敦煌地理文書匯輯校注》釋作「胸」，誤。

參考文獻

《敦煌遺書總目索引》一四六頁；《唐代長安與西域文明》二一五頁；《東方學》二四輯，一四至二九頁（録）；《敦煌寶藏》一四册，三四〇至三四二頁（圖）；《敦煌文學》六三至六四頁；《敦煌社會經濟文獻真跡釋録》一輯，一〇四至一〇八頁（録）、（圖）；《敦煌地理文書匯輯校注》一二〇至一二六頁（録）；《敦煌碑銘贊輯釋》三七三頁；《敦煌學輯刊》一九八八年一、二期合刊，七〇頁；《英藏敦煌文獻》三卷，一六八至一六九頁（圖）；《敦煌社會文書導論》四六至四八頁；《敦煌石室地志殘卷考釋》一七七至一八三頁（録）；《敦煌遺書總目索引新編》五七頁；《全敦煌詩》一〇册，四一七五至四一七九頁（録）；《敦煌典籍與唐五代歷史文化》四三一至四三二頁；《敦煌研究》二〇〇九年三期，九〇至九二頁。

斯一八九〇　大般若波羅蜜多經卷第二百六十一題記

釋文

氾賢子寫。

說明

此件《英藏敦煌文獻》未收，現予補錄。

參考文獻

Descriptive Catalogue of the Chinese Manuscripts from Tunhuang in the British Museum, p. 7（錄）；《敦煌寶藏》一四册，三四九頁（圖）；《中國古代寫本識語集録》三六五頁（錄）；《敦煌遺書總目索引新編》五七頁（錄）。

斯一八九一　孔子家語王肅注卷第十

釋文

（前缺）

喪者不敢

哭〔一〕，凶服者不敢入國門〔二〕，汜掃清路〔三〕，行者蹕止〔四〕。〔汜〕〔五〕，〔遍〕□〔六〕，掃也〔七〕。清路，以新土覆故土上也〔八〕。蹕止〔九〕，無復行也〔一〇〕。弗命而民聽，敬之至〔也〕〔一一〕。此（以）王恭嚴（敬）事天〔一二〕，故民化之，不令而行〔一三〕。天子之大衮（裘）而黼之〔一四〕，被衮以象天〔一五〕。大衮（裘）而爲黼文也〔一六〕。言被被之於大衮上〔一七〕，以其（有）象天之文〔一八〕，故被之於道路〔一九〕，至泰壇而脫之也〔二〇〕。乘素車，貴其質也。斿十有二遊（旒）〔二一〕，龍章而設〔以〕日月〔二二〕，所以法天〔也〕〔二三〕。既至太壇〔二四〕，王脫衮（裘）矣〔二五〕。服衮以臨，燔柴〔戴〕冕〔二六〕，藻十有二流（旒）〔二七〕，則天數也。臣聞之，誦《詩》三百，不足以壹獻〔二八〕；祭群小祀。壹獻之禮〔二九〕，不足以大饗；大饗，祫祭先王也〔三〇〕。大饗之禮，不足以大祫；大祫，祭五帝也。大祫具矣，不足以饗帝，饗帝，祭天。是以君子無敢輕議於禮也〔三一〕。』

五刑解第卅〔三二〕　孔子家語　王氏注〔三三〕

冉有問孔子〔三四〕：『古者三皇五帝不用五刑，信乎？』孔子曰：『聖人之設防也〔三五〕，貴其不犯也。制五刑而不用，所以爲至治也。凡民之爲奸邪竊盜歷（靡）法妄忘（妄）行者也〔三六〕，生〔於〕不足〔三七〕，不足生〔於〕無度〔三八〕，無度則小者偷隨（盜）〔三九〕，大者侈靡〔四〇〕，各不知節。是以上有制度，則民知所止；〔民〕知所止〔四一〕，則不犯。故雖有奸邪竊盜〔四二〕，靡法妄刑（行）之獄〔四三〕，而無陷刑之民也〔四四〕。不孝者生於不仁，不仁生於喪祭之禮不明〔四五〕。〔明〕喪祭之禮〔四六〕，所以教仁愛也。能致仁愛〔四七〕，則服喪思暮（慕）〔四八〕，祭祀不解，人子饋養之道也〔四九〕。言孝子奉祭祀，不敢解，與生時饋養之道同也〔五〇〕。喪祭之禮明，則民孝矣。故雖有不孝之獄，而無陷刑之名（民）也〔五一〕。試（弑）上者生於義不明〔五二〕。夫義〔五三〕，所以別貴賤、明尊卑〔也〕〔五四〕。貴賤有列（別）〔五五〕，尊卑有序，則民莫不尊上而敬長。朝聘之禮者，所以明義也。義必明則民不犯，故雖有試（弑）上之獄〔五六〕，而無陷刑之民。鬬變者之生於相陵〔五七〕，生相陵〔者〕生於長幼無厚（序）〔五八〕，而遺敬讓。遺，忘。鄉飲酒之禮者，所以明長幼之序，而致敬讓也〔五九〕。長幼必序，民懷敬讓，故雖有鬬變之獄，而無陷刑之民也〔六〇〕。淫亂〔者〕生於男女無別〔六一〕，男女無別則夫婦失義。婚禮聘享者〔六二〕，所以別男女、明夫婦之義也。男女既別，夫婦既明，故雖有淫乱之獄，而無陷刑之民也〔六三〕。此五者，刑罰之所從生〔六四〕，各有源焉。不豫塞其源，而輒繩之以刑，以（是）〔謂〕爲民設穽而陷之也〔六五〕。刑罰之源，生於嗜欲不節。夫禮度者，所以御民之嗜欲而明好惡，順天

〔之〕道也〔六六〕。禮度既陳，五教畢脩，而民猶或未化，尚必明其法典，以申固之。尚，猶也。申其令〔六七〕，固其教也。其有犯奸邪竊盜歷（靡）法妄行之獄者〔六八〕，則飾制量之度〔六九〕；有犯不孝之獄者，則飾喪祭之禮〔七〇〕；有犯試（弑）上之獄者〔七一〕，則飾朝覲之禮〔七二〕；有犯鬪變之獄者，則飾鄉飲酒之禮〔七三〕；有犯淫亂之獄者，則飾婚聘之禮〔七四〕。三皇五帝之所以化民者如此〔七五〕，雖有〔五〕刑不用〔七六〕，不亦可乎！」

孔子曰：『大罪有五，而煞人爲下〔七七〕。逆天地者罪及五世，誣文武者罪及四世，逆人倫者罪及三世，誣（謀）鬼神者罪及二世〔七八〕，手煞人者罪止其身〔七九〕。故曰：大罪有五，而煞人爲下者也〔八〇〕。』

冉有問於孔子曰：『先王之制〔法〕〔八一〕，使刑不上於大夫，禮不下於庶人，然則大夫之犯罪〔八二〕，不可加以刑〔八三〕；庶人之行事，不可治以禮乎〔八四〕？』孔子曰：『不然也〔八五〕，凡治君子，以禮義御其心〔八六〕，所以厲之以廉耻之節也。故古之大夫，其有坐不廉汙穢而退放之者，不謂之不廉汙穢〔八七〕，謂簠簋不餝〔八八〕；餝〔八九〕，整齊也。有坐淫亂男女無別者，不謂之淫亂男女無別，則曰帷薄不脩〔也〕〔九〇〕；有坐罔上不忠者，不謂之罔上不忠，則曰臣節未著；有坐罷軟不勝任者，不謂之罷軟不勝任，則曰下官不識〔九一〕；識〔九二〕，宜爲職〔九三〕。言其下官不稱其職〔九四〕，不斥其身〔也〕〔九五〕。有坐干國之紀者，不謂之干國之紀，則謂行事不請〔九六〕。言不請而擅行。此五者，大夫既自定有罪名矣，而猶不忍行〔九七〕，然正以呼之也。就（既）而爲之諱〔九八〕，所以愧耻之焉〔九九〕。是故大夫之罪，其在五刑之域者，聞有譴發〔一〇〇〕，譴，讓也〔一〇一〕。發，始發露也〔一〇二〕。則白冠氂纓，盤水加劒，造乎闕（闕）而自請罪〔一〇三〕，君不使有司執縛牽掣而加之也。其有大罪者，聞命則北面再拜〔一〇四〕，跪而自裁，君不使人捽引而刑煞之也〔一〇五〕。曰〔一〇六〕：「子大夫自取之耳，吾遇子有禮矣。」是以刑不上大夫〔一〇七〕，而大夫亦不失其罪〔者〕〔一〇八〕，德教使然也〔一〇九〕。凡所謂禮不下庶人者〔一一〇〕，以庶人遽其事而不能充禮，故不責之以俻禮也。』冉有蹶然免席曰〔一一一〕：『言則美矣，求未之聞也〔一一二〕，請退而記之也〔一一三〕。』

家語卷第十。

説明

此件首缺尾全，有界欄，分欄抄寫，正文大字書寫，注文則用雙行小字，起『喪者不敢哭』，訖『家語卷第十』，中間有篇題『五刑解第卅，孔子家語，王氏注』，係《孔子家語》卷七《郊問第廿九》、《五刑解第卅》的部分内容。其中《郊問》僅存篇末部分（前十二行），《五刑解》則内容完整。卷中不諱『民』字，王重民推斷爲六朝寫本，較之傳世本《孔子家語》，多有獨勝之處。《英藏敦煌文獻》據卷末題『家語卷第十』，將本卷定名爲《孔子家語王注卷第十》，王重民《敦煌古籍叙録》認爲卷『十』爲卷『七』之誤，寧鎮疆《英藏敦煌寫本〈孔子家語〉的初步研究》（《故宫博物院院刊》二〇〇六年二期，一三五至一四〇頁）則認爲當以卷「十」爲正。

以上釋文以斯一八九一爲底本，用諸子百家叢書所收《孔子家語》（王肅注，上海古籍出版社，一九九〇年版，稱其爲甲本）參校。凡有異文皆出校，以供研究。

校記

〔一〕「哭」，據甲本補。

〔二〕「凶服者不敢入國門」，據甲本補。

〔三〕「汜掃」，據殘筆畫及甲本補。

〔四〕「蹕」，甲本作「必」，「必」爲「蹕」之借字。

〔五〕「汜」，據甲本補。

〔六〕「遍」，據甲本補；「□」，甲本作「也」。

〔七〕「也」，據殘筆劃及文義補。此句甲本無。

〔八〕「覆故土上也」，甲本脱。

〔九〕「蹕止」，甲本脱。

〔一〇〕「也」，甲本作「之」。

〔一一〕「也」，據甲本補。

〔一二〕「此」，當作「以」，據甲本及文義改；「嚴」，當作「敬」，據甲本及文義改。

〔一三〕「行」，甲本作「行之也」。

〔一四〕第一個「之」，甲本無，疑爲衍文，當删；「衮」，當作「衺」，據甲本改；「而」，甲本作「以」；「黼」，甲本同，底本原寫作「黼」，爲「黼」字之古文，以下同，不另出校。
〔一五〕「衮」，甲本作「衺」，「衺」同「衮」，以下同，不另出校；「以」，甲本無。
〔一六〕「衮」，當作「衺」，據甲本改；「而」，甲本無。
〔一七〕「被被」，甲本作「被」，據文義當衍一「被」字；「於」，甲本無；「衮」，甲本作「衺」；「上」，甲本無。
〔一八〕「以」，甲本無；「有」，據甲本補。
〔一九〕「於」，甲本脱。
〔二〇〕「泰」，甲本作「大」，「大」通「泰」；「也」，甲本無。
〔二一〕「遊」，當作「旒」，據甲本及文義改。
〔二二〕「以」，據甲本補。
〔二三〕「也」，據甲本補。
〔二四〕「太」，甲本作「泰」，「太」通「泰」。
〔二五〕「衮」，當作「衺」，據甲本改。
〔二六〕「戴」，據甲本補。
〔二七〕「藻」，甲本作「璪」，「璪」通「藻」；「流」，當作「旒」，據甲本及文義改，「流」爲「旒」之借字。
〔二八〕「壹」，甲本作「一」。
〔二九〕「壹」，甲本作「一」。
〔三〇〕「先」，甲本作「天」，誤；「也」，甲本無。
〔三一〕「禮」，甲本作「禮者」。

〔三二〕「卅」，甲本作「三十」。
〔三三〕「孔子家語，王氏注」，甲本無。
〔三四〕「問」甲本作「問於」；「子」，甲本作「子曰」。
〔三五〕「也」，甲本無。
〔三六〕「民」，甲本作「夫」；「奸」，甲本作「姦」；「歷」，當作「靡」，據甲本及文義改；「安」，甲本無，係衍文，據文義當删；「忘」，當作「妄」，據甲本及文義改，「忘」爲「妄」之借字；「也」，甲本無。
〔三七〕「於」，據甲本補。
〔三八〕「於」，據甲本補。
〔三九〕「隨」，當作「盜」，據甲本改。
〔四〇〕「大者」，原件寫作「奢」，疑是「大者」之合文，此據甲本逕釋作「大者」。
〔四一〕「民」，據甲本補。
〔四二〕「奸」，甲本作「姦」，「奸」同「姦」；「竊」，甲本作「賊」。
〔四三〕「刑」，當作「行」，據甲本及文義改，「刑」爲「行」之借字。
〔四四〕「也」，甲本無。
〔四五〕「不明」，甲本脱。
〔四六〕「明」，據甲本及文義補。
〔四七〕「致」，甲本作「教」。
〔四八〕「服」，甲本脱；「暮」，當作「慕」，據文義及甲本改，「暮」爲「慕」之借字。
〔四九〕「也」，甲本無。

〔五〇〕「與」，甲本脱；「也」，甲本作「之也」。
〔五一〕「名」，當作「民」，據甲本及文義改，「名」爲「民」之借字；「也」，甲本無。
〔五二〕「試」，當作「弑」，據文義改，甲本作「殺」，「試」爲「弑」之借字；「義不明」，甲本作「不義」。
〔五三〕「夫」，甲本脱。
〔五四〕「也」，據甲本補。
〔五五〕「列」，當作「别」，據甲本改。
〔五六〕「試」，甲本作「殺」，當作「弑」，據文義改，「試」爲「弑」之借字。
〔五七〕「之」，甲本無，係衍文，據文義當删；「生」，甲本脱。
〔五八〕第一個「生」，甲本無，據文義爲衍文，當删；「者」，據甲本補；「厚」，當作「序」，據甲本及文義改。
〔五九〕「致」，甲本作「崇」。
〔六〇〕「也」，甲本無。
〔六一〕「者」，據甲本補。
〔六二〕「婚」，甲本脱。
〔六三〕「也」，甲本無。
〔六四〕「從」，甲本作「以」。
〔六五〕「以」，當作「是」，據甲本改；「謂」，據甲本補；「也」，甲本無。
〔六六〕「之」，據甲本補；「也」，甲本無。
〔六七〕「其」，甲本脱。
〔六八〕「有」，甲本無；「姧」，甲本作「姦」，「姧」同「姦」；「竊盜」，甲本無；「歷」，當作「靡」，據甲本及文義改。
〔六九〕「飾」，甲本作「飭」。
〔七〇〕「飾」，甲本作「飭」。
〔七一〕「試」，當作「弑」，據文義改，甲本作「殺」，「試」爲「弑」之借字。
〔七二〕「飾」，甲本作「飭」。
〔七三〕「飾」，甲本作「飭」。
〔七四〕「飾」，甲本作「飭」。
〔七五〕「以」，甲本無。
〔七六〕「五」，據甲本及文義補；「不」，甲本作「之」，疑誤。
〔七七〕「煞」，甲本作「殺」，均可通。
〔七八〕「誣」，當作「謀」，據甲本及文義改。
〔七九〕「煞」，甲本作「殺」，均可通；「止」，甲本作「及」。
〔八〇〕「煞」，甲本作「殺」，均可通；「者也」，甲本作「矣」。
〔八一〕「之」，甲本無；「法」，據甲本補。
〔八二〕「之」，甲本脱。
〔八三〕「加以」，甲本作「以加」。
〔八四〕「治以」，甲本作「以治於」。
〔八五〕「也」，甲本無。
〔八六〕「義」，甲本無。

〔八七〕甲本「穢」下有「而退放」三字。
〔八八〕「謂」，甲本作「則曰」；「餝」，甲本作「飭」。
〔八九〕「餝」，甲本作「飭」。
〔九〇〕「薄」，甲本作「幕」，均可通；「也」，據甲本補。
〔九一〕「識」，甲本作「職」。
〔九二〕「識」，甲本無。
〔九三〕「宜爲職」，甲本無。
〔九四〕「稱」，甲本作「稱移」。
〔九五〕「也」，據甲本補。
〔九六〕「謂」，甲本作「曰」。
〔九七〕「行」，甲本作「斥」。
〔九八〕「就」，當作「既」，據甲本及文義改。
〔九九〕「焉」，甲本無。
〔一〇〇〕「有」，甲本作「而」。
〔一〇一〕「讓」，甲本作「譴讓」。
〔一〇二〕「也」，甲本無。
〔一〇三〕「闢」，當作「闕」，據甲本改。
〔一〇四〕「聞」字原件爲古文。
〔一〇五〕「煞之也」，甲本作「殺」；甲本「殺」下有「捽，昨沒反」四字注文。

〔一〇六〕底本「曰」前還有一「口」或「曰」字，似已塗抹，甲本無此字，未録。
〔一〇七〕「是」，甲本脱。
〔一〇八〕「者」，據甲本補。
〔一〇九〕「德」，甲本脱。
〔一一〇〕「凡」，甲本無。
〔一一一〕「蹶」，甲本作「跪」，誤。
〔一一二〕「也」，甲本無。
〔一一三〕「請」、「也」，甲本無。

參考文獻

Descriptive Catalogue of the Chinese Manuscripts from Tunhuang in the British Museum, p. 232；《敦煌古籍叙録》一四九至一五〇頁；《敦煌遺書總目索引》一四六頁；《敦煌寶藏》一四冊，三五〇至三五三頁（圖）；《莫高窟年表》一六五頁；《敦煌古籍叙録新編》八冊，一頁、一二至一一頁（圖）；《英藏敦煌文獻》三卷，一七〇至一七一頁（圖）；《魏晉南北朝敦煌文獻編年》二八〇至二八一頁；《敦煌遺書總目索引新編》五七頁；《故宮博物院院刊》二〇〇六年二期，一三五至一四〇頁。

斯一八九三　　大般涅槃經卷第卅七題記

釋文

校了。

經生敦煌縣學生蘇文頫書。

說明

此件《英藏敦煌文獻》未收，現予補錄。

參考文獻

Descriptive Catalogue of the Chinese Manuscripts from Tunhuang in the British Museum, p. 51（錄）；《敦煌寶藏》一四冊，三七〇頁（圖）；《敦煌遺書總目索引新編》五七頁（錄）。

斯一八九七　龍德肆年（公元九二四年）敦煌鄉百姓張某甲雇工契

釋文

龍德肆年甲申歲二月一日，敦煌鄉百姓張某甲爲家内闕少人力〔一〕，遂雇同鄉百姓陰某甲，斷作雇價：從二月至九月末造作〔二〕，逐月壹馱，見分付多少已訖，更殘到秋物[收獲]之時收領〔三〕。春衣一對，長袖并褌〔四〕、皮鞋一量，餘[外]欠闕〔五〕，仰自排批〔六〕。入作之後，比至月滿，便須兢心〔七〕，勿[存]二意〔八〕，時向不離，城内城外，一般獲時造作，不得抛滁工夫。忽〔若〕忙時〔九〕，不就田畔。蹭蹬閑行，左南直北，抛工一日，尅物貳斗。應有沿身使用農具，兼及畜乘，非理失脱傷損者，陪在某甲身上〔一〇〕。忽若偷盗他人麥粟牛羊鞍馬逃走，一仰某甲親眷[祇]當〔一一〕。或若澆溉之時，不慎睡臥，水落在[他]處〔一二〕，官中書（施）罰〔一三〕，仰自祇當。亦不得侵損他[人]田苗針草〔一四〕。須守本分，大例賊打輸身却者，無親表論説之分。兩共對面平章爲定，准法不許翻悔。如先悔者，罰上羊壹口，充入不悔人。恐人無〔信〕〔一五〕，故立明文，用爲後驗。

見人某甲　　雇身某甲

見人某甲　　口丞（承）人某甲〔一六〕

説明

此件首尾完整，上下沿略殘，係寫於後梁龍德四年二月的敦煌鄉百姓雇工契樣文，所以締約雙方和見人、口承人都用「某甲」代替。此契雖屬樣文，但其内容對了解當時的雇工情況仍具有參考價值。

校記

〔一〕「鄉」，《敦煌遺書總目索引新編》釋作「郡」，誤。

〔二〕「二」，《敦煌遺書總目索引新編》釋作「正」，原件本寫作「正」，其旁注「二」字，《敦煌社會經濟文獻真蹟釋録》指出「正」字旁注「二」，是因爲敦煌雇工契通常起首之月爲正月或二月。按：在敦煌寫本中，在原字旁添加其他文字，一般是表示用添加的文字代替原來寫錯的文字，有時則是添加的漏寫文字，此件中之「二」字，也應該是取代原來寫錯的「正」，並非表示「正」、「二」二字均可，因起首之立契時間已明確是「二月一日」，其起始時間絶無可能在立契時間之前的正月。

〔三〕「收獲」，《敦煌社會經濟文獻真蹟釋録》據文義校補，《敦煌契約文書輯校》校補作「出」。

〔四〕「長」，底本原作「裉」，諸字書無此字，當爲「長」之俗字，涉「袖」、「褌」二字而添加「衣」旁，《敦煌契約文書輯校》照録作「裉」。
〔五〕「外」，《敦煌契約文書輯校》據殘筆劃及文義校補，《敦煌社會經濟文獻真蹟釋録》逕釋作「外」。
〔六〕「排批」，《敦煌遺書總目索引新編》釋作「挑排」，誤，《敦煌契約文書輯校》將「批」，校改作「比」。按「排批」即「排比」，無需校改。
〔七〕「競」，《敦煌契約文書輯校》、《敦煌遺書總目索引新編》釋作「競」，誤。
〔八〕「存」，《敦煌契約文書輯校》據文義校補，《敦煌社會經濟文獻真蹟釋録》校補作「得」。
〔九〕「若」，《敦煌社會經濟文獻真蹟釋録》據文義校補。
〔一〇〕「陪」，《敦煌契約文書輯校》、《敦煌遺書總目索引新編》校改作「賠」，按時尚無「賠」字，用「陪」或「備」表示賠償之義。
〔一一〕「祇」，《敦煌社會經濟文獻真蹟釋録》、《敦煌契約文書輯校》據文義校補。
〔一二〕「他」，《敦煌契約文書輯校》據文義校補。
〔一三〕「書」，當作「施」，《敦煌契約文書輯校》據文義校改，「書」爲「施」之借字。
〔一四〕「人」，《敦煌社會經濟文獻真蹟釋録》、《敦煌契約文書輯校》據文義校補。
〔一五〕「信」，《敦煌遺書總目索引》、《敦煌社會經濟文獻真蹟釋録》、《敦煌契約文書輯校》、《敦煌遺書總目索引新編》據文義校補。
〔一六〕「丞」，當作「承」，《敦煌契約文書輯校》據文義校改，《敦煌社會經濟文獻真蹟釋録》、《敦煌遺書總目索引新編》逕釋作「承」，「丞」爲「承」之借字。

參考文獻

Giles, *BSOS*, 10.2（1940）, p. 328；《敦煌曆日譜》四一二頁；*Descriptive Catalogue of the Chinese Manuscripts from Tunhuang in the British Museum*, p. 255；《敦煌資料》一輯，三三三至三三四頁（録）；《敦煌遺書總目索引》一四六頁（録）；《敦煌寶藏》一四册，三八五頁（圖）；*Tunhuang and Turfan Documents Concerning Social and Economic History* Ⅲ, A pp. 122－123，B p. 87；《敦煌文學》五七頁（録）；《唐五代敦煌寺户制度》二七三至二七四頁（録）；《莫高窟年表》四八二頁；《敦煌社會經濟文獻真蹟釋録》二輯，五九頁（録）、（圖）；《英藏敦煌文獻》三卷，一七二頁（圖）；《隋唐五代經濟史料彙編校注》，八〇六至八〇七頁（録）；《敦煌契約文書輯校》二九八至三〇〇頁（録）；《敦煌遺書總目索引新編》五七頁（録）。

斯一八九八　曹氏歸義軍時期兵士裝備簿

釋文

（前缺）

十將□□□[一]　　□

十將劉達子[二]　　棵一面。

十將安祐成[三]

王員宗[四]　　棵一面。

劉住子　　棵一面。

張灰子　　官甲一領并頭牟。

張慶郎　　大槍一根[五]、弘（紅）旗［一］面并鑽刀全[六]、官甲一領[七]。

押衙鄧進盈

押衙竇慶安　　棵一面重[八]。

押衙羅賢信　　官甲一領并頭牟、副膊。

弟（第）四隊頭押衙唐繼通〔九〕棵一面。　副隊押衙羅安住官甲一領并頭牟〔一〇〕、副膊〔一一〕。

都頭宋國忠〔一二〕　棵一面。

押衙翟弘慶　官甲一領。

兵馬使安文信　棵一面。

兵馬使康通信　私甲一領。

十將王骨兒　棵一面。

張久子　官甲一領，棵一面。

王懷建　棵一面。

張威賢

荆曹仵〔一三〕

（後缺）

説明

此件首尾均缺，從文書所見『十將』、『弟（第）四隊頭押衙』、『官甲一領』及兩處朱印『歸義軍印』來看，係歸義軍時期兵士裝備簿。其中『劉達子』，又見於伯三四四八背《辛卯年（公元九三一年？）百姓董善通張善保雇駞契》，『押衙羅賢信』見於伯三四五九《辛丑年（公元九四一年？）押衙羅賢信貸生絹契》，「都頭宋國忠」見於伯二六四一《丁未年（公元九四七年）六月都頭知宴設司宋國忠狀》，「張威賢」見於斯一二八五《後唐清泰三年（公元九三六年）百姓楊忽律哺賣舍契》。根據以上材料，可以推斷此件在十世紀三四十年代（曹氏歸義軍時期）。但「兵馬使康通信」又見於伯四六四〇《康通信邈真讚》。據該讚文，「大唐前河西節度押衙銀青光禄大夫檢校太子賓客刪丹鎮遏使充涼州西界遊奕防採營田都知兵馬使兼殿中侍御史康公諱通信」卒於中和元年（公元八八一年），很可能此件中之「兵馬使康通信」並非伯四六四〇《邈真讚》中的「康公」，而是另有其人。

校記

〔一〕「十將」，《敦煌社會經濟文獻真蹟釋録》未釋。
〔二〕「十將劉」，《敦煌社會經濟文獻真蹟釋録》未釋。
〔三〕「十將安祐成」，《敦煌社會經濟文獻真蹟釋録》未釋。
〔四〕「王員宗」，《敦煌社會經濟文獻真蹟釋録》未釋。
〔五〕「大」，《敦煌社會經濟文獻真蹟釋録》釋作「□」。
〔六〕「弘」，當作「紅」，據文義改，「弘」爲「紅」之借字；「一」，據文義補；「刀」，《敦煌社會經濟文獻真蹟釋録》釋作「刃」。
〔七〕「官甲一領」，《敦煌社會經濟文獻真蹟釋録》漏録。
〔八〕「重」，《敦煌社會經濟文獻真蹟釋録》未釋。
〔九〕「弟」，當作「第」，據文義改，《敦煌社會經濟文獻真蹟釋録》逕釋作「第」，「弟」爲「第」之本字。

〔一〇〕「并頭牟」，《敦煌社會經濟文獻真蹟釋録》漏録。

〔一一〕「副膊」，《敦煌社會經濟文獻真蹟釋録》漏録。

〔一二〕「國忠」，《敦煌社會經濟文獻真蹟釋録》釋作「口」。

〔一三〕「作」，《敦煌社會經濟文獻真蹟釋録》釋作「午」。

參考文獻

Descriptive Catalogue of the Chinese Manuscripts from Tunhuang in the British Museum, p. 270；《敦煌遺書總目索引》一四六頁；《敦煌資料》一輯，二〇七至二〇八頁；《敦煌寳藏》一四冊，三八六頁（圖）；《敦煌學輯刊》一九八六年二期，三五頁；《敦煌社會經濟文獻真蹟釋録》四輯，五〇五至五〇六頁（録）、（圖）；《英藏敦煌文獻》三卷，一七二至一七三頁（圖）；《敦煌歸義軍史專題研究》四四頁；《敦煌遺書總目索引新編》五七頁。

斯一九〇〇　　大乘無量壽經題記

釋文

令狐晏兒寫。

說明

此件《英藏敦煌文獻》未收，現予補錄。

參考文獻

Descriptive Catalogue of the Chinese Manuscripts from Tunhuang in the British Museum, p. 145（録）；《敦煌寶藏》一四册，三九二頁（圖）；《中國古代寫本識語集録》三六五頁（録）；《敦煌遺書總目索引新編》五七頁（録）。

斯一九〇四　慈悲道場懺法摘抄

釋文

今日道場同業大衆，宜加用心攝耳諦聽。信相菩薩復白佛言：世尊，復有衆生，其形極醜〔一〕，身黑如漆〔二〕，兩目復青〔三〕，高頰俱皐〔四〕，皰面平鼻，兩眼黄赤〔五〕，牙齒踈（疎）缺〔六〕，口氣醒（腥）臭〔七〕，痤（矬）短壅（臃）瘇（腫）〔八〕，大腹小腰〔九〕，脚復撩戾〔一〇〕，僂脊凸（古文曲字）肋〔一一〕，費衣健食，惡瘡膿血，水腫乾消〔一二〕，疥癩癰疽，種種諸惡，集在其身。雖親附人，人不在意。若他作罪，横羅其殃，永不見佛，永不聞法，不識菩薩〔一三〕，不識賢聖〔一四〕，從苦入苦，不得休息，何罪所致？佛言：以前世時，爲子不孝父母〔一五〕，爲臣不忠其君，爲上不敬其下〔一六〕，爲下不恭其上〔一七〕。朋友不賞其信〔一八〕，鄉黨不以義從〔一九〕，朝廷不以其爵，斷事不以其道〔二〇〕。心意顛倒，無有期度〔二一〕。殺害君臣〔二二〕，輕陵尊長〔二三〕，罰（伐）國良（掠）善（民）〔二四〕，攻城破塢，偷劫盜竊〔二五〕，〔惡〕業非一〔二六〕。美己惡〔人〕〔二七〕，侵陵孤老〔二八〕，誣謗賢善〔二九〕。輕慢師長〔三〇〕，欺誑下賤。〔一〕切罪業〔三一〕，悉具犯之。衆罪業故〔三二〕，故獲斯罪。一拜〔三三〕。〔五〕〔體〕

投地歸依世間大慈悲[父][三四]。

南無彌勒佛，南無釋迦牟尼佛[三五]，南無七佛，[南]無十方十佛[三六]，南無三十五佛，南無[五]十三佛[三七]，南無百七十佛，南無莊嚴刧千佛，南無賢刧千〔佛〕[三八]，南無星宿刧千〔佛〕[三九]，南無十方菩薩摩訶薩，南無十二菩薩，南無〔無〕邊身菩薩[四〇]，南無觀世音菩薩。

又復歸依十方盡虚空界無量形像、優填王金像、栴檀像[四一]、阿育王銅像、吴中石像、師子國玉像、諸國土中金像、銀像、瑠璃像、珊瑚像、琥珀像、硨渠（磲）像[四二]、瑪瑙像、真珠像、摩尼寶像、紫摩上色閻浮檀金像[四三]。

又復歸命十方如來一切髮塔、一切齒塔、一切牙塔、一切爪塔、一切頂上骨塔、一切身中諸舍利塔、袈裟塔、匙鉢塔、澡瓶塔、錫杖塔，如是等爲佛事者。

又復歸命諸佛生處塔、得道塔、轉法輪塔、般涅槃塔、多寶佛塔、阿育王所造八萬四千塔、天上塔、人間塔、龍王宫中一切寶塔。

又復歸依如是十方盡虚空界一切諸佛。一拜[四四]。

歸依十方盡虚空界一切尊法。一拜[四五]。

歸依十方盡虚空界一切賢聖。一拜[四六]。

仰願同以慈悲力、安慰衆生力、無量自在力、無量大神通力攝受。今日道場同爲阿鼻大地獄受苦一切衆生懺悔，乃至十方不可説一切地獄衆生懺悔及父母師長一切眷屬今日懺悔。以大悲水洗除今日現受阿鼻地獄等及餘地獄等苦一切衆生罪垢，令得清淨；洗餘（除）今日道場同懺悔者及其父母師長一切眷屬罪垢[四七]，令得清淨；又洗除六道一切衆生罪垢[四八]。令至道場，畢竟清靜。從今日去，至於道場，皆得斷除阿鼻地獄苦及十方盡虚空界不可説不可説諸地獄苦，畢竟不復入於三塗，畢竟不復墮於地獄，畢竟不爲十惡業，造五逆罪受諸苦惱。一切衆罪，願盡消滅。捨地（以下原缺文）

説明

此件首尾完整，正背面接續抄寫，原未抄完，《英藏敦煌文獻》未收背面圖版。《英藏敦煌文獻》擬名『禮懺文』，其内容與本書第一卷所收有原題的『禮懺文』不同，實係《慈悲道場懺法》卷第三（前十三行）、卷第四（十三至三十五行）之摘抄，尾部原未抄完。其中前十三行所述道場懺法内容，也見於《佛説罪業應報教化地獄經》（第二〇條），與《法苑珠林》、《諸經要集》所輯亦基本相同。

以上釋文以斯一九〇四爲底本，以《中華大藏經》第一〇五册所收《慈悲道場懺法》（稱其爲甲本）、第三四册所收《佛説罪業應報教化地獄經》（稱其爲乙本）、第七二册所收《法苑珠林》（稱其爲丙本）、第五三册所收《諸經要集》（稱其爲丁本）參校。

校記

〔一〕「極」，甲本同，乙、丙、丁本均作「甚」。

〔二〕「身」，甲、丙、丁本同，乙本作「身體」。

〔三〕「目」，乙、丙、丁本同，甲本作「耳」。

〔四〕「高」，甲本同，乙本作「頭」，丙本作「鞠」，丁本作「鞊」；「皁」，甲本同，乙本作「垍」，丙本作「堆」，丁本作「埠」。

〔五〕「眼」，甲、丙、丁本同，乙本作「目」。

〔六〕「踈」，當作「踈」，「踈」爲「踈」之訛，「踈」同「疏」。

〔七〕「醒」，甲本作「鯹」，當作「腥」，據乙、丙、丁本及文義改，「醒」、「鯹」均爲「腥」之借字。

〔八〕「痤」，當作「矬」，據甲、乙、丙、丁本及文義改，「痤」爲「矬」之借字；「壅」，甲、丙、丁本作「擁」，乙本作「癕」，當作「臃」，據文義改，「壅」、「擁」、「癕」均爲「臃」之借字；「瘇」，當作「腫」，據甲、乙、丙、丁本及文義改，「瘇」爲「腫」之借字。

〔九〕「小腰」，甲本同，乙本作「腰髖」，丙、丁本作「凸髖」。

〔一〇〕「撩」，甲、乙、丙、丁本作「繚」，「撩」通「繚」。

〔一一〕「凵」，底本原注「古文曲字」，甲本作「凸」，乙、丙、丁本作「匡」，宋元明本藏經皆作「曲」。按：「曲」，文義亦通，應是，「匡」爲「凵」字之形訛。

〔一二〕「消」，甲本同，乙、丙、丁本作「痟」，「痟」通「消」。

〔一三〕「不識菩薩」，甲本同，乙、丙、丁本作「永不識僧」；此後「不識賢聖，從苦入苦，不得休息」三句，乙、丙、丁本均無。

〔一四〕「不識」，甲本脱。
〔一五〕「爲」，甲本同，乙、丙、丁本作「坐爲」。
〔一六〕「上」，甲本同，乙、丙、丁本作「君」。
〔一七〕「爲下不恭其上」，甲本同，乙、丙、丁本脱。
〔一八〕「賞」，甲、丙、丁本同，乙本作「以」。
〔一九〕「義從」，甲本同，乙、丙、丁本作「其齒」，誤。
〔二〇〕此句乙本作「趣爲趣作」，丙本作「妄爲趣詐」，丁本作「妄爲趨作」。
〔二一〕「期」，甲、乙、丙、丁本作「其」。
〔二二〕「殺害君臣」，甲本同，乙、丙、丁本作「不信三尊」。
〔二三〕「陵」，甲本作「凌」，「凌」通「陵」；「輕陵尊長」，乙、丁本作「殺君害師」，丙本作「弑君害師」。
〔二四〕「罰」，甲本同，當作「伐」，據乙、丙、丁本及文義改，「罰」爲「伐」之借字；「良善」，當作「掠民」，據甲、乙、丙、丁本及文義改。
〔二五〕「偷劫盗竊」，甲本同，乙、丙本作「偷寨過盗」，丁本作「偷寒過盗」，誤。
〔二六〕「惡」，據甲、乙、丙、丁本及文義補。
〔二七〕「人」，據甲、乙、丙、丁本及文義補。
〔二八〕「陵」，乙、丁本同，甲、丙本作「凌」，「凌」通「陵」。
〔二九〕「善」，甲本同，乙、丙、丁本作「聖」。
〔三〇〕「師」，甲本同，乙、丙、丁本作「尊」。
〔三一〕「一」，據甲、乙、丙、丁本及文義補。

〔三二〕「衆罪業故」甲本同，乙、丙、丁本作「衆惡集報」。
〔三三〕「一拜」，甲、乙、丙、丁本無。
〔三四〕此句以下至卷末，乙、丙、丁本均無；「五體」，據甲本及文義補；「父」，據甲本及殘筆劃補。
〔三五〕此句甲本無。
〔三六〕「南」，據甲本及文義補。
〔三七〕「五」，據甲本及文義補。
〔三八〕「佛」，據甲本及文義補。
〔三九〕「佛」，據甲本及文義補。
〔四〇〕「無」，據甲本及文義補。
〔四一〕「栴」，甲本作「旃」。
〔四二〕「渠」，當作「磲」，據甲本改。
〔四三〕「摩」，甲本作「磨」。
〔四四〕「一拜」，甲本無。
〔四五〕「一拜」，甲本無。
〔四六〕「一拜」，甲本無。
〔四七〕「餘」，當作「除」，據文義及甲本改。
〔四八〕「一切衆生」後之文字抄寫於背面。

參考文獻

《大正新脩大藏經》一七册，四五二頁；《大正新脩大藏經》四五册，九三六、九四〇頁；《大正新脩大藏經》五三册，七九七頁；《大正新脩大藏經》五四册，一七二頁；《敦煌寶藏》一四册，四二二頁（圖）；《英藏敦煌文獻》三卷，一七三至一七四頁（圖）；《中華大藏經》三四册，五八九至五九〇頁；《中華大藏經》五三册，七九六頁；《中華大藏經》七二册，二六三頁；《中華大藏經》一〇五册，五六一至五六二頁、五七三至五七四頁。

斯一九〇六　太上洞玄靈寶真一勸誡法輪妙經（見斯一六〇五）

說明

此件首缺尾全，可與斯一六〇五綴合，本書第七卷在對斯一六〇五號釋録時，已將此件與一六〇五號綴合爲一件釋録，此件之有關情況和釋文、校記等均見斯一六〇五。

斯一九〇七　佛說父母恩重經題記

釋文

書記

開軍（運）三（四）年丁未歲十二月廿七日[一]，報恩寺

僧海詮發心[二]，念誦《父母恩重經》一卷[三]，上寶（報）四種恩[四]。

說明

以上題記『書記』二字題於卷首經題前之襯紙上，後二行題於卷尾經題後，原文爲倒書，逆寫（自左向右書寫），《英藏敦煌文獻》未收，現予補録。

『開運三年』本應歲次『丙午』，『開運』四年歲次『丁未』，所以，以上『開運三年』和『丁未歲』必有一誤。一般情況下，『丙午』誤爲『丁未』的概率要小於『四』誤爲『三』，所以此件爲『開運四年』的可能性大一些。可能基於這樣的判斷，《中國古代寫本識語集録》將開運三年之『三』校改成了

「四」。還有一點需要説明，開運四年二月後漢代晉，不再使用開運年號，稱「天福十二年」。當然，這可以解釋爲敦煌閉塞，到當年年底尚不知中原已改朝换代，並已不使用「開運」年號的消息，因而出現了在中原已不存在的「開運四年丁未歲十二月廿七日」。「開運四年」的大部分時間是對應公元九四七年，但開運四年十二月廿七日早已進入公元九四八年，《中國古代寫本識語集録》失察，仍將此件標爲公元九四七年。

校記

〔一〕「軍」，當作「運」，*Descriptive Catalogue of the Chinese Manuscripts from Tunhuang in the British Museum* 據文義校改，《敦煌遺書總目索引新編》逕釋作「運」；「三」，當作「四」，《中國古代寫本識語集録》據文義校改；「年」，《中國古代寫本識語集録》釋作「季」，誤。

〔二〕「僧海詮發心」，疑爲朱筆所書，在黑白圖版未能顯示，故《中國古代寫本識語集録》、《敦煌遺書總目索引新編》未録，此據 *Descriptive Catalogue of the Chinese Manuscripts from Tunhuang in the British Museum* 補録。

〔三〕「念誦父母」，疑爲朱筆所書，在黑白圖版未能顯示，故《中國古代寫本識語集録》、《敦煌遺書總目索引新編》未録，此據 *Descriptive Catalogue of the Chinese Manuscripts from Tunhuang in the British Museum* 補録。

〔四〕「寶」，當作「報」，*Descriptive Catalogue of the Chinese Manuscripts from Tunhuang in the British Museum* 據文義校改，「寶」爲「報」之借字。

參考文獻

Descriptive Catalogue of the Chinese Manuscripts from Tunhuang in the British Museum , p. 158（録）；《敦煌寶藏》一四册，四三七頁（圖）；《中國古代寫本識語集録》四八八頁（録）；《敦煌遺書總目索引新編》五七頁（録）。

斯一九一〇　阿彌陀經題記

釋文

開元八年四月八日，清信弟子孫
思忠寫了。

説明

此件《英藏敦煌文獻》未收，現予補録。「開元八年」即公元七二〇年。

參考文獻

《鳴沙餘韻》九四頁（圖）；《鳴沙餘韻解説》二八二頁；*Descriptive Catalogue of the Chinese Manuscripts from Tunhuang in the British Museum*, p. 103（録）；《敦煌遺書總目索引》一四六頁（録）；《敦煌寶藏》一四冊，四六七頁（圖）；《中國古代寫本識語集録》二九二頁（録）；《敦煌遺書總目索引新編》五八頁（録）；《敦煌密教文獻論稿》三一二頁（録）。

斯一九二〇　百行章一卷并序

釋文

《百行章》一卷[一]　杜正倫[二]

臣察三墳廓（廓）遠[三]，誰曉其源？五典幽深，何能覽悉？至如世之所重[四]，唯學爲先；立身之道，莫過忠孝[五]。欲憑《論語》拾卷[六]，足可成人[七]；《孝經》始終[八]，用之無盡。但以學而爲存念，得獲終（忠）孝之名[九]；雖讀不依[一〇]，徒示虚談，何益存終（忠）[一一]？則須盡節立孝，追遠慎終。至於廣學，不仕明朝，侍省全乖色養；遇霑高位[一二]，便造十惡之愆；未恩（自）廟（勵）躬[一三]，方爲三千之過。臣每尋思此事，廢寐休餐[一四]，故録要真之言[一五]，合爲《百行章》一卷。臣以情愚智淺[一六]，採略不周[一七]，雖非深奥之詞，粗以誡於愚濁[一八]。

孝行章弟（第）一[一九]

孝者[二〇]，百行之本，德義之基[二一]。以孝化人[二二]，人德歸於厚矣[二三]。在家能孝，於君則忠；在家不仁，於君則盜。必須躬耕力作，以養二親；旦夕諮丞（承）[二四]，知其安否〔二五〕；冬溫夏青（清）〔二六〕，委其冷熱〔二七〕；言和色悅，復物（勿）犯顔〔二八〕；必有非理，雍容緩諫〔二九〕。晝則不居房室，夜則侍省尋常。縱父母身亡，猶須追遠，以時祭祀，每思念之。但以孝行殊弘，亦非此章能悉。

敬行章弟（第）二

敬者，修身之本。但是尊於己者，則須敬之；老宿之徒，倍加欽敬〔三〇〕。是以《孝經》陳其敬愛〔三一〕，望欲不慢其親〔三二〕；仲尼先立此章，憑以敬之爲大〔三三〕。敬人之尊，人還敬己之親；敬人之朋，人還敬己之友〔三四〕。故云：『所敬者寡，而悅者衆。』

忠行章弟（第）三

身霑高位，倍須持志憂君。臨危不改其心，處厄不懷其恨，當陣不顧其軀〔三五〕，聘使不論私計。君言乖理，犯顔諫之，共修政教，以遵風化。善宜稱君，過（惡）宜稱己〔三六〕。進思盡忠，退思補過。能而（如）此者〔三七〕，長守富貴。故云：『不欲犯顔諫諍者寡，而悅者衆〔三八〕。』

節行章弟（第）四

君親委寄，没命須達其功；蒙寵銜恩〔三九〕，喪軀守其全志。縱任隅邊重將〔四〇〕，不得越理奢華；若在禁闕長廊，特須加其兢悚。終日用心，夙夜匪懈〔四一〕。是以明君而待賢臣，聖主而思良輔。

剛行章弟（第）五

爲國亡軀，不泄其言；爲君盡命，不改其智（志）[四二]。邊隅鎮遏，持節無虧。臨陣處危，存忠莫二[四三]。

勇行章弟（第）六[四四]

軍機警急，有難先登。拓定四方，息塵諍亂[四五]。率領兵卒，賞罸當功[四六]。君親有危，不顧其命。

施行章弟（第）七

良田下子[四七]，乃獲秋收之菓；韞匵之珍，施之以納其價[四八]。劉節身居高位[四九]，乃得太府之卿[五〇]；裴寂告謀，身處唐朝之相。

報行章弟（第）八

功臣不賞[五一]，後無使（所）所（使）[五二]；節仕（士）不録[五三]，人誰致死。至於前行之臣，如何不記意（憶）[五四]？但以君情深重，銜珠以報其恩[五五]。捨弊同榮[五六]，特（持）環而奉其德[五七]。

恭行章弟（第）九

入公門，斂手而行[五八]；在公庭，鞠躬而立；對尊者，卑辭而言。二親在堂[五九]，不得當門而竚；國有明君[六〇]，不得當街而蹈。縱居私室，恒須整容。至於妻子之間，每加嚴恪，終日畏天衢（懼）地怕君者〔六一〕，是爲恭行。

勤行章弟（第）十

居官之體，憂公忘私，受委須達，執事有功。在家懃作，修營桑梓，農業以時，勿令失度〔六二〕。竭情用力〔六三〕，以養二親。此則忠孝俱存，豈非由勤力？而若居官慢墮，則有點辱及身。在家不勤，便追弊劣之困，必須夙夜匪懈〔六四〕，以託榮名，預爲方計，以防其損。

儉行章弟（第）十一

藏如山海〔六五〕，用之有窮；庫等須彌〔六六〕，還成有乏〔六七〕。儉者恒足，豐者不盈。在公及私，皆須有度〔六八〕。事君養親，莫過此要。

勤（謹）行章弟（第）十二〔六九〕

榮華當勢，謹約其心〔七〇〕。慮過思愆，勿令縱逸〔七一〕。治家之道，重戒苦言，莫聽侵暴他人之物；在官之法〔七二〕，謹卓小心，共遵風化，奉法治人〔七三〕。一則父母無憂，二乃君臨爲美〔七四〕。

貞行章弟（第）十三〔七五〕

雖遭亂代〔七六〕，不爲强暴之男（勇）〔七七〕。俗有傾移〔七八〕，不奪恭美之操。秋胡賤妾，積（籍）記傳之〔七九〕。韓氏庸妻，今猶敬重。婦人之德，尚自而然〔八〇〕，況乃丈夫，寧不刻骨？

常行章弟（第）十四

存忠立孝，不可輕移。恭敬思勤，無疑（宜）輒改〔八一〕。清平嚴慎，恒懷在心。節義廉政，不容離己〔八二〕。但以百行無虧，故名常行。

信行章弟（第）十五

一言之重，山嶽無移；一信之虧，輕於塵粉。昔時張范，今猶讚之。掛劒立於丘墳，人無不念〔八三〕。是以車因輪轉〔八四〕，人憑信立。

義行章弟（第）十六

爲人之法者，貴存德義〔八五〕。居家治理〔八六〕，每事無私〔八七〕。兄弟同居，善言和喜〔八八〕。好衣先讓，美食駿（後）之〔八九〕。富貴在身，須加賑恤〔九〇〕。飢寒頓弊，啜味相存〔九一〕。但看併糧之友，積嚮（響）若爲〔九二〕？一室三賢〔九三〕，持名何譽（與）〔九四〕？

廉行章弟（第）十七

臨財不爭，則無恥辱之患〔九五〕；對食不貪，蓋是修身之本。爭財則有滅身之禍〔九六〕，貪食刻招毀〔軀〕之敗〔九七〕。齊之三將，以味亡軀；單醪投何（河）〔九八〕，三軍皆慶。

清行章弟（第）十八

貴在不煩，居官在職，清爲其本〔九九〕。四知之行〔一〇〇〕，行以持名〔一〇一〕。濁濫之官，何以稱譽〔一〇二〕？雖持清行，恩及治人〔一〇三〕，不以清酷，虛虐無理〔一〇四〕。若清而枉酷，人還怨之。耕稅非理，戶口逃竄。是以人煩則亂，水煩則濁。

平行章弟（第）十九

在官之法，心平性政（正）[一〇五]；差科定役[一〇六]，每事無私[一〇七]。遺富留貧，按強扶弱。勿受囑請[一〇八]，莫納求情[一〇九]。若受囑請，事乃違心；若納貨賄，便生進退。非直於身危嶮[一一〇]，晝夜情不寧安。若恩威不平[一一一]，則難斷決。上下官司[一一二]，弟（遞）相顏面[一一三]，競生相取[一一四]，是以富者轉富，貧者轉貧。日月雖明，覆盆難照。時君至聖，微舋難知。人知冥也，何能自說[一一五]？

嚴行章弟（第）廿

在官及私[一一六]，莫自寬慢[一一七]；勿輕言笑[一一八]，謬語虛談[一一九]。舉動折旋，皆須軌則，使人畏愛，則而像之。若身爲重將，嚴若秋霜；位至王公，威同猛獸[一二〇]。先加嚴訓，犯者治之。罪責當時[一二一]，無容懸罰。是以杖不可廢於家，刑不可廢於國。若家無杖[一二二]，奴婢逃亡。懸罰則人心多怨，或則不自修身[一二三]。轗（慢）於卑下[一二四]，輕行慎（嗔）怒[一二五]，未爲人事。

慎行章弟（第）廿一

立身終始[一二六]，慎之爲大。若居高位，便須慎言[一二七]。言出患入，言失身亡[一二八]。朋友交遊，便須慎杯。杯則致惡[一二九]，惡則加刑[一三〇]。養身之道，便須慎食。病從口入，能損其軀[一三一]。就師療疾，乃可慎醫。針灸失度[一三二]，能盡其命。非時不得畎（畋）獵〔一三三〕，走馬不過一里。親知故識，無事莫過。寡婦之門，無由莫往。欲論百行之中〔一三四〕，慎行尤急。略而言之，陳其叵盡。

愛行章弟（第）廿二

明君受諫，聖化無窮；不納忠言，國將危敗。赤心於君者，不可枉戮；直諫其智者〔一三五〕，不可濫誅〔一三六〕。桀紂暴虐，天乃喪之。堯舜慈人〔一三七〕，傳名不已。

諫行章弟（第）廿三

爲臣盡諫，託命存邦。必須犯顔，喪身全國。謟（諂）言易進〔一三八〕，忠語難陳。是以茅焦就鑊〔一三九〕，始皇見而歸愆。荀息累棊，虞公覩而收過〔一四〇〕。

忍行章弟（第）廿四

有人談好，未可即喜〔一四一〕；有人道惡，未可即嗔〔一四二〕。勿信讒言〔一四三〕，莫信佞語〔一四四〕。〔言〕〔語〕侵人〔一四五〕，飲氣忍之。縱有道理，安詳分雪〔一四六〕。不得恣其三毒〔一四七〕，返燒其身。若不能忍，禍患交至〔一四八〕。梁人灌楚，尚致二國之和〔一四九〕。守（宋）就忍之〔一五〇〕，乃獲安邦之樂。

思行章弟（第）廿五

在朝思過〔一五一〕，恐有愆犯。在室思農〔一五二〕，人（生）生（人）之重〔一五三〕。遠涉思家，憂其在亡。臨寇思君〔一五四〕，達其本志〔一五五〕。居貴思賤，憶昔布衣。家富思貧。念其飢饉。言須三思，勿輕出口〔一五六〕；行須三思，勿從濫友〔一五七〕。思思之〔一五八〕，是甚大〔一五九〕。

寬行章弟（第）廿六

天寬無所不覆，地寬無所不戴（載）〔一六〇〕。一切憑之而立〔一六一〕。化寬無所不歸，率賓大唐。海寬無所不納。吞併小國〔一六二〕。恩寬惠及四海，八方歸化。德寬萬里影從，高麗馳驛送降〔一六三〕，稱臣萬戴（載）〔一六四〕。隨（隋）主計（擊）療（遼）沒落之兵〔一六五〕，如（始）還京邑〔一六六〕。吳王援江南〔一六七〕，興之立〔一六八〕。身自歸朝，統率京兆之所〔一六九〕。威丞（承）皇旨〔一七〇〕。智寬無處不危，唐朝廓清四海，天下和平〔一七一〕。清寬何人不敬〔一七二〕。言詩大衆〔一七三〕，海納雲奔〔一七四〕。唯有持窮〔一七五〕，不得自寬〔一七六〕。上下無法，尊卑失禮，亂逆生焉〔一七七〕。

慮行章弟（第）廿七

人生在世，唯須擇交。或因良友而以建名〔一七八〕，或以弊友而以敗己〔一七九〕。一朝失行，積代虧名〔一八〇〕。方始追悔，如何可及？但以清清之水，塵土濁之；濟濟之人，愚朋所悮〔一八一〕。

緩行章弟（第）廿八〔一八二〕

行步邕容〔一八三〕，無勞急速。言辭理定，務在敦明。充罪惟愆〔一八四〕，皆須審究。君王問答，詣實而陳〔一八五〕。

急行章弟（第）廿九

君臨危陣，而（如）救頭然〔一八六〕。父母處厄，猶身陷火。朋友有難，事等孔懷。凡人有喪，皆須匍匐。

達行章弟（第）卅

爲臣之禮，達以爲功。臨陣處危，貴存誰巧〔一八七〕。是以相兒（如）趙國臣。奉璧〔一八八〕，言碎柱而將還〔一八九〕；齊晏聘齊國臣。梁〔一九〇〕，挑陳辯辭而見納之也。

道行章弟（第）卅一

萬事之基，惣覽之要〔一九一〕。治家無道，衆人不顧；治國無道，鄰國怪之。是以明君在殿，百姓無憂；家長東西，姧盗競起。婦人之言，不可專用；佞臣之語，無宜濫依〔一九二〕。必須勵己勵心〔一九三〕，以治家國。

專行章弟（第）卅二

事君養親，專心無二。父在不可得自專〔一九四〕，君存無容自擅。專行未成孝〔一九五〕，自擅未可爲忠，移（私）行可爲臣子〔一九六〕？

貴行章弟（第）卅三

性之不〔可〕去者衣食〔一九七〕，事之不可廢者耕織，必須營之〔一九八〕。是以金銀飢不可食，珠玉寒不可衣〔一九九〕。粟帛之重，莫能過者。一夫不耕，有受其飢；一女不織，有受其寒。但以立國存家，唯斯之甚。

學行章弟（第）卅四

良田美業〔二〇〇〕，因施力而收苗；好地不耕，終是荒蕪之穢。人雖有貌〔二〇一〕，不學無以成人。但是百行之源，憑學而立，禄亦在其中矣〔二〇二〕。

問行章弟（第）卅五

父母顔色有改，即須憂而問之〔二〇三〕，知其善惡。縱使每事自閑，亦須問其智者。不解則問〔二〇四〕，寧得自專〔二〇五〕？亦須問其良長〔二〇六〕。是以三人同行〔二〇七〕，必有我師焉。

脩行章弟（第）卅六

居在澤側〔二〇八〕，以（預）爲隄防〔二〇九〕；治國治家〔二一〇〕，不危（虞）難側（測）〔二一一〕。人非苽菓〔二一二〕，何以知心〔二一三〕？曉夜兢兢，爲方（防）備也〔二一四〕。

餝行章弟（第）卅七

衣服巾帶恒須整〔二一五〕，門戶屋舍（須）淨潔〔二一六〕，自是尋常。莫學小兒〔二一七〕，赤體路（露）刑（形）〔二一八〕，在於街巷〔二一九〕。從小訓之，莫令縱逸。必使言音曲（典）政（正）〔二二〇〕，陳話美辭。不得碎濫之言，輕示忤上。人前莫聽嗁唾〔二二一〕，同食勿先嗽（漱）口〔二二二〕。父母之牀，理不合坐〔二二三〕。兄嫂之牀，無宜輒棄。若父母（兄）在坐〔二二四〕，兒弟悉立，有命須謝。在尊之前，不可受卑者拜〔二二五〕。縱有殊才異能，亦不得輒言〔二二六〕。

弘行章弟（第）卅八

弘者以忍爲大，不以失意損志〔二二七〕。但能受辱如地，萬皆（物）物（皆）於（依）〔二二八〕；寬容如海，衆流俱竄。莫見小花瑕，物（勿）窮人之短〔二二九〕。不受則溢，不容則滿，見小則大〔二三〇〕，窮則不長。若當高位〔二三一〕，愛人如子〔二三二〕；若居要職〔二三三〕，理務如絲〔二三四〕。臨事不煩〔二三五〕，治民不倦。不愛成曾（憎）〔二三六〕，不理成怨〔二三七〕。若煩則濁，若倦則奢〔二三八〕。犯法之徒，雖獲實情，矜而勿喜〔二三九〕。苦言重誡，令遺改修〔二四〇〕。退罰進尊，是其恩也。不改成愆〔二四一〕，不修成過。爲隱不尊，道爲〔不〕匿〔二四二〕，法令言也〔二四三〕。

政行章弟（第）卅九

立身之道，先須敬（正）己〔二四四〕，方始敬（正）人〔二四五〕。己若不政（正）〔二四六〕，令而不從〔二四七〕，〔令〕〔既〕〔不〕〔從〕〔二四八〕，從何爲政？是以形端影政（正）〔二四九〕，身曲影斜〔二五〇〕。故曰：爲政以得（德）〔二五一〕，譬如北辰，天下拱手而向之〔二五二〕。

直行章弟（第）卌

曲木畏直繩，心邪畏直仕（士）〔二五三〕。繩能束攬萬物，直能逆耳忠諫。寧抱直而死，不從曲而生〔二五四〕。是以玉碎留名〔二五五〕，不同瓦在（見）醜〔二五六〕。物（勿）起狂心〔二五七〕，莫生諛妒〔二五八〕。若在（存）誑或〔二五九〕，四海還往。無由諛妒〔二六〇〕，皇天不祐。

察行章弟（第）卌一

事君之道，察其顔色；養親之道，察其寢食。君顔若改〔二六一〕，必有不安之事；二親退餐〔二六二〕，定有違和之甚。是以特須察其言，覩其顔色也〔二六三〕。

量行章弟（第）卌二

才堪者不可狂（枉）黜〔二六四〕，才劣者不可濫霑〔二六五〕。必須量才受（授）位〔二六六〕，量器所容。（補官遷職〔二六七〕，貴在得人。器小未可容多〔二六八〕，才劣寧堪大用〔二六九〕？）至於每事，皆須量斷。（但以世間之事，並宜存心。）惡人不可共居〔二七〇〕，耽酒不可共飲〔二七一〕。小人以利生欺〔二七二〕，君子以酒相敗。如此之徒，皆須遠之〔二七三〕。（若親惡種，後悔無由〔二七四〕。綢繆同恥，刑戮相及。）

近行章弟（第）卌三

善人須依，君子須附。一言之益〔二七五〕，實重千金。一行之虧〔二七六〕，痛於斧鉞。但近善者〔二七七〕，惡即自消〔二七八〕，卜鄰而居是也〔二七九〕。（居近良人〔二八〇〕，日有所進；居近惡人，日有所退。）財能害己〔二八一〕，（何假苦哉？）酒能敗身，（不勞多飲。）色能盡命，（特須割之。）奢能招禍。（翼翼小心。）浮薄之事，並宜去之。（言無非法〔二八二〕，行存於己〔二八三〕。）

就行章弟（第）卌四

邦有道則事其明朝〔二八四〕，邦無道則卷於懷〔二八五〕。（君子之事（心）如繩〔二八六〕，心能束攬萬物〔二八七〕，不用卷之在懷。）是以危邦不入，亂邦不居，察其所安，便將就也。（若居亂邑，未納其忠；若在問（闇）邦〔二八八〕，不盡其命，仕於明君。）接客無貴賤，至者皆看。吐握忘疲，令（今）猶積響〔二八九〕。貧賤者未必可輕〔二九〇〕，富貴者何勞敬重？人生在世〔二九一〕，衰盛何常？落葉飄飆〔二九二〕，毿毿彌遠。

讓行章弟（第）卌五

見尊側立，長者避之，同流下劣之徒〔二九三〕，皆須讓路。避則無所不通〔二九四〕，讓則無所不達〔二九五〕。涉苦先登，分財後取〔二九六〕。故云：溫良恭儉讓〔二九七〕，是以得之〔二九八〕。溫則不涼〔二九九〕，暴（良）則不貪〔三〇〇〕，恭則不慢，儉則不奢，讓則不爭淨〔三〇一〕。

志行章弟（第）卌六

同曰友〔三〇二〕。友寒，已亦不重衣；友飢，已亦不飽食；友患〔三〇三〕，已亦如之〔三〇四〕。言寄死託孤之徒〔三〇五〕，同遭盛衰之侶〔三〇六〕。故云：自遠方來，不亦樂乎？以索居久遠，不得盡其智〔三〇七〕；柔居在朝，流自卑焉〔三〇八〕。善雖當高位，默默爲人（仁）〔三〇九〕。内外柔和，上下無怨。人之視以（已）〔三一〇〕，亦如已視人家〔三一一〕。若爲強剛，必獨折。

愍行章弟（第）卌七

蠢動含靈〔三一二〕，皆居人性〔三一三〕；有氣之類，盛愛其軀。莫好煞生〔三一四〕，勿規他命。身既惜死〔三一五〕，彼亦如之。欲求長命，何忍煞害？沙珍（彌）命〔三一六〕，盡煞命，如來未得道覩，蒼生悉渡之也。

念行章弟（第）卌八

終其身，不忘親；居生位，莫忘生。是以愛子始悟父慈，身勞方知人苦。若國盛，基強民；若國衰，必須決之以特（德）〔三一七〕，賦（輔）之以理（禮）〔三一八〕。

憐行章弟（第）卌九

憐貧恤老，撫育孤窮。莫看顔面，去其阿黨。知其懃墮，賞之以功，罰之以過。若賞不當功，罰不當罪，雖率士衆，無用力焉。

身行章弟（第）五十

身當寵貴，不可以勢凌人[三一九]。若守困窮，不可以苟求朝夕。是以人（仁）者不以盛衰改志[三二〇]，智者不以存亡易心。

蒙行章弟（第）五十一

蒙人引接，至死銜恩。受禄居寵，滅身非謝。傷蛇遇藥，尚有存報之心；困雀逢箱，猶報眷養之重[三二一]。是以寧人負己，莫己負人。

凡行章弟（第）五十二

人多敦者，皆輕非理而談賤，亦不聽容止無則。治家不成，言不及語（義）[三二二]，誰爲稱名？故云：君子不重則不威，唯須自嚴正，察獄須問罪不易。人心險隔，山等山河[三二三]，或帶罪之徒，〔言〕〔巧〕而致死免[三二四]；無愆之類，辯拙而入辜。特須審刧（劾）根源[三二五]，無勞抑酷。因情既定，刑戮將加，必須覆審，勿令冤濫。

才行章弟（第）五十三

才過周孔，恒言將短；智惠灼然，常卑下劣。貴在從衆，勿表獨能。謙退於人，穹窮於己。

進行章弟（第）五十四

欲立身，先立人；欲達己，先達人。進人者，人還進之；立人者，人還立之。是以獨高則危，單長必折。

救行章弟（第）五十五

鄰有驚急〔三二六〕，尋聲往奔。人遭厄難，便須匍匐。隨（墮）流蒙救〔三二七〕，尚獲延年。必若施功，寧有無報？

濟行章弟（第）五十六

救危拔厄，濟養衆生。若覩病患飢寒，啜續其命。但以桑中之弊，尚致扶輪。併糧之恩，須報泉路。

畏行章弟（第）五十七

雖處幽冥〔三二八〕，天佛知之；雖居暗昧，神明察之。不可以幽冥〔三二九〕，顯改其操行〔三三〇〕。終日畏天懼地，無宜寬慢。

懼行章弟（第）五十八

二親年老，昏耄在堂；明君年邁，扶衰治國；兄弟爲篤，晝夜臨牀。此之三者，何能不懼？若居榮寵，如履薄冰。位至公私（卿）〔三三一〕，如飄汎海〔三三二〕。

斷行章弟（第）五十九

妖言惑衆，國之常害。蠱毒厭魅，是人所增（憎）〔三三三〕。必須止其二事，共修正法〔以〕絕〔三三四〕。刼盜生民〔三三五〕，世人所嫉〔三三六〕；捕（蒱）攤博戲〔三三七〕，二親之憂。非直滅身破家，幾許損於朝憲。如此之事，直須絕之。

割行章弟（第）六十

情色〔之〕處〔三三八〕，無能爲之。不改原火，盛風便加，嫉妒因茲而起〔三三九〕。細尋斯事，幻化皆空。廢寐思量，何曾有實？苦言重戒，必須割之。若也不依，豈成人子？

捨行章弟（第）六十一

寧捨有罪，不濫無辜。枷杖定辭，披指取占。人非木石，何以堪當？是以楚救於絕纓，乃置投軀之女；秦捨群盜，後有沒命之臣。

盛行章弟（第）六十二

顏貌儼然，望而畏之；容止進退，覲而則之。不可輕喜，無宜輒嗔。喜怒二情，能戲大志。

嘿行章弟（第）六十三

言之甚易，收之甚難。喪國興邦，皆由一諾。多言多失，不如嘿然。失之毫氂，謬之千里。

普行章弟（第）六十四

在官之體，斷決無偏；在家之法，平如槩揆。莫生愛增（憎）〔三四〇〕，勿爲彼此。偏厚不如薄遍，獨好不如衆醜。

遵行章弟（第）六十五

信憑佛法，敬神遵道。莫起慢心，勿生不信。五戒十善，種果之因。祇奉神祇，收福無量〔三四一〕。

讚行章弟（第）六十六

掩惡揚善，説是除非。稱其美名，勿傳微碎。慈烏返哺，漢相慚之。君子貴言，身居不耻。但以成人之美，不成人之惡〔三四二〕。

揚行章弟（第）六十七

士無良朋，誰以顯其德？人無良友，無以益其智〔三四三〕。女無明鏡，何以照其顏色？是以良友能楊（揚）其德也〔三四四〕。

毁行章弟（第）六十八

父母有疾，不得光悦其身〔三四五〕。臨食忘味，絕於梳洗。君有危難，棄好衣馬，捨其音樂。故云：食旨不甘，聞樂不樂。遜（擇）擇（遜）辭而言〔三四六〕，不得穢語。細碎之句，不可妄申。是以口無擇言，言滿天下〔三四七〕。寡陳美報，有何口過？避家國之諱〔三四八〕，直須慎之。小者見老〔三四九〕，速而避之〔三五〇〕；輕人值重〔三五一〕，便須讓路。賤者見貴，馳驟而去〔三五二〕。能存此行，終身何患？

疑行章弟（第）六十九

立身之道，疑則問之。勝於己者，以託爲友。致（至）於察獄之罪〔三五三〕，疑從斷之爲難〔三五四〕。出沒二途，論情不易。是以償（賞）疑爲（惟）重〔三五五〕，罰疑爲（惟）輕〔三五六〕。

哀行章弟（第）七十

臨喪助泣，盛進育養之情；殯穴覩壙〔三五七〕，以加悲恩（思）劬勞之念〔三五八〕。懷將十月，困（䄂）辱（褥）三年〔三五九〕，代喘傾心，迴乾就濕〔三六〇〕，乳哺之恩〔三六一〕，實難可報〔三六二〕。父者，天也；母者，地也。欲報之恩〔三六三〕，昊天罔極〔三六四〕，若不崩摧，而乃何以親之？

諜行章弟（第）七十一〔三六五〕

貯財成禍〔三六六〕，積物成怨，求之不與，交生患害〔三六七〕。若諜讒患孝〔三六八〕，閭里心平〔三六九〕。悋財慳惜，親舊相刑。

識行章弟（第）七十二

察言觀色，審其善惡，擇朋而交，非人莫往〔三七〇〕。賢愚等貌〔三七一〕，非知無以成真〔三七二〕。驥駑二（齊）情（形）〔三七三〕，不駕寧知其駿？若相成者，數陳逆耳之言；相敗者，偏事浮華之語也〔三七四〕。

知行章弟（第）七十三

溫故知新，可以師矣〔三七五〕。若不廣學，安能知也〔三七六〕？未遊邊遠〔三七七〕，寧知四海之寬？不涉丘門，豈知孝者爲重乎〔三七八〕？

尅行章弟（第）七十四

〔克〕己修身〔三七九〕，事之大用。行恩布德，天下歸焉。若居貴法（位）〔三八〇〕，不可虧移〔三八一〕。領率鄉閭〔三八二〕，唯須整肅〔三八三〕。

誠行章弟（第）七十五〔三八四〕

執當加心，役民以理〔三八五〕。浮華之計〔三八六〕，不及拙樸〔三八七〕；巧妙之端〔三八八〕，而不〔如〕成功顯効〔三八九〕。是以朝花之草〔三九〇〕，夕則零落；松柏之茂，經冬不變（衰）〔三九一〕。卑恭下人，自益於己〔三九二〕，人皆敬之〔三九三〕。欺慢他人〔三九四〕，自損於己，無損於人〔三九五〕，人皆害之。若輕相持，下能淩上〔三九六〕，豈不恥乎？

棄行章弟（第）七十六〔三九七〕

夫婦之義，人倫所先〔三九八〕，好則同榮，惡則同恥。不得觀其花藥〔三九九〕，便生愛重之心〔四〇〇〕。一旦衰零，方懷棄背之意〔四〇一〕。若犯七出之狀者〔四〇二〕，不用此章。

護行章弟（第）七十七

山澤不可非時焚燒，樹木不可非時（理）斫伐〔四〇三〕。若非時放火，燒煞蒼生〔四〇四〕；

伐樹理乖，絕其產業〔四〇五〕。有罪即能改，人誰無過？過如（而）不（能）改〔四〇六〕，必斯成矣〔四〇七〕。故云：顔回有改，孔子如其仁也〔四〇八〕。從旦已來〔四〇九〕，〔何〕〔言〕〔不〕〔是〕〔四一〇〕？何行不周？夜則尋思〔四一一〕，晝則脩改〔四一二〕。故云：吾日三省其身〔四一三〕。謂思察己之所行難〔四一四〕。居家理治，禁約爲先。婦女小兒，勿聽多語。鄉閭隣里，淡以交遊。朋友往（往）還〔四一五〕，無勞親昵〔四一六〕。比鄰借取，有則與之。迴前作後〔四一七〕，誰無斷（短）闕〔四一八〕？此能相濟，彼亦無慙〔四一九〕。有而不與，致招怨患〔四二〇〕。

速行章弟（第）七十八

去就進退，府仰敬從，應接隨機，無容賖緩。至於使往東西，不及人馬，依期而赴〔四二一〕，勿使父母有憂〔四二二〕。

病（疾）行章〔弟〕（第）七十九〔四二三〕

借取時還，貸物早償〔四二四〕。此雖小事〔四二五〕，嫌（廉）恥之本〔四二六〕。若值天災危厄〔四二七〕，百姓無端。又蒙賑恤者〔四二八〕，不拘此限〔四二九〕。

存行章弟（第）八十

若居高位，須存戀舊之情〔四三〇〕。率領鄉閭，莫軼尊卑之禮。衙聽府縣〔四三一〕，不用此條〔四三二〕。醼席私情，先人後己〔四三三〕。

德行章弟（第）八十一

貧不改操，揖讓如常〔四三四〕。退職失寵，猶須恭肅〔四三五〕。士之常也〔四三六〕，不以榮辱而易其心；仁之禮也，不以盛衰而虧其志。

留行章弟（第）八十二

陳救勇急，典記留名。去就改修，持榮千載。仁慈愍念，善自稱傳〔四三七〕。讚揚守志，可爲君子。

守行章弟（第）八十三

守者，貧則守慎，勿共濫人同榮。窮須不虧守志，莫與弊友交遊。貴不改其容，便（貧）則不虧其操〔四三八〕，湛然自守，可謂至矣。

勸行章弟（第）八十四

教人爲善，莫德（聽）長惡〔四三九〕。勸念修身，勿行非法。但以心居奸盜，羅網及之；凶横相陵，刑獄交重。非直身加苦痛，幾許損族虧名〔四四〇〕。

説明

此件首尾完整，卷首有原題和作者，雖書法不佳，但抄寫後經過校勘，卷中有多處塗抹修改處，且卷背有『堪（勘）到廿六』、『堪（勘）到卌一』兩處校勘題記，這應是校勘者校到廿六章和卌一章時在背面所做的標記。《英藏敦煌文獻》編者將這兩條校勘題記視作「雜寫」，誤。卷背還有接連抄寫五次的「學生申儒盈文書」，書法水平比正面文書更差，雖然正面文書的抄寫者與書寫「學生申儒盈文書」很可能並非同一人，但這件文書一度曾屬於學郎「申儒盈」則是可能的。值得注意的是，背面還有似隨手所寫的「申儒盈身故納贈歷」。則這件文書在申儒盈身故後又曾轉手他人。可見，這件文書至少經歷了抄寫者、申儒盈和書寫「申儒盈身故納贈歷」文字者三人之手，說明《百行章》在當時敦煌的識字人中是受到重視的。

敦煌文獻中保存的《百行章》寫本共有十七件，有關這些寫卷的基本情況以及對《百行章》的介紹可參看鄭阿財、朱鳳玉《敦煌蒙書研究》（甘肅教育出版社，二〇〇二年版，三二〇至三二二頁）以及本書所收斯一八一五《百行章》的「說明」部分。此件起「百行章一卷」，尾部抄至「勸行章」第八十四終了，雖總數尚未達到「百行」，但從卷尾尚有兩行左右空白來看，應是抄寫者只抄寫到第八十四章。值得注意的是，其他抄本保存尾部者也是抄到八十四章爲止，或者《百行章》原只有八十四章。

這些寫本的抄寫年代，據伯二八〇八號「大梁貞明玖年癸未歲（公元九二三年）」和BD八六六八（北八四四二、位六八）「庚辰年（公元九二〇年）」尾題及寫卷中的避諱情況（「世」、「民」二字或有缺筆，或改「世」爲「代」，或改「民」爲「人」），可知爲唐或後唐抄本，這說明《百行章》在唐末五代仍然流行。

鄧文寬最早對《百行章》做過釋録和注釋，以後胡平生又對部分釋文做過補正，鄭阿財、朱鳳玉也做過釋録（參見鄧文寬《敦煌寫本〈百行章〉校釋》，《敦煌研究》一九八五年二期；胡平生《敦煌寫本〈百行章〉校釋補正》，《敦煌吐魯番文獻研究論集》第五輯，北京大學出版社，一九九〇年版；鄭阿財、朱鳳玉《敦煌蒙書研究》）。

以上釋文以斯一九二〇爲底本，用斯三四九一+伯三〇五三（稱其爲甲本）、伯三三〇六（稱其爲乙本）、斯五五四〇（稱其爲丙本）、伯三七九六（稱其爲丁本）、伯三一七六（稱其爲戊本）、《貞松堂藏西陲秘籍叢殘》（稱其爲己本）、斯一八一五（稱其爲庚本）、BD 八六六八（北八四四二、位六八，稱其爲辛本）、伯四九三七（稱其爲壬本）參校。

校記

〔一〕『百行章一卷』，甲、乙、丁、戊本同，丙本作『百行章一卷并序』。

〔二〕『杜正倫』，甲、戊本同，乙、丙本無，丁本作『杜正論』，『論』爲『倫』之借字。

〔三〕『廊』，甲、戊本同，當作『廓』，據文義及乙、丙、丁本改。

〔四〕『如』，甲、乙、丁、戊本同，丙本作『而』，『而』通『如』，敦煌文獻中『如』與『而』經常互换使用。

〔五〕『忠』，甲、乙、丁、戊本同，丙本作『終』，『終』爲『忠』之借字。

〔六〕『拾』，甲本同，乙、丙、丁、戊本作『十』。

〔七〕『可』，甲、丙、丁、戊本同，乙本作『何』，誤。

〔八〕『始』，甲、乙、丁、戊本同，丙本作『終』；『終』，乙、丁、戊本同，甲本作『絡』，誤，丙本作『始』。

〔九〕『獲』，甲、乙、丁、戊本同，丙本脱；『終』，甲本同，當作『忠』，據文義及乙、丙、丁、戊本改，『終』爲『忠』之借字。

〔一〇〕「依」，甲、乙、丁、戊本同，丙本作「於」，「於」通「依」，敦煌文獻中「依」與「於」經常互换使用。
〔一一〕「終」，甲本同，當作「忠」，據文義及乙、丙、戊本改，丁本作「忠孝」，「終」爲「忠」之借字。
〔一二〕「遇」，乙、丁、戊本同，甲本作「過」，丙本作「愚」，「過」字誤，「愚」爲「遇」之借字。
〔一三〕「恩」，甲本同，當作「自」，據乙、丙、丁、戊本改；「廟」，甲本同，當作「勵」，據文義及乙、丙、丁、戊本改。
〔一四〕「寐」，甲、乙、丁、戊本同，丙本作「寢」，《敦煌寫本〈百行章〉校釋》、《敦煌蒙書研究》釋作「寢」。
〔一五〕丁本止於此句。
〔一六〕「智」，甲、乙、丙本同，戊本作「之」，「之」爲「智」之借字。
〔一七〕「周」，甲、丙、戊本同，乙本作「同」，誤。
〔一八〕「誡」，甲、乙、戊本同，丙本作「成」，誤。
〔一九〕「弟」，甲、乙、丙、戊本同，當作「第」，據文義改，「弟」爲「第」之本字。以下同，不另出校。
〔二〇〕「者」，甲、丙、戊本同，乙本作「是」。
〔二一〕「德」，甲、乙、戊本同，丙本作「得」，「得」爲「德」之借字。
〔二二〕「人」，甲、乙、丙、戊本同，從文義看似當爲「民」字，應爲避唐太宗諱而改。
〔二三〕「人」，甲、丙、戊本同，乙本脱，底本原作「民」，後改作「人」，應爲避唐太宗諱而改。
〔二四〕「丞」，當作「承」，據甲、乙、丙、戊本改，「丞」爲「承」之借字。
〔二五〕「知」，甲、乙、戊本同，丙本作「諸」，「諸」爲「知」之借字。
〔二六〕「青」，甲本同，當作「清」，據文義及乙、丙、戊本改，「青」爲「清」之借字，《敦煌寫本〈百行章〉校釋》據《禮記》校作「清」，《敦煌寫本〈百行章〉校釋補正》認爲「清」、「凊」二字古義通用，尤以「凊」字義勝，

「清」即今「清涼」之謂也。

〔二七〕丙本止於此句中之「泠」字。

〔二八〕「物」，甲本同，當作「勿」，據文義及乙、戊本改，「物」爲「勿」之借字。

〔二九〕「容」，甲、戊本同，乙本作「客」，誤。

〔三〇〕「敬」，甲本同，乙、戊本作「仰」。

〔三一〕「其」，甲本同，乙、戊本作「於」。

〔三二〕「望」，乙、戊本同，甲本脱。

〔三三〕「大」，甲、乙、戊本同，《敦煌寫本〈百行章〉校釋》據《論語·學而》校改作「本」，《敦煌蒙書研究》逕釋作「本」。

〔三四〕「人」，甲本同，乙、戊本作「父」，誤。

〔三五〕「顧」，甲、乙本同，戊本作「故」，「故」爲「顧」之借字。

〔三六〕「過」，甲本同，當作「惡」，據文義及乙、戊本改。

〔三七〕「而」，甲本同，當作「如」，據文義及乙、戊本改，敦煌文獻中「而」與「如」經常互換使用。

〔三八〕「而悦者衆」，甲本同，乙、戊本脱。

〔三九〕「恩」，甲、戊本同，乙本作「思」，誤。

〔四〇〕「隅邊」，甲、乙、戊本同，《敦煌寫本〈百行章〉校釋》校改作「邊隅」。按「隅邊」亦通，可不改。

〔四一〕「夙」，乙、戊本同，甲本作「風」，誤。

〔四二〕「智」，甲本同，當作「志」，據文義及乙、戊本改，「智」爲「志」之借字。

〔四三〕「存」，甲、乙本同，戊本作「在」，誤。

〔四四〕己本起於此句。

〔四五〕「諍」，甲、乙、己本同，戊本作「静」，《敦煌蒙書研究》釋作「諍」，《敦煌寫本〈百行章〉校釋》認爲「静」之本字爲「竫」，「諍」乃形近而誤，《敦煌寫本〈百行章〉校釋補正》認爲「諍」、「静」皆通假字，通作「靖」。

〔四六〕「功」，甲、乙、戊、己本同，《敦煌蒙書研究》釋作「公」。

〔四七〕庚本始於此句。

〔四八〕「以」，甲、戊、庚本同，乙本作「與」，「與」爲「以」之借字，敦煌文獻中「以」、「與」二字常混同使用。戊本止於此句。

〔四九〕「位」，甲、乙、庚本同，己本作「品」。

〔五〇〕「乃得」，甲、庚本同，乙本作「乃」，脱「得」字，己本作「倍乃」；「卿」，己本同，甲、乙、庚本作「鄉」，誤。

〔五一〕「功」，甲、乙、庚本同，己本作「公」，「公」爲「功」之借字。

〔五二〕「使所」，甲本同，當作「所使」，據文義及乙、己、庚本改。

〔五三〕「仕」，甲本同，己本作「土」，當作「士」，據文義及乙、庚本改，「仕」爲「士」之借字，己本誤。

〔五四〕「記」，甲、乙、己本同，庚本作「寄」，「寄」爲「記」之借字；「意」，甲、乙、庚本同，當作「憶」，據文義改，「意」爲「憶」之借字，己本「意」前另有「之」字，當爲衍文，應删。

〔五五〕「珠」，甲、己、庚本同，乙本作「殊」，誤；「報」，甲、己、庚本同，乙本作「保」，「保」爲「報」之借字。

〔五六〕「捨」，甲、庚本同，乙、己本作「拾」，誤；「弊」，甲、己、庚本同，乙本作「獘」；「榮」，甲、己、庚本同，乙本作「營」，誤。

〔五七〕「特」，甲本同，當作「持」，據文義及乙、己、庚本改；「環」，甲本同，乙、己、庚本作「還」，「還」爲「環」

之借字；『而』，甲、乙、庚本同，己本作『進』，誤。

〔五八〕『而行』，甲、乙、庚本同，己本作『行而』，誤。

〔五九〕『堂』，甲、乙、庚本同，己本作『唐』，『唐』爲『堂』之借字。

〔六〇〕『君』，甲、乙、己本同，庚本作『王』。

〔六一〕『衢』，甲本同，當作『懼』，據文義及乙、己、庚本改。

〔六二〕『勿』，甲、乙、己本同，庚本作『物』，『物』爲『勿』之借字。

〔六三〕『用』，甲本同，乙、己、庚本作『周』，誤。

〔六四〕『夙』，乙、己、庚本同，甲本作『風』，誤。

〔六五〕『如』，甲、乙、己本同，庚本作『知』，誤。

〔六六〕『彌』，甲、庚本同，乙、己本作『珍』，誤。

〔六七〕『乏』，乙、己、庚本同，甲本作『之』，誤。

〔六八〕『有』，甲本同，乙、己、庚本作『友』，『友』爲『有』之借字。

〔六九〕『勤』，甲、己本同，當作『謹』，據文義及乙、庚本改。

〔七〇〕『約』，甲、己、庚本同，乙本作『納』，誤。

〔七一〕『勿』，甲、己、庚本同，乙本作『物』，『物』爲『勿』之借字。

〔七二〕『官』，乙、己、庚本同，甲本作『家官』，衍『家』字。

〔七三〕『人』，甲、乙、己、庚本同，從文義看似當爲『民』字，應爲避唐太宗諱而改。

〔七四〕『乃』，甲本同，乙、己、庚本作『則』。

〔七五〕庚本止於此句。

〔七六〕「代」，甲本同，乙、己本作「世」，底本和甲本係避唐太宗諱而改。按，己本「世」字缺筆寫作「丗」，亦爲避唐太宗諱而改。

〔七七〕「男」，當作「勇」，據甲、己本改。

〔七八〕「移」，甲、己本同，乙本作「私」，誤。

〔七九〕「積」，甲、乙、己本同，當作「籍」，《敦煌寫本〈百行章〉校釋補正》據文義校改；「記」，甲本同，乙、己本作「紀」，「紀」爲「記」之借字。

〔八〇〕「而」，甲本同，乙、己本脱；「然」，乙、己本同，甲本作「煞」，誤。

〔八一〕「疑」，甲、乙、己本同，當作「宜」，《敦煌寫本〈百行章〉校釋補正》據文義校改。

〔八二〕「容」，甲本同，乙、己本作「客」，誤。

〔八三〕「人無不念」，乙本同，甲本作「不人無念」，己本作「人不無念」，均誤。

〔八四〕「因」，甲、己本同，乙本作「困」，誤。

〔八五〕「德」，甲、己本同，乙本作「得」，「得」爲「德」之借字。

〔八六〕「治理」，甲、己本同，乙本作「理治」。

〔八七〕「私」，甲、己本同，乙本作「移」，誤。

〔八八〕「善」，甲、乙本同，己本作「義」，誤；「喜」，甲本同，乙、己本作「氣」。

〔八九〕「駿」，甲、乙、己本同，當作「後」，《敦煌寫本〈百行章〉校釋》據文義校改，《敦煌蒙書研究》逕釋作「後」，《敦煌寫本〈百行章〉校釋補正》校改作「餕」。

〔九〇〕「加」，甲、乙本同，己本作「家」，「家」爲「加」之借字。

〔九一〕「存」，甲、乙本同，己本作「在」，誤。

〔九二〕『嚮』，甲、乙、己本同，當作『響』，《敦煌寫本〈百行章〉校釋補正》據文義校改，《敦煌寫本〈百行章〉校釋》認爲『嚮』通『享』，《敦煌蒙書研究》釋作『鄉』。

〔九三〕『三』，甲、己本同，乙本脱。

〔九四〕『持』，甲本同，乙本作『特』，誤；『譽』，甲本同，乙、己本作『以』，當作『與』，據文義改，『以』通『與』，『譽』爲『與』之借字。

〔九五〕『辱』，甲、己本同，乙本作『尊』，誤。

〔九六〕『則』，甲本同，乙、己本作『必』。

〔九七〕『食』，乙、己本同，甲本脱；『軀』，據文義補，《敦煌寫本〈百行章〉校釋補正》補作『名』；『敗』，乙、己本同，甲本脱。《敦煌寫本〈百行章〉校釋》疑此句作『貪食則有招毁之敗』。按下文『慎行章』第廿一『養身之道，便須慎食』有雙行加注，稱『病從口入，能損其軀』，可作爲此處補一『軀』字的旁證，而『毁軀』也恰可與上文『滅身』相對。

〔九八〕『何』，甲本同，當作『河』，據文義及乙、己本改。

〔九九〕『爲』，甲、乙本同，己本作『雅』，誤。

〔一〇〇〕『知之』，甲、乙本同，己本作『之知』。

〔一〇一〕『行以』，乙、己本同，甲本作『以行』。

〔一〇二〕『以』，甲、己本同，乙本脱。

〔一〇三〕『人』，甲、乙、己本同，從文義看似當爲『民』字，應爲避唐太宗諱而改。

〔一〇四〕『虐』，甲本同，乙、己本脱，《敦煌寫本〈百行章〉校釋》認爲此句脱『而』字，校補作『不以清而酷虐無理』。

〔一〇五〕「政」，甲本同，當作「正」，據文義及乙、己本改，「政」爲「正」之本字。

〔一〇六〕「科」，乙、己本同，甲本作「耕」，誤。

〔一〇七〕「私」，甲本同，乙、己本作「偏」。

〔一〇八〕「受」，甲本同，乙、己本作「使」，誤。

〔一〇九〕「莫」，甲本同，乙、己本作「勿」。

〔一一〇〕「直」，乙、己本同，甲本作「直言」，衍「言」字。

〔一一一〕「威」，甲、乙本同，己本作「成」，誤。

〔一一二〕「下」，甲、乙本同，己本作「夏」，「夏」爲「下」之借字。

〔一一三〕「弟」，甲本同，當作「遞」，據文義及乙本改，己本誤作「逸」，「弟」爲「遞」之借字。

〔一一四〕「取」，甲、乙本同，己本作「取與」。

〔一一五〕「說」，甲本同，乙本作「雪」，己本作「雷」，均誤。

〔一一六〕「官」，甲本同，乙本作「官公」，衍「公」字，己本作「公」，誤。

〔一一七〕「自」，甲、乙本同，己本脫。

〔一一八〕「勿」，甲、乙本同，己本作「物」，「物」爲「勿」之借字；「笑」，甲、乙本同，己本作「箴」，誤，《敦煌寫本〈百行章〉校釋》、《敦煌蒙书研究》釋作「哭」，誤。

〔一一九〕「謬」，甲、乙本同，己本作「謬」，誤。

〔一二〇〕「獸」，甲本同，乙本作「獸火光」，己本作「獸火」。

〔一二一〕「責」，甲本同，乙、己本作「青」，誤。

〔一二二〕「家」，甲本同，乙、己本作「言」，誤。

〔一二三〕「或」，甲本同，乙、己本作「惑」，「惑」爲「或」之借字；「則」，甲本脱，乙、己本作「若」。
〔一二四〕「轉」，甲本同，當作「慢」，據文義及乙、己本改，「轉」爲「慢」之借字。
〔一二五〕「慎」，甲本同，當作「嗔」，據文義及乙、己本改；「怒」，甲本同，乙、己本作「怒者」。
〔一二六〕「終」，乙、己本同，甲本作「修」，誤。
〔一二七〕「便」，甲本作「便即」，二字當衍一字，乙、己本作「即」；「言」，甲、己本同，乙本脱。
〔一二八〕「言出患入，言失身亡」兩句，係爲上句「便須慎言」之注文，底本、甲本抄寫時誤植入正文，此據乙、己二本改爲雙行夾注形式。
〔一二九〕「杯」，甲、乙本同，己本作「針炎」，誤。
〔一三〇〕「惡」，甲、乙本同，己本作「要」，誤；「刑」，甲、己本同，乙本作「形」，「形」爲「刑」之借字。
〔一三一〕「其」，甲本同，乙本作「有」，誤。
〔一三二〕「炎」，甲、乙本同，己本作「炎」，誤。
〔一三三〕「畎」，甲本同，乙、己本作「田」，當作「畋」，《敦煌寫本〈百行章〉校釋》據文義校改，《敦煌蒙書研究》逕釋作「畋」，「田」字亦可通。
〔一三四〕「百」，甲、己本同，乙本作「有」，誤。
〔一三五〕「智」，甲本同，乙、己本作「至」。
〔一三六〕「可」，甲本同，乙、己本作「得」。
〔一三七〕「堯」，甲、乙本同，己本作「克」，誤。
〔一三八〕「謟」，甲本同，當作「諂」，據乙、己本改。
〔一三九〕「茅」，甲、乙本同，己本作「蒙」，誤；「焦」，乙、己本同，甲本作「進」，誤。

〔一四〇〕「虞」，甲本同，乙、己本作「靈」，誤；「收」，甲、己本同，乙本作「取」，《敦煌寫本〈百行章〉校釋補正》認爲當校改作「改」，誤。
〔一四一〕「即」，甲本同，乙、己本脫；「喜」，甲、己本同，乙本作「許」。
〔一四二〕「未」，甲本同，乙、己本作「不」。
〔一四三〕「勿」，甲本同，乙、己本作「忽」，「忽」爲「勿」之借字；「讒」，甲本同，乙、己本作「先」，「先」爲「讒」之借字。
〔一四四〕「佞語」，甲、乙本同，己本作「讒佞」。
〔一四五〕「言語」，甲本亦脫，據己本補，乙本作「佞語」，《敦煌寫本〈百行章〉校釋》校補作「言語」。
〔一四六〕「雪」，甲、乙本同，己本作「雷」，誤。
〔一四七〕「恣」，乙、己本同，甲本作「盗」。
〔一四八〕「交」，乙、己本同，甲本作「文」，誤。
〔一四九〕「和」，甲、乙本同，己本作「知」，誤。
〔一五〇〕「守」，甲本同，當作「宋」，據文義及乙、己本改。
〔一五一〕「在朝」，甲、乙本同，己本作「朝在」，誤；「過」，甲、乙本同，己本脫。
〔一五二〕「室」，甲、乙、己本同，《敦煌寫本〈百行章〉校釋》釋作「家」，誤。
〔一五三〕「人生」，甲本同，當作「生人」，據乙、己本改，《敦煌寫本〈百行章〉校釋》校改作「生民」，認爲係避唐太宗諱而改。
〔一五四〕「臨」，甲、己本同，乙本脫。
〔一五五〕「志」，甲本同，乙、己本作「意」。

〔一五六〕「勿輕出口」，《敦煌寫本〈百行章〉校釋》疑爲注文，認爲依上文体例，應改作雙行小字。

〔一五七〕「勿」，甲、乙本同，己本作「物」，「物」爲「勿」之借字；「勿從濫友」，《敦煌寫本〈百行章〉校釋》疑爲注文，認爲依上文体例，應改作雙行小字。

〔一五八〕第一個「思」字，甲、乙、己本同，《敦煌寫本〈百行章〉校釋》認爲當作「願」，《敦煌寫本〈百行章〉校釋補正》認爲當作語氣詞「斯」。

〔一五九〕「是」，甲、乙、己本同，《敦煌寫本〈百行章〉校釋補正》認爲當作「事」，疑未當。

〔一六〇〕「戴」，甲本同，當作「載」，據文義及乙、己本改。

〔一六一〕「一切」，甲、乙本同，己本作「一勿切」，衍「勿」字。

〔一六二〕「併」，甲本同，乙、己本作「收」，誤。

〔一六三〕此句以下至「統率京兆之所」諸句，乙本脱。

〔一六四〕「戴」，甲本同，當作「載」，據文義及己本改。

〔一六五〕「隨」，甲、己本同，當作「隋」，《敦煌寫本〈百行章〉校釋補正》據文義校改；「主」，甲本同，己本作「王」；「計」，甲、己本同，當作「擊」，據文義改，《敦煌寫本〈百行章〉校釋補正》校改作「討」，《敦煌蒙書研究》逕釋作「討」；「療」，甲本同，當作「遼」，據文義及己本改，「療」爲「遼」之借字；「落」，甲本同，己本作「禁」，誤。

〔一六六〕「如」，甲本同，當作「始」，據文義及己本改。

〔一六七〕「援」，甲本同，《敦煌寫本〈百行章〉校釋》、《敦煌蒙書研究》均釋作「獲」，誤。

〔一六八〕「興」，甲本同，《敦煌寫本〈百行章〉校釋》、《敦煌蒙書研究》均釋作「與」，誤。

〔一六九〕「京兆」，甲本同，己本作「京師兆」；「所」，甲本同，己本作「民」。

〔一七〇〕「丞」，乙、己本同，當作「承」，據甲本改，「丞」爲「承」之借字。

〔一七一〕「和」，甲本同，乙、己本作「太」。

〔一七二〕「清」，甲、乙、己本同，《敦煌寫本〈百行章〉校釋》疑當作「情」。

〔一七三〕「誇」，甲本同，乙、己本作「跨」，「跨」爲「誇」之借字；此句及下文「海納雲奔」，底本、甲本、己本均爲注文，雙行小字書寫，乙本誤植入正文中，大字單行抄寫。

〔一七四〕「納」，甲本同，乙、己本作「内」，均可通。

〔一七五〕「窮」，甲、乙、己本同，《敦煌寫本〈百行章〉校釋》疑當作「身」。

〔一七六〕「得」，甲、乙本同，己本作「德」，「德」爲「得」之借字。

〔一七七〕「亂」，甲、己本脱；「逆」，甲、乙、己本同，《敦煌寫本〈百行章〉校釋》釋作「遞」，誤。

〔一七八〕「名」，甲、己本同，乙本脱。

〔一七九〕「以」，甲、乙本同，己本作「於」，「於」通「以」，敦煌文獻中「於」與「以」經常混同使用。

〔一八〇〕「代」，甲、己本同，乙本作「伐」，誤。

〔一八一〕「愚」，甲、乙本同，己本作「遇」，「遇」爲「愚」之借字；「悮」，甲本同，乙本作「設」，己本作「誤」，「設」字誤，「悮」、「誤」均可通。

〔一八二〕「緩行章弟廿八」及下文「急行章弟廿九」的題名與内容，甲本同，乙、己本次序作「急行章弟廿八」和「緩行章弟廿九」。

〔一八三〕「容」，甲、己本同，乙本作「客」，誤。

〔一八四〕「充」，甲、己本同，乙本作「刻」。

〔一八五〕「諂」，乙、己本同，甲本作「語」，誤。

〔一八六〕「而」，甲本同，當作「如」，據文義及乙、己本改，「而」通「如」。
〔一八七〕「誰巧」，甲本同，乙、己本作「巧誰」。
〔一八八〕「兒」，甲本同，乙本作「而」，當作「如」，據文義及己本改，「兒」、「而」均爲「如」之借字，《敦煌寫本〈百行章〉校釋》釋作「見」，誤；「趙國臣」三字，底本及甲、乙、己本均爲單行大字書寫，據文義當爲「相兒（如）」之注，此改爲雙行夾注形式。
〔一八九〕「碎柱」，甲本同，己本脱。
〔一九〇〕底本及甲、乙、己本「聘」字抄於「齊國臣」之前，據文義當移於「齊國臣」之後；「齊國臣」三字爲「齊晏」之注，此改爲雙行夾注形式。
〔一九一〕「覽」，甲本同，乙、己本作「攬」。
〔一九二〕「濫」，乙、己本同，甲本脱。
〔一九三〕「勵心」，乙、己本同，甲本脱，《敦煌寫本〈百行章〉校釋補正》認爲乙本「心」上疊寫「人」字，似已改「心」爲「人」。
〔一九四〕「不」，甲、己本同，乙本作「子不」。
〔一九五〕「孝」，甲、乙本同，己本作「者」，誤。
〔一九六〕「移」，當作「私」，據甲、乙、己本改。
〔一九七〕「可」，甲、乙、己本均無，據文義補；「者」，甲本同，乙、己本脱。
〔一九八〕「營」，甲、己本同，乙本作「榮」，時「榮」通「營」。
〔一九九〕乙本此句衍「珠玉寒不可食」。
〔二〇〇〕「美」，乙、己本同，甲本脱。

〔二〇一〕「雖」，乙、己本同，甲本作「辭」，誤。
〔二〇二〕「禄」，乙、己本同，甲本脱。
〔二〇三〕「問」，甲、己本同，乙本脱。
〔二〇四〕「解」，乙、己本同，甲本作「懈」，「懈」爲「解」之借字。
〔二〇五〕「專」，甲本同，乙、己本作「閑」。
〔二〇六〕「問其」，甲本同，乙、己本作「用爲」。
〔二〇七〕「人」，甲、乙本同，己本脱。
〔二〇八〕「澤」，甲、己本同，乙本作「擇」，「擇」爲「澤」之借字。
〔二〇九〕「以」，甲本同，當作「預」，據文義及乙、己本改，「以」爲「預」之借字。
〔二一〇〕第二個「治」字，甲、己本同，乙本脱。
〔二一一〕「危」，甲本同，當作「虞」，據乙、己本改；「側」，乙本同，甲本脱，己本作「惻」，當作「測」，《敦煌寫本〈百行章〉校釋》據文義校改，「側」、「惻」均爲「測」之借字。
〔二一二〕「菓」，甲、己本同，乙本作「草」，誤。
〔二一三〕「以」，甲本同，乙、己本作「已」，「以」通「已」。
〔二一四〕「爲」，甲、乙、己本同，《敦煌寫本〈百行章〉校釋》、《敦煌蒙書研究》釋作「實爲」，誤；「方」，甲、乙、己本同，當作「防」，《敦煌寫本〈百行章〉校釋》據文義校改，「方」爲「防」之借字；「備」，甲本同，乙、己本作「略」，誤。
〔二一五〕「巾」，乙、己本同，甲本作「中」，誤；「須」，乙、己本同，甲本脱。此句疑有脱文。
〔二一六〕「屋」，甲本同，己本作「廬」，乙本作「虚」，誤；「須」，甲、己本均脱，據乙本補。

〔二一七〕「莫學小兒」，甲本同，乙本作「小兒不聽亦」，己本作「小兒聽」，乙、己本均有誤。

〔二一八〕「路刑」，甲、乙、己本同，當作「露形」，據文義改，《敦煌蒙書研究》逕釋作「露形」，「路刑」爲「露形」之借字。

〔二一九〕「於」，甲、己本同，乙本作「衣」，「衣」爲「以」之借字，「以」通「於」。

〔二二〇〕「曲」，甲本同，當作「典」，據文義及乙、己本改；「政」，甲、乙、己本同，當作「正」，據文義改，《敦煌蒙書研究》逕釋作「正」，「政」爲「正」之本字。

〔二二一〕「莫」，甲本同，乙、己本作「勿」；「唏」，甲本同，乙、己本作「涕」；「唾」，甲本同，乙、己本脱。

〔二二二〕「嗽」，甲、乙、己本同，當作「漱」，據文義改，《敦煌蒙書研究》逕釋作「漱」。

〔二二三〕「合」，乙、己本同，甲本脱。

〔二二四〕「兄」，甲本亦脱，據乙、己本補；「在」，甲、己本同，乙本作「存」，誤；「坐」，甲、己本同，乙本脱。

〔二二五〕「受」，甲、己本同，乙本脱。

〔二二六〕「亦」，乙、己本同，甲本脱。

〔二二七〕「志」，甲、己本同，乙本作「之志」，「之」爲衍文，當删。

〔二二八〕「皆」，甲、乙、己本同，當作「物」，《敦煌寫本〈百行章〉校釋補正》據文義校改；「物」，甲、己本同，乙本脱，當作「皆」，《敦煌寫本〈百行章〉校釋補正》據文義校改；「於」，甲本同，當作「依」，據文義及乙、己本改，「於」爲「依」之借字。

〔二二九〕「物」，甲、乙本同，當作「勿」，據文義及己本改；「之」，甲、乙本同，己本作「如」，誤。

〔二三〇〕「不容則滿，見小則大」，甲本同，乙、己本倒置作「見小則大，不容則滿」。

〔二三一〕「若當」，甲本作「若織當」，衍「織」字，乙本作「思若當」，己本作「恩若當」，誤，《敦煌蒙書研究》釋作

「若職當」；「位」，甲、乙本同，己本作「倍」，誤。
〔二三二〕「人」，甲、乙、己本同，從文義看似當爲「民」字，應爲避唐太宗諱而改。
〔二三三〕「居」，甲本同，乙、己本均脱。
〔二三四〕「絲」，乙、己本同，甲本作「絲司」，「司」爲衍文，當删。
〔二三五〕「不」，乙、己本同，甲本脱。
〔二三六〕「曾」，甲本同，乙本作「僧」，當作「憎」，據文義及己本改，「曾」、「僧」均爲「憎」之借字。
〔二三七〕「怨」，乙、己本同，甲本作「怨聚」，「聚」爲衍文，當删。
〔二三八〕「若」，乙、己本同，甲本脱；「惓」，甲、己本同，乙本作「倦」，「倦」通「惓」。
〔二三九〕「矜」，甲、己本同，乙本作「務」，誤；「勿」，甲、乙本同，己本作「物」，「物」爲「勿」之借字。
〔二四〇〕「修」，甲本同，乙、己本作「終」。
〔二四一〕「愆」，乙、己本同，甲本脱；此句《敦煌蒙書研究》釋作「不改遵道愆」。
〔二四二〕「不」，據文義補，甲、乙、己本均無。此句《敦煌蒙書研究》釋作「爲隱不爲匿」。
〔二四三〕「言也也」，甲本同，第二個「也」字爲補白，應不讀，乙本作「之言」，己本作「言之」。
〔二四四〕「敬」，甲、乙、己本同，當作「正」，據文義改，「敬」爲「正」之借字，《敦煌寫本〈百行章〉校釋》校改作「政」，《敦煌蒙書研究》逕釋作「政」。
〔二四五〕「始」，甲、乙本同，己本作「治」，誤；「敬」，甲、乙、己本同，當作「正」，據文義改，「敬」爲「正」之借字，《敦煌寫本〈百行章〉校釋》校改作「政」。
〔二四六〕「政」，甲本同，當作「正」，據乙、己本改，「政」爲「正」之本字。
〔二四七〕「令而不從」，甲、己本同，乙本脱。

〔二四八〕「令既不從」，甲本亦脫，據乙、己本補。

〔二四九〕「形」，甲、乙本同，己本作「刑」，「刑」爲「形」之借字；「政」，甲本同，當作「正」，據乙、己本改，「政」爲「正」之本字。

〔二五〇〕「斜」，甲、乙本同，己本作「針」，誤。

〔二五一〕「得」，甲本同，當作「德」，據文義及乙、己本改，「得」爲「德」之借字。

〔二五二〕「下」，甲、乙本同，己本作「夏」，「夏」爲「下」之借字；「手」，甲、乙本同，己本作「唯」，誤。

〔二五三〕「仕」，甲本同，當作「士」，據文義及乙、己本改，「仕」爲「士」之借字。

〔二五四〕「曲」，甲、己本同，乙本作「抱曲」。

〔二五五〕「碎」，乙、己本同，甲本脫。

〔二五六〕「同」，甲本同，乙、己本作「用」，誤；「見」，底本原有，但已刪去，此據甲、乙、己本補。

〔二五七〕「物」，甲、乙、己本同，當作「勿」，《敦煌寫本〈百行章〉校釋》據文義校改，《敦煌蒙書研究》逕釋作「勿」，「物」爲「勿」之借字。

〔二五八〕「莫」，甲、己本同，乙本作「莫莫」，分別抄於行末和下一行之首，這是敦煌文獻中常見的一種抄寫習慣，其中第二個「莫」字應不讀；「諛」，甲、乙本同，己本作「諫」，誤；「妒」，底本和甲、乙、己本均寫作「妬」，即「妒」之俗體字，《敦煌寫本〈百行章〉校釋》校作「妬」。

〔二五九〕「在」，甲本同，乙本脫，當作「存」，據文義及己本改；「誑」，甲、乙本同，己本作「誰」，誤。

〔二六〇〕「諛」，乙、己本同，甲本脫。

〔二六一〕「若」，甲本同，乙、己本作「色若」，衍「色」字。

〔二六二〕「二」，乙、己本同，甲本脫。

〔二六三〕「其」，甲、己本同，乙本脫。

〔二六四〕「才」，甲、乙本同，己本作「財」，「財」爲「才」之借字；「狂」，甲本同，當作「枉」，據文義及乙、己本改；「黜」，甲、己本同，乙本作「點」，誤。

〔二六五〕「可」，乙、己本同，甲本脫；「霑」，甲本同，乙、己本作「沾」，「沾」通「霑」。

〔二六六〕「須」，甲、己本同，乙本作「有」，誤；「受」，甲本同，當作「授」，據文義及乙、己本改，「受」爲「授」之借字。

〔二六七〕「職」，甲、乙本同，己本作「識」，誤。

〔二六八〕「器小」，甲、乙本同，己本脫。

〔二六九〕「劣」，甲本同，乙本作「欲」，誤，己本作「次」。

〔二七〇〕「惡人」，甲本同，乙、己本作「遠惡人」。

〔二七一〕「共」，甲本同，乙、己本作「同」。

〔二七二〕「小」，甲本同，乙、己本作「少」，誤；「利」，乙、己本同，甲本脫；「欺」，甲、己本同，乙本作「斯」，誤。

〔二七三〕乙本此句前另有「徒」字，係衍文，當刪。

〔二七四〕「悔」，甲本同，己本作「誨」，「誨」爲「悔」之借字。

〔二七五〕「一」，己本同，甲本脫。

〔二七六〕「一」、「之」，乙、己本同，甲本脫。

〔二七七〕「但」，甲本同，己本作「位」。

〔二七八〕「消」，甲本同，己本作「銷」，均可通。

〔二七九〕「卜」，甲本同，己本作「十」，誤。

〔二八〇〕「人」，甲本同，乙、己本作「鄰」。乙本止於此句。

〔二八一〕「財」，甲本同，己本作「去財」，衍一「去」字；「害」，甲本同，己本作「空」，誤。

〔二八二〕「法」，甲本同，己本作「法之」。

〔二八三〕「存」，甲本同，己本作「不存」。

〔二八四〕「則」，甲本同，己本脱；「事」，甲、己本同，《敦煌寫本〈百行章〉校釋》校改作「仕」，按「事」亦可通；「其」，甲本同，己本作「期」，「期」爲「其」之借字。

〔二八五〕「則」，甲本同，己本作「可」。

〔二八六〕「事」，甲本同，當作「心」，據文義及己本改，《敦煌蒙書研究》釋作「恥心」，誤。

〔二八七〕「心能」，甲本同，己本作「用心」。

〔二八八〕「問」，甲本同，當作「聞」，據文義及己本改。

〔二八九〕「令」，甲本同，當作「今」，據文義及己本改。

〔二九〇〕「賤者」，甲本同，己本作「者賤」，誤。

〔二九一〕「世」，己本同，底本、甲本作「廿」，係避唐太宗諱而改。

〔二九二〕「飄」，甲本同，己本作「風」。

〔二九三〕「下」，甲本同，己本作「夏」，「夏」爲「下」之借字。

〔二九四〕「通」，己本同，甲本脱。

〔二九五〕「則」、「不」，己本同，甲本脱；「達」，己本同，甲本作「通」。

〔二九六〕「取」，己本同，甲本作「所」，誤。

［二九七］「良」，甲本同，己本作「涼」，「涼」爲「良」之借字。

［二九八］「是」，甲本同，己本無，《敦煌寫本〈百行章〉校釋》據《論語·學而》認爲「是」乃衍文，當刪；「得」，甲本同，己本作「德」，「德」爲「得」之借字。

［二九九］「涼」，甲本同，己本脱。

［三〇〇］「暴」，甲本同，當作「良」，《敦煌寫本〈百行章〉校釋》據文義校改，《敦煌蒙書研究》逕釋作「良」；「暴（良）則不」，己本脱。

［三〇一］「爭淨」，甲本作「淨淨」，己本作「爭」，據文義底本「淨」爲衍文，當刪，甲本亦衍一「淨」字，另一個「淨」爲「爭」之誤。

［三〇二］「曰」，甲、己本同，《敦煌寫本〈百行章〉校釋》、《敦煌蒙書研究》釋作「日」，誤；「友」，甲本同，己本脱。

［三〇三］「友」，甲本同，己本作「有」，「有」爲「友」之借字。

［三〇四］「亦」，甲本同，己本脱。

［三〇五］「言」，《敦煌寫本〈百行章〉校釋》、《敦煌蒙書研究》均斷在上一句；「寄」，甲本同，己本作「其寄」。

［三〇六］「盛衰」，甲本同，己本作「衰盛」；「之」，己本同，甲本脱。

［三〇七］「智」，甲本同，己本作「命言志」。

［三〇八］「卑」，己本同，甲本作「昇」，誤。

［三〇九］「人」，甲本同，當作「仁」，據文義及己本改，「人」爲「仁」之借字。

［三一〇］「以」，甲、己本同，當作「已」，《敦煌寫本〈百行章〉校釋》據文義校改，《敦煌蒙書研究》逕釋作「已」。

［三一一］「家」，甲本同，己本作「衆」。

〔三一二〕「蠢」，甲本同，己本作「春」，「春」可讀作「蠢」。

〔三一三〕「性」，甲本同，己本作「姓」，「姓」爲「性」之借字。

〔三一四〕己本止於此句中之「煞」字。

〔三一五〕「惜」，甲本作「借」，誤。

〔三一六〕「珍」，甲本同，當作「彌」，《敦煌寫本〈百行章〉校釋》據文義校改，《敦煌蒙書研究》逕釋作「彌」。

〔三一七〕「以」，甲本脱；「特」，甲本同，當作「德」，《敦煌寫本〈百行章〉校釋補正》據文義校改，《敦煌寫本〈百行章〉校釋》疑是「時」，因字形近而誤。

〔三一八〕「賦」，甲本同，當作「輔」，《敦煌寫本〈百行章〉校釋補正》據文義校改，「賦」爲「輔」之借字；「理」，甲本同，當作「禮」，《敦煌寫本〈百行章〉校釋補正》據文義校改，「理」爲「禮」之借字。

〔三一九〕「凌」，據甲本補。

〔三二〇〕「人」，甲本同，當作「仁」，《敦煌寫本〈百行章〉校釋》據文義校改，「人」爲「仁」之借字。

〔三二一〕「眷」，甲本同，《敦煌寫本〈百行章〉校釋》疑作「豢」。

〔三二二〕「語」，甲本同，當作「義」，《敦煌寫本〈百行章〉校釋》據文義校改，《敦煌蒙書研究》逕釋作「義」。

〔三二三〕「山等」，甲本同，《敦煌寫本〈百行章〉校釋》疑此處有脱文，《敦煌蒙書研究》釋作「不等」。

〔三二四〕「言巧」，甲本無，《敦煌寫本〈百行章〉校釋》據下文「辯拙而入辜」句推補。

〔三二五〕「刧」，甲本同，當作「劾」，《敦煌寫本〈百行章〉校釋》據文義校改，《敦煌蒙書研究》逕釋作「劾」。

〔三二六〕「驚」，甲本同，《敦煌寫本〈百行章〉校釋》、《敦煌蒙書研究》釋作「警」，雖意可通而字誤。

〔三二七〕「隨」，甲本同，當作「墮」，《敦煌寫本〈百行章〉校釋》據文義校改，《敦煌蒙書研究》釋作「墜」。

〔三二八〕「冥」，甲本作「宜」，誤。

〔三二九〕「以幽冥」，甲本同，《敦煌寫本〈百行章〉校釋》漏録。

〔三三〇〕「顯」，甲本同，《敦煌寫本〈百行章〉校釋》疑是「頓」，因字形近而誤，《敦煌寫本〈百行章〉校釋補正》疑此處有脱文，校作「不可以幽冥□顯，改其操行」，《敦煌蒙書研究》漏録。

〔三三一〕「私」，甲本同，當作「卿」，《敦煌寫本〈百行章〉校釋》據文義校改，《敦煌蒙書研究》逕釋作「卿」。

〔三三二〕「飄」，甲本同，《敦煌寫本〈百行章〉校釋》認爲當作「漂」，《敦煌蒙書研究》釋作「漂」，按「飄」有「漂」意，可不校改。

〔三三三〕「增」，甲本同，當作「憎」，《敦煌寫本〈百行章〉校釋》據文義校改，《敦煌蒙書研究》逕釋作「憎」，「增」爲「憎」之借字。

〔三三四〕「以」，甲本無，《敦煌蒙書研究》據文義校補；「絕」，甲本同，《敦煌寫本〈百行章〉校釋》認爲係衍文，當删。

〔三三五〕「民」，底本、甲本均有缺筆，係避唐太宗諱使然。

〔三三六〕「世」，底本、甲本均有缺筆，係避唐太宗諱使然。

〔三三七〕「捕」，甲本同，當作「蒱」，據文義改，《敦煌蒙書研究》逕釋作「蒱」。

〔三三八〕「之」，甲本無，《敦煌蒙書研究》據文義校補。

〔三三九〕「妒」，底本和甲本均寫作「妬」，即「妒」之俗體字，《敦煌寫本〈百行章〉校釋》校作「妬」。

〔三四〇〕「增」，甲本同，當作「憎」，《敦煌寫本〈百行章〉校釋》據文義校改，《敦煌蒙書研究》逕釋作「憎」，「增」爲「憎」之借字。

〔三四一〕「量」，甲本脱。

〔三四二〕「人之」，甲本作「令」，誤。

〔三四三〕「智」，甲本作「知」，「知」爲「智」之借字。
〔三四四〕「揚」，當作「揚」，據文義及甲本改，《敦煌蒙書研究》逕釋作「揚」，「楊」爲「揚」之借字。
〔三四五〕「得」，甲本作「德」，「德」爲「得」之借字。
〔三四六〕「遜擇」，甲本同，當作「擇遜」，《敦煌寫本〈百行章〉校釋》據文義校改，《敦煌蒙書研究》逕釋作「擇遜」。
〔三四七〕「言」，甲本脱。
〔三四八〕辛本首起此句。
〔三四九〕「見」，辛本同，甲本脱。
〔三五〇〕「而」，甲本同，辛本作「如」，「如」通「而」。
〔三五一〕「人」，辛、壬本同，甲本作「大」，誤。壬本首起此句。
〔三五二〕「馳」，甲、壬本同，辛本作「駞」，誤。
〔三五三〕「致」，甲、壬本同，當作「至」，據文義及辛本改，「致」爲「至」之借字。
〔三五四〕「之」，甲、壬本同，辛本脱。
〔三五五〕「償」，甲本同，當作「賞」，據文義及辛、壬本改，「償」爲「賞」之借字；「爲」，甲、辛、壬本同，當作「惟」，《敦煌寫本〈百行章〉校釋》據《尚書·大禹謨》校改，「爲」爲「惟」之借字。
〔三五六〕「爲」，甲、壬本同，辛本作「從」，當作「惟」，《敦煌寫本〈百行章〉校釋》據《尚書·大禹謨》校改，「爲」爲「惟」之借字。
〔三五七〕「殯」，甲、辛、壬本同，《敦煌寫本〈百行章〉校釋補正》認爲當作「瀕」；「壙」，甲、辛本同，壬本脱。
〔三五八〕「恩」，甲、壬本同，當作「思」，據文義及辛本改。
〔三五九〕「困辱」，甲、辛本同，壬本作「因辱」，當作「裀褥」，《敦煌寫本〈百行章〉校釋補正》據文義校改，《敦煌蒙書研究》逕釋作「袝褥」，「因辱」爲「袝褥」之借字。

〔三六〇〕「乾」，甲、辛本同，壬本脱；「就濕」，甲、壬本同，辛本作「乳味」，誤。

〔三六一〕「乳哺」，甲、壬本同，辛本作「如此」。

〔三六二〕「實難可報」，甲、壬本同，辛本作「深之難報」。

〔三六三〕「之恩」，甲、辛本同，壬本脱。

〔三六四〕「昊」，甲、壬本同，辛本作「吴」，誤。

〔三六五〕「諜」，甲、辛、壬本同，《敦煌蒙書研究》釋作「謀」。

〔三六六〕「成」，甲本同，辛、壬本作「爲」。

〔三六七〕「害」，甲、壬本同，辛本作「容」，誤。

〔三六八〕「若」，辛、壬本同，甲本脱。

〔三六九〕「平」，甲、辛本同，壬本脱。

〔三七〇〕「非」，甲、辛本同，壬本脱。

〔三七一〕「愚」，甲、壬本同，辛本作「過」，誤。

〔三七二〕「真」，辛、壬本同，甲本作「直」。

〔三七三〕「鴛」，甲本同，辛、壬本作「怒」，「怒」爲「鴛」之借字；「二情」，甲本同，當作「齊形」，據文義及壬本校改，辛本作「齊刑」，「刑」爲「形」之借字。

〔三七四〕「華」，甲本同，辛、壬本作「花」，時「花」通「華」。

〔三七五〕「矣」，甲、壬本同，辛本作「以」，「以」爲「矣」之借字。

〔三七六〕「知」，甲、壬本同，辛本作「之」，「之」爲「知」之借字。

〔三七七〕「未遊」，甲本同，辛本作「不遊」，壬本作「遊未」，誤。

〔三七八〕「知」，甲、壬本同，辛本作「之」，「之」爲「知」之借字；「乎」，甲、壬本同，辛本作「呼」，「呼」爲「乎」之借字。

〔三七九〕「克」，甲、辛、壬本均脱，《敦煌寫本〈百行章〉校釋》據文義校補，《敦煌蒙書研究》逕釋作「克」。

〔三八〇〕「貴」，甲本同，辛、壬本作「首」；「法」，甲、辛、壬本同，當作「位」，《敦煌寫本〈百行章〉校釋補正》據文義校改。

〔三八一〕「移」，甲本同，辛、壬本脱。

〔三八二〕「閭」，辛、壬本同，甲本作「問」，誤。

〔三八三〕「須」，甲、壬本同，辛本作「知」，誤。

〔三八四〕「誠」，甲、辛本同，壬本作「成」，「成」爲「誠」之借字。

〔三八五〕「民」，甲、壬本同，辛本作「人」，係避唐太宗諱而改。

〔三八六〕「華」，甲本同，辛、壬本作「花」，時「花」通「華」。

〔三八七〕「不及拙樸」，甲、辛本同，壬本作「不而□之端及拙樸」，誤。

〔三八八〕「巧」，甲本同，辛本作「而巧」，壬本作「而□」。

〔三八九〕「如」，甲、壬本無，據辛本補；「成功」，甲、辛本同，壬本作「成其功」。

〔三九〇〕「以」，甲、壬本同，辛本脱。

〔三九一〕「變」，甲、壬本同，當作「衰」，據文義及辛本改。

〔三九二〕「己」，甲、辛本同，壬本作「人」，疑誤。

〔三九三〕此句以下至「自損於己」諸句，辛本均脱。

〔三九四〕「他」，甲本同，壬本作「於」，誤。
〔三九五〕「損」，甲、壬本同，辛本作「益」。
〔三九六〕「下」，甲、壬本同，辛本作「不」，誤。
〔三九七〕甲本「棄行」二字見於斯三四九一，以下文字俱見於伯三〇五三。
〔三九八〕「倫」，甲、辛本同，壬本作「皆」。
〔三九九〕「花」，辛、壬本同，甲本脱；「蘗」，甲、壬本同，辛本作「尊」，文義亦通。
〔四〇〇〕「愛」，辛、壬本同，甲本作「受」，誤。
〔四〇一〕「懷」，甲、壬本同，辛本作「便」，誤；「意」，甲、壬本同，辛本作「音」，誤。
〔四〇二〕「狀」，辛、壬本同，甲本作「收」，誤。
〔四〇三〕「非」，甲、壬本同，辛本作「無」；「時」，甲本同，當作「理」，據文義及辛、壬本改。
〔四〇四〕「燒煞」，甲本同，辛、壬本作「煞害」。
〔四〇五〕「業」，甲、壬本同，辛本作「葉」，「葉」爲「業」之借字。
〔四〇六〕「如」，甲本同，當作「而」，據文義及辛、壬本改，「如」通「而」；「不」，甲、辛、壬本同，疑當作「能」，據文義改。
〔四〇七〕「必」，甲本同，辛、壬本脱。
〔四〇八〕「如」，甲本同，辛、壬本作「加」，誤；「仁」，甲本同，辛、壬本作「二」，誤。
〔四〇九〕「從」，甲、壬本同，辛本作「當從」；「已」，甲本同，辛、壬本作「以」，文義亦通。
〔四一〇〕「何言不是」，甲、壬本亦無，據辛本補。
〔四一一〕「尋思」，甲、辛本同，壬本作「尋常思念」。

〔四一二〕「書則脩改」，甲本同，辛本作「書脩改」，壬本作「書則時慎脩」。

〔四一三〕「其身」，甲、壬本同，辛本作「自」。

〔四一四〕此句疑爲「三省其身」之注，蓋抄寫時不慎移入正文。

〔四一五〕「住」，當作「往」，據文義及甲、辛、壬本改。

〔四一六〕「昵」，甲、辛本同，壬本作「昵易」，衍「易」字。

〔四一七〕此句以下至「有而不與」諸句，甲本均脱。

〔四一八〕「斷」，當作「短」，據文義及辛、壬本改，「斷」爲「短」之借字；「闕」，辛、壬本同，《敦煌寫本〈百行章〉校釋》、《敦煌蒙書研究》釋作「缺」，按「闕」本有短缺意。

〔四一九〕「無慙」，辛本作「慙之」。

〔四二〇〕壬本止於此句。

〔四二一〕「依期」，甲本同，辛本作「依相期」，衍「相」字；「赴」，辛本同，甲本脱。

〔四二二〕「有」，甲本同，辛本作「致」。

〔四二三〕「病」，甲本同，當作「疾」，據辛本改；「弟」，據甲、辛本補。

〔四二四〕「貸」，甲本同，辛本作「代」，「代」爲「貸」之借字。

〔四二五〕「雖」，甲本同，辛本作「誰」，誤。

〔四二六〕「嫌」，甲本同，當作「廉」，據文義及辛本改。

〔四二七〕「厄」，辛本同，甲本脱。

〔四二八〕「又」，辛本同，甲本脱；「恤」，甲本同，辛本作「給」。

〔四二九〕「不」，辛本同，甲本脱。

〔四三〇〕「情」，甲本同，辛本作「心」。
〔四三一〕「聽」，甲本同，辛本作「廳」，「聽」本有「廳」義，「廳」爲後起增旁字。
〔四三二〕底本此句有兩個「不」字，分别抄於行末和下一行之首，這是敦煌寫本中常見的一種提行重文抄寫方式，其中第二個「不」字應不讀；「用」，甲本同，辛本作「由」，誤。
〔四三三〕「後」，辛本同，甲本脱。
〔四三四〕「揖」，甲本同，辛本作「佞」，誤。
〔四三五〕「須」，甲本同，辛本脱。
〔四三六〕「之」，甲本同，辛本脱。
〔四三七〕「自」，甲本同，辛本作「事」。
〔四三八〕「便」，甲、辛本同，當作「貧」，《敦煌寫本〈百行章〉校釋補正》據文義校改，疑「便」爲「貧」之借字。
〔四三九〕「德」，甲本同，當作「聽」，據文義及辛本改。
〔四四〇〕辛本此句後還有尾題「百行章一卷」，以下又有題記「庚辰年正月廿一日淨土寺學使（士）郎王海閏書寫，鄧保住、薛安俊札」。

參考文獻

Descriptive Catalogue of the Chinese Manuscripts from Tunhuang in the British Museum, p. 242；《敦煌遺書總目索引》一四七頁；《敦煌古籍叙録》一九〇至一九一頁；《敦煌寶藏》一四冊，五〇五至五一〇頁（圖）；《敦煌寶藏》一一〇冊，三三〇至三三一頁（圖）；《敦煌叢刊初集》七冊，三三五至三五三頁；《英藏敦煌文獻》三卷，一五四頁（圖）、一七七至一八一頁（圖）；《英藏敦煌文獻》五卷，一〇一至一〇五頁（圖）；《英藏敦煌文獻》七卷，二三一至二三二頁

（圖）；《文物》一九八四年九期，六五至六六頁；《敦煌研究》一九八五年二期，七一至九八頁（録）；《1983 年全國敦煌學術討論會文集》文史遺書編，九九至一〇七頁；《敦煌古籍叙録新編》一〇册，九二頁、一二一至一四二頁（圖）；《敦煌吐魯番文獻研究論集》五輯，二七九至三〇五頁；《敦煌遺書總目索引新編》五八頁；《法藏敦煌西域文獻》一六册，一七至一九頁（圖）；《法藏敦煌西域文獻》一八册，三四一頁（圖）；《法藏敦煌西域文獻》二一册，一八五頁（圖）、二四三頁（圖）；《法藏敦煌西域文獻》二二册，八九頁（圖）；《法藏敦煌西域文獻》二三册，一四三至一四七頁（圖）；《敦煌蒙書研究》三二〇至三四八頁（録）；《法藏敦煌西域文獻》二四册，七九頁（圖）；《法藏敦煌西域文獻》三三册，二八八頁（圖）。

斯一九二〇背　《百行章》校勘記及雜寫（送三姐詩、社司轉帖、申氏樊氏人名等）

釋文

常樂中壁頰遠菜（倒書）
千千千萬長命女（倒書）
送三姐（倒書）
（中空數行）
社司轉帖　右緣申奴子如右字（？）是（？）延（？）申儒盈身故納贈歷
（中空數行）
學學生申儒盈文書
學生申盈文書
學生申儒盈文書
學生申儒盈文書　儒盈文書

學生大歌（哥）龍儒德[一]
樊清兒、樊安昇、樊萬通、樊保昇、樊延昌、樊
樊賢者、韓萬盈、樊延清、樊萬延、南山
申奴子、申懷定、申賓子、申儒盈、申申
（中空數行）
堪（勘）到卌一[二]
（中空數行）
社司轉帖　右緣年支春
座局席，次至彭□□
（中空數行）
天下太爲國莫以良
（中空數行）
堪（勘）到廿六[三]

立明條
申儒盈

罰青麥柒馱

者者者者者（倒書）

者（倒書）

（中空若干行）

説明

以上内容書寫於《百行章》卷背，内容龐雜，有正書，有倒書，應是由多人在不同時間書寫的。其中之「堪（勘）到卌一」、「堪（勘）到廿六」兩行應爲校勘正面之《百行章》在卷背所作的標記。《英藏敦煌文獻》編者將這兩條題記和其他内容均混稱爲「雜寫」，似不妥當。起首「常樂中」至「送三姐」的三行和「學生申儒盈」的一組八行應爲學郎申儒盈所寫。至少在他抄寫的時候，這卷文書應該歸其所有。但「申儒盈身故納贈歷」一行應該是申儒盈身故後，由這件文書新的所有人寫的。

由於以上抄録的文字只是間雜抄寫於《百行章》卷背的空白處，所以《英藏敦煌文獻》圖版本並未包括全部卷背，只拍照和印製了有文字的部分，這是符合該書體例的，也是節約成本的需要。但應該指出的是，該書此卷卷背漏拍了部分帶文字的部分。如以上釋文最後三行，《英藏敦煌文獻》圖版未能收録。此外，卷背開頭還有蔣孝琬所書數碼和「《百行章》一卷」，未録。

校記

〔一〕「歌」，當作「哥」，據文義改，「歌」爲「哥」之借字。

〔二〕「堪」，當作「勘」，據文義改，「堪」爲「勘」之借字。

〔三〕「堪」，當作「勘」，據文義改，「堪」爲「勘」之借字。

參考文獻

《敦煌寶藏》一四冊，五一一至五一三頁（圖）；《英藏敦煌文獻》三卷，一八二至一八三頁（圖）。

斯一九二一背　乾寧二年（公元八九五年）二月雇工契抄

釋文

乾寧二年乙卯歲二月十
少人力，雇漢高鄉
衣兩對。（以下原缺文）

說明

此卷正面爲《四分比丘尼戒本》，此件寫於修補該戒本的殘紙上，這張殘紙下半截殘缺，紙上所抄『雇工契』原未抄完。

參考文獻

Giles, *BSOS*, 9.4（1937），p. 1042；《敦煌寶藏》一四册，五二七頁（圖）；《英藏敦煌文獻》三卷，一八四頁（圖）；*Tunhuang and Turfan Documents Concerning Social and Economic History* Ⅲ, A p. 120；《敦煌社會經濟文獻真蹟釋録》

二輯，五六頁（録）；《敦煌契約文書輯校》二五二頁（録）。

斯一九二四　迴施文

釋文

仰白〔一〕：盡虛空〔二〕，遍法界，微塵國土之中，十方諸佛、諸大菩薩、羅漢聖僧、天龍八部、幽顯神祇〔三〕、閻羅天子、五道大神、太山府君〔四〕、察命司録〔五〕、天曹地府、六道冥官〔六〕、善惡童子，更願有天眼者遥見〔七〕，有天耳者遥聞〔八〕，正（證）諸弟子轉讀大乘經典〔九〕。

伏願真身化佛〔一〇〕，常住世間；寶字金經，恒流沙界；大悲菩薩，擁護道場；小果聲聞，住持法藏〔一一〕；天仙垂誘〔一二〕，佛入剛（光）林〔一三〕；正法華筵〔一四〕，惠燈不滅〔一五〕。威光赫弈（奕）〔一六〕，神變無窮〔一七〕；日月輪迴，星辰朗耀〔一八〕；宮殿樓閣，下降凡（閻）夫（浮）〔一九〕；察録善知〔二〇〕，聽聞正法〔二一〕。

以次（此）功德〔二二〕，伏用莊嚴〔二三〕：伏願當今皇帝龍安九五〔二四〕，鶴響三千〔二五〕；命同南山，受（壽）齊北極〔二六〕。更願府主大王〔二七〕、夫人萬福〔二八〕，管界安寧；太子儲（諸）王〔二九〕，金枝永茂〔三〇〕；朝廷卿相〔三一〕，盡孝盡忠〔三二〕；郡縣官員〔三三〕，唯清唯直〔三四〕。更願八方無事，四塞長清；萬姓歡悞（娛）〔三五〕，三軍喜泰；經聲朗朗〔三六〕，上至穹蒼〔三七〕；梵響鈴鈴〔三八〕，下臨幽府〔三九〕；刀山落刃〔四〇〕，劍樹摧鋒〔四一〕；爐炭收煙，冰河息浪〔四二〕；惡星變怪〔四三〕，妖氣消亡；猛獸奇禽〔四四〕，潛藏窟穴；懷胎母子〔四五〕，早願平安；征客遠行，速還家國；囚徒禁閉，願沐天恩〔四六〕；病患沉纏〔四七〕，早逢良藥〔四八〕；見（更）願聾者得聞音響〔四九〕，跛者能步能行，啞者無滯語言，愚者速逢轄（黠）惠〔五〇〕。師僧父母，各保安寧〔五一〕；過往先靈〔五二〕，身（神）遊淨土〔五三〕；宿業舊過（果）〔五四〕，惣願消除〔五五〕；此世來生〔五六〕，長逢佛日。

説明

此件首尾完整，無標題，所存文字與伯三三三二背『迴施文』、伯二八五五『迴向發願』相同。《英藏敦煌文獻》擬名『文樣（發願文）』，但此件只是齋文之迴向發願部分，與完整的發願文不同（可參看郝春文《關於敦煌寫本齋文的幾個問題》，《郝春文敦煌學論集》，上海古籍出版社，二〇一〇年版，二三九至二五三頁），故據伯三三三二背擬名爲『迴施文』。另，此件也並非純粹的文樣，如文中之『大王』、『夫人』，在伯二八五五中就分別是『太保』和『國太』。這些具有特指的稱呼在不同文本中的變化，表明這類文本是隨時可能被當作實用文本使用的。

此件之時代，《敦煌願文集》推斷爲曹氏歸義軍時期（參見黄征、吴偉《敦煌願文集》，岳麓書社，一九九五年版，三六〇頁），因上文所舉『大王』、『夫人』、『太保』、『國太』等稱呼都見於曹氏歸義軍時期的文本，所以，以上推斷是有根據的。

以上釋文以斯一九二四爲底本，以伯二八五五（稱其爲甲本）、伯三三三二背（稱其爲乙本）參校。

校記

〔一〕「仰白」，甲本同，乙本無。
〔二〕「盡」，甲、乙本作「淨」，「淨」爲「盡」之借字。
〔三〕「幽」，甲本同，乙本作「優」，「優」爲「幽」之借字；「顯」，乙本同，甲本作「獻」，「獻」爲「顯」之借字。
〔四〕「府君」，乙本同，甲本作「苻軍」，「苻軍」爲「府君」之借字。
〔五〕「察」，乙本同，甲本作「刹」，「刹」爲「察」之借字。
〔六〕「冥」，乙本同，甲本作「明」，「明」爲「冥」之借字。
〔七〕「有」、「者」，乙本同，甲本無。
〔八〕「有」、「者」，乙本同，甲本無。
〔九〕「正」，乙本作「政」，當作「證」，據文義及甲本改，「正」、「政」均爲「證」之借字；「弟」，甲、乙本作「第」，「第」爲「弟」之借字；「轉讀」，乙本同，甲本作「持念」。
〔一〇〕「真」，乙本同，甲本作「珍」，「珍」爲「真」之借字；「身」，乙本同，甲本作「神」，「神」爲「身」之借字。
〔一一〕「住」，甲、乙本作「主」，「主」爲「住」之借字；「持」，乙本同，甲本作「諸」。
〔一二〕「垂誘」，乙本同，甲本作「須有」。
〔一三〕「入」，甲、乙本同，《敦煌願文集》校改作「人」，誤；「剛」，當作「光」，據甲、乙本及文義改，「剛」爲

「光」之借字；「林」，甲、乙本同，《敦煌願文集》校改作「臨」，誤。
〔一四〕「筵」，甲本同，乙本作「延」，「延」爲「筵」之借字。
〔一五〕「惠」，甲、乙本同，《敦煌願文集》校改作「慧」，「惠」通「慧」，不必校改。
〔一六〕「弈」，甲本作「憶」，乙本作「亦」，當作「奕」，《敦煌願文集》據文義校改，「弈」、「憶」、「亦」均爲「奕」之借字。
〔一七〕「神」，甲本同，乙本作「身」，「身」爲「神」之借字；「變」，甲、乙本均作「遍」，「遍」爲「變」之借字。
〔一八〕「朗耀」，甲本同，乙本作「朖曜」，「朖曜」爲「朗耀」之借字。
〔一九〕「凡夫」，乙本同，當作「閻浮」，據甲本及文義改。
〔二〇〕「録」，甲本同，乙本作「六」，「六」爲「録」之借字；「知」，乙本同，甲本作「諸」，「諸」爲「知」之借字。
〔二一〕「聽」，乙本同，甲本作「啓」。
〔二二〕「以」，乙本同，甲本作「如」；「次」，當作「此」，據甲、乙本及文義改，「次」爲「此」之借字。
〔二三〕「伏」，甲、乙本作「奉」。
〔二四〕「九」，甲本同，乙本作「久」，「久」爲「九」之借字。
〔二五〕「鶴」，乙本同，甲本作「霍」，「霍」爲「鶴」之借字；「響」，乙本同，甲本作「嚮」，「嚮」通「響」。
〔二六〕「受」，甲、乙本同，當作「壽」，《敦煌願文集》據文義校改，「受」爲「壽」之借字。
〔二七〕「大王」，乙本同，甲本作「太保」。
〔二八〕「夫人」，乙本同，甲本作「國太」。
〔二九〕「儲」，當作「諸」，據甲、乙本及文義改，「儲」爲「諸」之借字。
〔三〇〕「茂」，甲本作「古」，「古」爲「固」之借字，乙本作「暮」，疑「暮」爲「茂」之借字。

〔三一〕「廷」，甲、乙本作「庭」，「庭」通「廷」。

〔三二〕「忠」，乙本同，甲本作「終」，「終」爲「忠」之借字。

〔三三〕「員」，乙本同，甲本作「寮」。

〔三四〕「唯」，甲本同，乙本作「惟」，「惟」通「唯」；乙本「惟清」前另有「爲」字，據文義爲衍文，當刪。

〔三五〕「悞」，當作「娱」，據甲、乙本及文義改。

〔三六〕「聲」，乙本同，甲本作「城」，「城」爲「聲」之借字；「朗朗」，乙本作「朖朖」，「朖」爲「朗」之借字。

〔三七〕「穹」，甲、乙本作「窮」，「窮」爲「穹」之借字；「蒼」，甲、乙本作「倉」，「倉」爲「蒼」之借字。

〔三八〕「響」，乙本同，甲本作「嚮」，「嚮」通「響」；「鈴鈴」，乙本同，甲本作「令令」，「令」爲「鈴」之借字。

〔三九〕「臨」，甲本同，乙本作「林」，「林」爲「臨」之借字。

〔四〇〕「落」，乙本同，甲本作「洛」，「洛」爲「落」之借字。

〔四一〕「摧」，甲本同，乙本作「崒」，「崒」爲「摧」之借字；「鋒」，甲本同，乙本作「如（？）鋒」，「如（？）」字疑爲衍文，當刪。

〔四二〕「息」，乙本同，甲本作「悉」，「悉」爲「息」之借字。

〔四三〕「變」，乙本同，甲本作「遍」，「遍」爲「變」之借字。

〔四四〕「猛」，甲本同，乙本作「孟」，「孟」爲「猛」之借字；「奇」，甲、乙本均作「麒」，「麒」爲「奇」之借字；「禽」，乙本同，甲本作「鷮」，「鷮」爲「禽」之借字。

〔四五〕「懷」，乙本同，甲本作「壞」，誤。

〔四六〕「沐」，甲本同，乙本作「目」，「目」爲「沐」之借字。

〔四七〕「沉」，乙本同，甲本作「純」，誤。

〔四八〕「良」，甲本同，乙本在「良」字右側添加了一個「涼」字，應爲「良」字之注音。

〔四九〕「見」，乙本同，甲本作「現」，當作「更」，據文義改；「願」，乙本同，甲本脱；「響」，乙本同，甲本作「嚮」，「響」通「嚮」。

〔五〇〕「轄」，甲、乙本同，當作「黠」，《敦煌願文集》據文義校改，「轄」爲「黠」之借字；「惠」，甲、乙本同，《敦煌願文集》校作「慧」，「惠」通「慧」，不必校改。

〔五一〕「安」，甲本同，乙本脱。

〔五二〕「靈」，甲、乙本作「亡」。

〔五三〕「身」，甲本同，當作「神」，據乙本及文義改，「身」爲「神」之借字。

〔五四〕「過」，甲本同，當作「果」，據乙本改，「過」爲「果」之借字。

〔五五〕「惣」，甲、乙本作「並」。

〔五六〕「此」，甲本同，乙本作「次」，「次」爲「此」之借字。

參考文獻

Descriptive Catalogue of the Chinese Manuscripts from Tunhuang in the British Museum, p. 197；《敦煌遺書總目索引》一四七頁；《敦煌寶藏》一四册，五四九頁（圖）；《英藏敦煌文獻》三卷，一八四頁（圖）；《中國敦煌吐魯番學會研究通訊》一九九一年二期，三〇至三一頁；《敦煌願文集》三五九至三六四頁（録）；《敦煌文學論集》三七九至三八〇頁（録）；《敦煌遺書總目索引新編》五八頁。

斯一九三一　禮懺文摘抄

釋文

（前缺）

亦復然〔一〕，一切法常住〔二〕，是故我歸依〔三〕

南無東方須彌燈光明如來十方佛等一切諸佛〔四〕。

南無毗婆尸如來過去七佛等一切諸佛〔五〕。

南無普光如來五十三佛等一切諸佛〔六〕。

南無東方善德如來十方無量佛等一切諸佛〔七〕。

南無拘那提如來賢劫千佛等一切諸佛〔八〕。

南無釋迦牟尼如來三十五〔佛〕等一切諸佛〔九〕。

南無東方阿閦如來一萬五千佛等一切諸佛〔一〇〕。

南無報集如來二十五佛等一切諸佛〔一一〕。

南無法光明清淨開敷連（蓮）華佛〔一二〕。

南無虛空功德清淨微塵等目端正功德相光明華婆頭磨瑠璃光寶體香最上香供養訖種種莊嚴頂髻無量無邊日月光明願力莊嚴變化莊嚴法界出生無障礙王如來〔一三〕。

南無豪相日月光明花願寶蓮華堅如金剛身如毗盧遮那無障礙眼圓滿十方放光照一切佛刹相王如來。

南無普爲上界天先（仙）〔一四〕、龍梵八部、帝主人〔王〕〔一五〕、師僧父母、十方施主及無邊法界衆生〔一六〕，悉願斷除諸障，歸命懺悔。至心懺悔，一切業彰（障）海〔一七〕，皆從望（妄）相（想）生〔一八〕。若欲懺悔者，端座（坐）觀實〔相〕〔一九〕。衆罪如霜露，惠日能消除。是故應至心，懃懺六根罪，懺悔以（已）〔二〇〕，歸命禮三寶。

至心發願：願我等生生是（值）諸佛〔二一〕，世世恒聞解脱音。弘誓平等度衆生，畢竟速成無上大（道）〔二二〕。發願以（已）〔二三〕，歸命禮三寶。

一切普誦：處世界，如虛空，如蓮花，不著水，心清淨，超於彼。啟（稽）首禮〔二四〕，無上尊。

說偈發願：願已（以）此功德〔二五〕，普及於一切，我等以（與）衆生〔二六〕，皆共成佛道。

一切恭敬，自歸於（依）佛[二七]，當願衆生，體學大堂（道）[二八]，發無上意；自歸依法，當願衆生，深入經藏，智惠如海；自歸於（依）僧[二九]，當願衆〔生〕[三〇]，統理大衆，一切無礙。

願諸衆〔生〕[三一]，諸惡莫作，諸善奉行，自淨〔其〕意[三二]，是諸佛教。和南一切賢聖。

白衆等聽説黄昏無常偈：西方日未（已）午（暮）[三三]，陳（塵）勞有（猶）旋（未）藪（除）[三四]。生死海無邊，度苦旋（船）藪（未）塵（至）[三五]，云何樂樹（睡）眠[三六]？樹（睡）眠當覺吾（悟）[三七]，勿令須（睡）無（覆）心[三八]。用（勇）孟（猛）勤精進[三九]，菩捉（提）道自然[四〇]。

各説無常敬（偈）[四一]。

敬禮毗盧遮〔那〕佛[四二]，敬禮盧舍那佛，敬禮釋迦牟尼佛，敬禮東方善德佛，敬禮東南方無憂得佛，敬禮南方栴檀佛，敬禮西南方寶施佛，敬禮西方無量〔壽〕佛[四三]，敬禮西北方花（化）等（德）佛[四四]，敬禮北方相等（德）佛[四五]，敬禮東北方三乘行佛，敬禮上方廣衆德佛，敬禮下方明等（德）佛[四六]，敬禮當來下生彌勒尊佛。

敬禮舍利形像無量寶塔，敬禮十二方三世一切諸佛[四七]，敬禮十二部尊經甚深法

〔藏〕〔四八〕，敬禮諸大菩薩摩訶薩衆，敬禮聲聞、緣覺一切賢聖。爲天龍八部、諸善神王，敬禮常住三寶；爲過現諸師恒爲道首，敬禮常住三寶；爲帝主聖化無窮，敬禮常住三寶；爲太子諸王福延萬業，敬禮常住三寶；爲師僧父母及善知識，敬禮常住三寶；爲十方施主六土（度）員（圓）滿〔四九〕，敬禮常住三寶；爲三途八難受苦衆生願皆利（離）苦〔五〇〕，敬禮常住三寶；爲國土安寧法論（輪）常〔轉〕〔五一〕，敬禮常住〔三〕寶〔五二〕；爲法皆界有情〔五三〕，禮佛懺悔。

至心懺悔：十方無量佛，所之（知）無不盡〔五四〕。我今悉於前，發露悔之（諸）惡〔五五〕。三三合〔九〕衆（種）〔五六〕，從三煩極（惱）起〔五七〕。今身若前身，有罪皆懺悔。於三惡道中，若應受業報，願德（得）今身上（償）〔五八〕，不入惡道首（受）〔五九〕。懺悔〔已〕〔六〇〕，歸命禮三寶。

至心勸請：十方諸如來，現在成道者，我請轉法輪，安樂之（諸）衆生〔六一〕。十方一切佛，若欲捨受（壽）命〔六二〕。我今頭面禮，勸請禮（令）久住〔六三〕。勸請已，歸命禮三寶。

至心隨喜：所有布施福，持皆修善惠，從身口未（意）生〔六四〕，去來金（今）所有〔六五〕，習學三乘人，具足一乘者，無量人天福，衆等皆隨喜。隨喜已，歸命禮三寶。

至心迴向：我所作福業，一切皆和合。爲度衆生苦，正迴向佛道。罪應如是懺悔〔六六〕，迴向於菩提（提）〔六七〕。迴向〔已〕〔六八〕，歸命禮三寶。

至心發願：願諸衆生等，速〔發〕菩提（提）心〔六九〕。繫心常四（思）念〔七〇〕，十方一切佛。復願諸衆生，永破〔諸〕煩惱〔七一〕。了了見佛姓（性）〔七二〕，田（猶）如妙得（德）等〔七三〕。發願以（已）〔七四〕，歸命禮三寶。

白衆等聽説寅朝清淨偈：欲求盡（寂）滅樂〔七五〕，當學沙門法。衣食支身命，精麤（隨）衆等〔七六〕。諸衆等金（今）日〔七七〕，寅朝清淨偈。

記六念〔七八〕。

天福叁年丙午歲四月廿二日蓮臺寺僧李保行手記之耳。

説明

此件首缺尾全，《英藏敦煌文獻》未收，可能與《敦煌遺書總目索引》將其命名爲「佛經」有關，但《敦煌寶藏》編者已將此件定名爲「禮懺文」。汪娟《敦煌禮懺文研究》（法鼓文化事業股份有限公司，一九九八年版）將其列入「七階禮」，從此件所存内容來看，應與斯一四七三背性質相類，是不只一種「禮懺文」的摘抄，摘抄時對部分内容有省略，可能是蓮臺寺僧李保行的個人筆記。如此件中之「黄昏無常偈」，其内容與「七階禮」中之「黄昏偈」完全不同，而是由斯一四七三背《佛事文摘抄》和斯五五五二《禮懺文》中之「黄昏無常偈」和「初夜無常偈」合併而成，中間有所省略。「各説無常偈」

以下的内容爲《寅朝禮懺文》。

此件尾部之「天福叁年」（公元九四六年）題記對探索這類文書的流行年代具有一定價值。

校記

〔一〕「復然」，據斯二三三六《禮懺文一本》補。

〔二〕「法常」，據斯二三三六《禮懺文一本》補。

〔三〕「依」，據斯五五六二《禮懺文》補。

〔四〕「方佛等一切諸佛」，據斯一四七三背《佛事文摘抄》補。

〔五〕「一切諸佛」，據斯五五五二《禮懺文摘抄》補。

〔六〕「南無普光如」，據斯五五五二《禮懺文摘抄》補。

〔七〕「方善德如」、「十方」，據斯五五五二《禮懺文摘抄》補。

〔八〕「等」，據斯五五五二《禮懺文摘抄》補。

〔九〕第一個「佛」字底本脱，據斯五五五二《禮懺文摘抄》補；第二個「佛」字底本殘，據斯五五五二《禮懺文摘抄》補。

〔一〇〕「南無」，據斯五五五二《禮懺文摘抄》補。

〔一一〕「無報集如」，據斯五五五二《禮懺文摘抄》補。

〔一二〕「連」，當作「蓮」，據文義改，「連」爲「蓮」之借字；「佛」，據斯五五五二《禮懺文摘抄》補。

〔一三〕「嚴法」，據斯五五五二《禮懺文摘抄》補。

〔一四〕「南無」，斯五五五二《禮懺文摘抄》等「禮懺文」均無，疑爲衍文；「先」，當作「仙」，據斯五五五二《禮懺文摘抄》改，「先」爲「仙」之借字。
〔一五〕「王」，據斯五五五二《禮懺文摘抄》補。
〔一六〕「無邊」，據斯一四七三背《佛事文摘抄》補。
〔一七〕「彰」，當作「障」，據斯一四七三背《佛事文摘抄》改，「彰」爲「障」之借字。
〔一八〕「望」，當作「妄」，據文義改，「望」爲「妄」之借字；「相」，當作「想」，據斯一四七三背《佛事文摘抄》改，「相」爲「想」之借字。
〔一九〕「座」，當作「坐」，據斯五五五二《禮懺文摘抄》改，「座」爲「坐」之借字；「相」，據斯五五五二《禮懺文摘抄》補。
〔二〇〕「以」，當作「已」，據斯五五五二《禮懺文摘抄》改，「以」爲「已」之借字。
〔二一〕「是」，當作「值」，據斯五五五二《禮懺文摘抄》改，「是」爲「值」之借字。
〔二二〕「大」，當作「道」，據斯五五五二《禮懺文摘抄》改，「上」爲「道」之借字。
〔二三〕「以」，當作「已」，據斯五五五二《禮懺文摘抄》改，「以」爲「已」之借字。
〔二四〕「啟」，當作「稽」，據斯五五五二《禮懺文摘抄》改，「啟」爲「稽」之借字。
〔二五〕「已」，當作「以」，據斯五五五二《禮懺文摘抄》改，「已」爲「以」之借字。
〔二六〕「以」，當作「與」，據斯五五五二《禮懺文摘抄》改，「以」爲「與」之借字。
〔二七〕「於」，當作「依」，據斯五五五二《禮懺文摘抄》改，「於」爲「依」之借字。
〔二八〕「堂」，當作「道」，據斯五五五二《禮懺文摘抄》改。
〔二九〕「於」，當作「依」，據斯五五五二《禮懺文摘抄》改，「於」爲「依」之借字。

〔三〇〕「生」，據斯五五五二《禮懺文摘抄》補。

〔三一〕「生」，據斯五五五二《禮懺文摘抄》補。

〔三二〕「其」，據斯五五五二《禮懺文摘抄》補。

〔三三〕「未午」，當作「已暮」，據斯五五五二《禮懺文摘抄》改。

〔三四〕「陳」，當作「塵」，據斯五五五二《禮懺文摘抄》改，「陳」爲「塵」之借字；「有」，當作「猶」，據斯五五五二《禮懺文摘抄》改，「有」爲「猶」之借字；「旋」，當作「未」，據斯五五五二《禮懺文摘抄》改；「藪」，當作「除」，據斯五五五二《禮懺文摘抄》改。

〔三五〕「旋」，當作「舩」，據斯五五五二《禮懺文摘抄》改，「旋」爲「舩」之借字；「藪」，當作「未」，據斯五五五二《禮懺文摘抄》改；「塵」，當作「至」，據斯五五五二《禮懺文摘抄》改。

〔三六〕「樹」，當作「睡」，據斯二三三六《禮懺文一本》改，「樹」爲「睡」之借字。

〔三七〕「樹」，當作「睡」，據斯五五五二《禮懺文摘抄》改，「樹」爲「睡」之借字；「吾」，當作「悟」，據斯五五五二《禮懺文摘抄》改，「吾」爲「悟」之借字。

〔三八〕「須無」，當作「睡覆」，據斯五五五二《禮懺文摘抄》改，「須無」爲「睡覆」之借字。

〔三九〕「用孟」，當作「勇猛」，據斯五五五二《禮懺文摘抄》改，「用孟」爲「勇猛」之借字。

〔四〇〕「捉」，當作「提」，據斯五五五二《禮懺文摘抄》改。

〔四一〕「敬」，當作「偈」，據斯二三三六《禮懺文一本》改，「敬」爲「偈」之借字。

〔四二〕「那」，據斯二三三六《禮懺文一本》補。

〔四三〕「壽」，據斯一四七三背《佛事文摘抄》補。

〔四四〕「花等」，當作「化德」，據斯一四七三背《佛事文摘抄》改，「花等」爲「化德」之借字。

〔四五〕「等」，當作「德」，據斯一四七三背《佛事文摘抄》改，「等」爲「德」之借字。

〔四六〕「等」，當作「德」，據斯一四七三背《佛事文摘抄》改，「等」爲「德」之借字。

〔四七〕「二」，據文義及斯一四七三背《佛事文摘抄》爲衍文，應删。按此句應在上一段「彌勒尊佛」後。

〔四八〕「藏」，據斯一四七三背《佛事文摘抄》補。

〔四九〕「土」，當作「度」，據斯一四七三背《佛事文摘抄》改，「土」爲「度」之借字；「員」，當作「圓」，據斯一四七三背《佛事文摘抄》改，「員」爲「圓」之借字。

〔五〇〕「利」，當作「離」，據斯一四七三背《佛事文摘抄》改，「利」爲「離」之借字。

〔五一〕「論」，當作「輪」，據斯一四七三背《佛事文摘抄》改，「論」爲「輪」之借字；「轉」，據斯一四七三背《佛事文摘抄》補。

〔五二〕「三」，據文義補。

〔五三〕「皆」，據文義及斯一四七三背《佛事文摘抄》爲衍文，應删。

〔五四〕「之」，當作「知」，據斯一四七三背《佛事文摘抄》改，「之」爲「知」之借字。

〔五五〕「之」，當作「諸」，據斯一四七三背《佛事文摘抄》改，「之」爲「諸」之借字。

〔五六〕「九」，據斯一四七三背《佛事文摘抄》補；「衆」，當作「種」，據斯一四七三背《佛事文摘抄》改，「衆」爲「種」之借字。

〔五七〕「極」，當作「惱」，據斯一四七三背《佛事文摘抄》改。

〔五八〕「德」，當作「得」，據斯一四七三背《佛事文摘抄》改，「德」爲「得」之借字；「上」，當作「償」，據斯一四七三背《佛事文摘抄》改，「上」爲「償」之借字。

〔五九〕「首」，當作「受」，據斯一四七三背《佛事文摘抄》改，「首」爲「受」之借字。

〔六〇〕「已」，據斯一四七三背《佛事文摘抄》補。
〔六一〕「之」，當作「諸」，據斯一四七三背《佛事文摘抄》改，「之」爲「諸」之借字。
〔六二〕「受」，當作「壽」，據斯一四七三背《佛事文摘抄》改，「受」爲「壽」之借字。
〔六三〕「禮」，當作「令」，據斯一四七三背《佛事文摘抄》改，「禮」爲「令」之借字。
〔六四〕「未」，當作「意」，據斯一四七三背《佛事文摘抄》改。
〔六五〕「金」，當作「今」，據斯一四七三背《佛事文摘抄》改，「金」爲「今」之借字。
〔六六〕此句疑有脱文，據斯一四七三背《佛事文摘抄》此句作「罪應如是懺，勸請隨喜福」。
〔六七〕「捉」，當作「提」，據斯一四七三背《佛事文摘抄》改。
〔六八〕「已」，據斯一四七三背《佛事文摘抄》補。
〔六九〕「發」，據斯一四七三背《佛事文摘抄》補；「捉」，當作「提」，據斯一四七三背《佛事文摘抄》改。
〔七〇〕「四」，當作「思」，據斯一四七三背《佛事文摘抄》改，「四」爲「思」之借字。
〔七一〕「諸」，據斯一四七三背《佛事文摘抄》補。
〔七二〕「姓」，當作「性」，據斯一四七三背《佛事文摘抄》改，「姓」爲「性」之借字。
〔七三〕「田」，當作「猶」，據斯一四七三背《佛事文摘抄》改；「得」，當作「德」，據文義改，「得」爲「德」之借字。
〔七四〕「以」，當作「已」，據斯一四七三背《佛事文摘抄》改，「以」爲「已」之借字。
〔七五〕「盡」，當作「寂」，據斯一四七三背《佛事文摘抄》改，「盡」爲「寂」之借字。
〔七六〕「是」，當作「隨」，據斯二三三六《禮懺文一本》改。
〔七七〕「金」，當作「今」，據斯一四七三背《佛事文摘抄》改，「金」爲「今」之借字。
〔七八〕據斯一四七三背《佛事文摘抄》和斯二三三六《禮懺文一本》此句有省略，全文應爲「上、中、下座各記六念」。

參考文獻

Descriptive Catalogue of the Chinese Manuscripts from Tunhuang in the British Museum, p. 199；《敦煌寶藏》一四冊，五六六至五六七頁（圖）。

斯一九三一背　一　雜寫（社司轉帖）

釋文

王□□
社司轉帖
社司轉帖

説明

以上内容爲時人隨手所寫於『禮懺文摘抄』卷背空白處，三行文字並非連續書寫，其中第二行和第三行間留有數行空白。

參考文獻

《敦煌寶藏》一四册，五六七頁（圖）；《英藏敦煌文獻》三卷，一八五頁（圖）。

斯一九三一背　二　禮懺文摘抄（黃昏無常偈等五首）

釋文

白衆等聽說黃昏無常偈〔一〕：人間菍（忩）菍（忩）榮（營）衆務〔二〕，不覺年命夜（日）去（夜）日（去）〔三〕。〔如〕燈風中焰難期〔四〕，忙忙六道無定趣〔五〕。未得解脱出苦海〔六〕，云何安然不驚懼？各聞強建（健）有刀（力）時〔七〕，自策〔自〕勵求常住〔八〕。

白衆等聽說初夜無常偈〔九〕：煩惱深無帝（底）〔一〇〕，生死海無邊。度苦舩未必（至）〔一一〕，云何樂睡眠〔一二〕？睡眠當覺悟〔一三〕，勿〔令〕睡覆心〔一四〕。勇猛勤精進〔一五〕，菩提道〔自〕然〔一六〕。

白衆等聽說衆（中）〔夜〕無常偈〔一七〕：汝等勿枹（抱）臭屍〔臥〕〔一八〕，動（種）動（種）不淨更（假）名身〔一九〕。如得動（重）病箭入體〔二〇〕，衆苦痛集安可眠〔二一〕？

〔白〕衆等聽說後夜元（無）常偈〔二二〕：時光遷遷留（流）轉〔二三〕，忽至五更初〔二四〕。無常念念至，恒與死王居〔二五〕。云何自縱恣〔二六〕？依是樂寬舒〔二七〕。勸諸行道衆〔二八〕，學（勤）至（學）勤（至）無餘〔二九〕。

〔白〕〔衆〕〔等〕聽説午時無常〔偈〕〔三〇〕：人生不精進〔三一〕，喻若樹無根〔三二〕。菜（採）華致（置）日中〔三三〕，能得己（幾）時新（鮮）〔三四〕？花亦不久鮮〔三五〕，色亦非常好〔三六〕。人命如刹那〔三七〕，須臾難可保〔三八〕。一切普誦〔三九〕。

壬子年十一月五日蓮臺寺。

説明

此件亦抄寫於「禮懺文摘抄」卷背，包括「黄昏無常偈」、「初夜無常偈」、「中夜無常偈」、「後夜無常偈」和「午時無常偈」五首，内容有節略。除第一首外，各首第一句都有表示應另起一段的段落符號。這些内容常見於「禮懺文」中，如正面的「禮懺文摘抄」中即有「黄昏無常偈」（該件僅抄寫了起首部分，内容與此件不同）和「初夜無常偈」。所以，此件實際上也是「禮懺文摘抄」，不過摘抄的是其中之「無常偈」部分。

此件尾題「壬子年十一月五日蓮臺寺」，《敦煌詩集殘卷輯考》將「壬子」誤釋爲「壬午」，並據其後不同筆跡題記「天福三年四月二十二日蓮臺寺僧李保行記」，推測「壬午」爲後梁龍德二年（公元九二三年）。「壬子」應爲距「天福三年」（公元九四六年）較近的公元九五二年。還應該指出，上舉《敦煌詩集殘卷輯考》所引「天福三年」「不同筆跡題記」，實爲蔣孝琬所抄録的正面「禮懺文摘抄」的尾題，很多英藏敦煌文獻卷背都有蔣孝琬抄録的正面文書名稱和題記，其上還有數碼標記。此件後面的「不同筆跡題記」與其他文書卷背的蔣孝琬題記筆跡相同，且亦有數碼。因正面文書首部殘缺，失題，所以蔣氏在抄録正面題記後特別注明「經末有名」。將「壬子」確定爲公元九五二年，與正面文書抄寫的時間公元九四六年相差數年，符合正面先寫，背面後寫的一般抄寫慣例。如果此件抄寫於公元九二三年，也無法解釋爲何背面文書的抄寫時間早於正面。

此件所抄之「無常偈」，内容大致與《大正新脩大藏經》四七册、《中華大藏經》六三册所收善導《集諸經禮懺儀》卷下《往生禮讚偈》中「初夜偈」、「中夜偈」、「後夜偈」、「平旦偈」、「日中偈」五首相同。敦煌文獻中抄有「無常偈」的卷子較多，現知對此件有校勘價值的另有八件文書：伯二九一一《禮佛文》中抄有「初夜無常偈」、「中夜無常偈」、「後夜無常偈」和「日午無常偈」四首；斯三九八〇《佛説佛名經》夾抄「黄昏無常偈」、「初夜無常偈」、「中夜無常偈」和「後夜無常偈」四首，其中「黄昏無常偈」與此件所抄名同文異；斯四一三〇《禮懺文》抄有「黄昏無常偈」、「初夜偈」、「後夜偈」三首，該件之「黄昏無常偈」與此件所抄名同文異；BD 二一七〇（北八三〇二、宇七〇）《佛説七階禮佛名經》中抄有「黄昏偈」、「初夜無常偈」、「午時無常偈」三首，其中「黄昏偈」與此件文字完全不同；BD 三一二〇（北八三一四、騰二〇）《佛説七階禮佛名經》中抄有「後夜偈」和「午時偈」兩首，該件背面復抄「午時無上偈」一通，與正面「午時偈」大致相同；BD 五六五二（北八三二一、李五二號）《佛説七階禮佛名經》中抄有「黄昏無常偈」、「初夜偈」、「中夜偈」、「後夜偈」和「午時偈」五首；斯一八〇七《西方淨土讚》尾抄「黄昏無常偈」一首，略有殘缺；伯二七二二《往生禮讚文》中抄有「黄昏無常偈」一首，其中前一首與斯三九八〇所抄文字略同。

以上釋文以斯一九三一背爲底本，以《中華大藏經》所收《集諸經禮懺儀》卷下《往生禮讚偈》

（稱其爲甲本）、伯二九一一（稱其爲乙本）、斯三九八〇（稱其爲丙本）、斯四一三〇（稱其爲丁本）、BD二七〇（北八三〇二、宇七〇）（稱其爲戊本）、BD三一二〇（北八三一四、騰二〇）（稱其爲己本）、斯一八〇七（稱其爲庚本）、伯二七二二（稱其爲辛本）、BD五六五二（北八三二一、李五二）（稱其爲壬本）、BD二七〇（北八三〇二、宇七〇）（稱其爲癸本）參校。需要説明的是，辛本兩首『黄昏無常偈』中，第一首與底本文字差别很大，故僅以辛本第二首參校（簡稱辛本）。

校記

〔一〕『白』，丙、丁、壬本同，甲、庚、辛本作『諸』。按『黄昏無常偈』一段，丙、丁、戊本與底本差别很大，故不予參校。

〔二〕『蕊蕊』，當作『忩忩』，據甲、庚、辛、壬本改，『忩』同『悤』；『榮』，當作『營』，據甲、庚、辛、壬本及文義改，時『榮』通『營』；『務』，甲、辛、壬本同，庚本作『忘』，『忘』爲『務』之借字。

〔三〕『夜去日』，當作『日夜去』，據甲、庚、辛本改，壬本作『日夜却』。

〔四〕『如』，據甲、庚、辛、壬本補；『焰』，壬本同，庚本作『艷』，『艷』爲『焰』之借字，甲、辛本作『滅』。

〔五〕『趣』，甲、庚、辛本同，壬本作『取』，『取』爲『趣』之借字。

〔六〕『得』，甲、庚、辛本同，壬本脱；『脱』，甲、辛、壬本同，庚本作『奪』，『奪』爲『脱』之借字；『出』，甲、辛、壬本同，庚本作『度』。庚本止於此句。

〔七〕『建』，當作『健』，據甲、辛、壬本及文義改，『建』爲『健』之借字；『刀』，當作『力』，據甲、辛、壬本及文義改。

〔八〕「策」，辛、壬本同，甲本作「筞」，誤；「自」，據甲、辛、壬本補。辛本止於此句。

〔九〕「白」，丙本同，乙本作「諸」。此句甲本作「彌陁佛初夜偈云」，丁、壬本作「初夜偈」，戊本作「初夜無常偈」。

〔一〇〕「煩惱」，甲、丙、丁、戊、壬本同，乙本脱；「深」，甲、丙、丁、壬本同，戊本作「滌」，誤；「帝」，乙本同，當作「底」，據甲、丙、丁、戊、壬本改，「帝」爲「底」之借字。

〔一一〕「必」，當作「至」，據乙、丙、丁本改，甲、戊、己、壬本作「立」，誤。

〔一二〕「睡眠」，甲、丙、丁、戊、壬本同，乙本作「垂綿」，「垂綿」爲「睡眠」之借字。

〔一三〕「眠」，丙、丁、己、壬本同，乙本作「綿」，「綿」爲「眠」之借字，戊本作「已」，誤；「悟」，丙、丁、戊、己、壬本同，乙本作「五」，「五」爲「悟」之借字。此句甲本無。

〔一四〕「勿」，丙、戊、己、壬本同，乙本作「莫」，丁本作「物」，「物」爲「勿」之借字；「令」，據乙、丙、丁、戊、己、壬本補；「睡覆」，丙、丁、戊、己、壬本同，乙本作「垂副」，「垂副」爲「睡覆」之借字。此句甲本無。

〔一五〕「勇」，甲、丁本同，乙、己、壬本作「用」，戊本作「汝」，「用」爲「勇」之借字；「猛」，甲、己、壬本同，乙、丁本作「孟」，戊本作「等」，「孟」爲「猛」之借字；「勤」，甲、乙、己、壬本同，丁、戊本作「懃」，「懃」通「勤」。此句丙本作「勤修六度行」。甲、乙本此句下尚有「攝心常在禪，勤修六度行」二句。

〔一六〕「自」，據甲、乙、丙、戊、己、壬本補，丁本作「字」，「字」爲「自」之借字。

〔一七〕「白」，丙、己本同，乙本作「諸」；「衆」，當作「中」，據甲、乙、丙、己、壬本改，「衆」爲「中」之借字；「夜」，據甲、乙、丙、己、壬本及文義補。此句甲本作「中夜偈云」，壬本作「中夜偈」。

〔一八〕「汝」，甲、丙、己、壬本同，乙本作「如」，「如」爲「汝」之借字；「等」，乙、丙、己、壬本同，甲本作「起」；「勿」，甲、丙、己、壬本同，乙本作「物」，「物」爲「勿」之借字；「枹」，當作「抱」，據甲、乙、丙、己、壬本改；「臭」，甲、丙、己、壬本同，乙本作「醜」，「醜」爲「臭」之借字；「屍」，丙、己、壬本同，甲本作『身』，乙本作『尸』，『尸』通『屍』；『臥』，據甲、乙、丙、己、壬本補。

〔一九〕『動動』，當作『種種』，據甲、丙、己、壬本改，乙本作『衆衆』，『動』、『衆』均爲『種』之借字；『淨』，甲、丙、己、壬本同，乙本作『靖』，『靖』爲『淨』之借字；『更』，當作『假』，據甲、丙、己、壬本及文義改，乙本作『賈』，『賈』爲『假』之借字；『身』，乙、丙、己、壬本同，甲本作『人』。

〔二〇〕『動』，當作『重』，據甲、乙、丙、己、壬本及文義改，『動』爲『重』之借字。

〔二一〕『衆』，甲、丙、己、壬本同，乙本作『諸』；『苦』，甲、乙、己、壬本同，丙本作『昔』，誤；『痛』，甲、丙、己、壬本同，乙本作『煩』；『集』，甲、乙、丙、己本同，壬本脱；『眠』，甲、丙、己、壬本同，乙本作『綿』，『綿』爲『眠』之借字。

〔二二〕『白』，據丙本補，乙本作『諸』；『元』，當作『無』，據乙、丙本改。此句甲本作『後夜偈云』，丁、壬本作『後夜偈』，己本作『次説後夜偈』。

〔二三〕第一個『遷』，甲、丙、己本同，乙、丁、壬本作『千』，『千』爲『遷』之借字；第二個『遷』爲衍文，據文義當刪；『留』，乙本同，當作『流』，據甲、丙、丁、己、壬本及文義改，『留』爲『流』之借字。

〔二四〕『忽』，甲、乙、己、壬本同，丙、丁本作『勿』，誤；『至』，甲、丙、丁、己、壬本同，乙本作『指』，『指』爲『至』之借字。

〔二五〕『死』，甲、乙、丙、丁、壬本同，己本作『四』，『四』爲『死』之借字；『王』，甲、丙、丁、己、壬本同，乙本作『亡』，『亡』爲『王』之借字；『居』，甲、丙、丁、己、壬本同，乙本作『車』，『車』爲『居』之借字。丙本止於此句。

〔二六〕『云何自縱恣』，甲、乙、壬本無，丁本作『菩提道字（自）然』，己本作『念念催人促』。

〔二七〕『依是樂寬舒』，甲、乙、壬本無，丁本作『於是樂寬身』，己本作『由如少水魚』。

〔二八〕「衆」，乙、丁、己本同，甲本作「者」。此句壬本無。

〔二九〕「學」，當作「勤」，據甲本改，丁本作「懃」，乙、己本作「修」，亦可通；「至」，當作「學」，據乙、丁本改，甲本作「修」，己本作「道」；「勤」，當作「至」，據甲、乙、丁、己本改；「餘」，甲、丁、己本同，乙本作「礜」，「礜」爲「餘」之借字。丁本止於此句，壬本無此句。

〔三〇〕「白衆等」，據己本補，乙本作「諸衆等」；「午時」，戊、己、癸本同，甲本作「日中」，乙本作「日午」；「無常」，乙本同，己本脱；「偈」，據甲、乙、戊、己、壬、癸本補。此句甲本作「日中偈云」，戊本作「午時無常偈」，壬本作「午時偈」，癸本作「午時無上偈」。

〔三一〕「人」，甲、戊、己、壬、癸本同，乙本作「仁」，「仁」爲「人」之借字。

〔三二〕「喻」，甲、戊、己、壬本同，乙本作「俗」，癸本作「常」；「樹無根」，甲、戊、己、壬、癸本同，乙本作「弓無賢（弦）」。

〔三三〕「菜」，壬、癸本同，當作「採」，據甲、戊、己本及文義改，「菜」爲「採」之借字；「華」，甲、戊、己、壬、癸本作「花」，時「華」、「花」可互通；「致」，己、壬、癸本作「至」，當作「置」，據甲、戊本改，「致」、「至」均爲「置」之借字；「中」，戊、己、壬、癸本同，甲本作「裏」。此句乙本作「大斧不安歌」，誤。

〔三四〕「己」，當作「幾」，據甲、戊、己、壬、癸本改，「己」爲「幾」之借字；「新」，己本同，當作「鮮」，據甲、戊、壬本及文義改，癸本作「仙」，「仙」爲「鮮」之借字。此句乙本作「如鎌不支訶」。

〔三五〕「鮮」，戊、己、壬本同，癸本作「仙」，「仙」爲「鮮」之借字。此句甲本無，乙本作「無戒亦伏（復）然」。

〔三六〕「色亦非常好」，戊、己、壬、癸本同，甲、乙本無。

〔三七〕「人命如刹那」，戊、己、壬本同，甲、乙本作「人命亦如是」，癸本作「人命一刹那」。

〔三八〕「須臾難可保」，戊、壬、癸本同，甲本作「無常須臾間」，乙本作「無常須偷間」，誤，己本作「百年難可保」。

己、癸本止於此句。

〔三九〕『一切普誦』，甲本等諸本此句前尚有『勸諸行道衆，勤修乃至真』或其他内容，蓋抄寫者有節略，或所據文本不同。

參考文獻

《大正新脩大藏經》四七冊，四六八頁；*Descriptive Catalogue of the Chinese Manuscripts from Tunhuang in the British Museum*, p. 199（録）；《敦煌寶藏》一四冊，五六七頁（圖）；《敦煌寶藏》三二冊，六七九頁（圖）；《敦煌寶藏》一〇九冊，五八四頁（圖）、六二〇至六二五頁（圖）、六四七頁（圖）；《敦煌寶藏》一二三冊，四八六至四八八頁（圖）；《英藏敦煌文獻》三卷，一五一頁（圖）、一八五至一八六頁（圖）；《英藏敦煌文獻》五卷，二六〇頁（圖）；《中華大藏經》六三冊，六〇四至六〇五頁；《敦煌詩集殘卷輯考》八六六頁；《敦煌遺書總目索引新編》五八頁；《法藏敦煌西域文獻》一七冊，三六五至三六六頁（圖）；《法藏敦煌西域文獻》二〇冊，三二頁（圖）；《全敦煌詩》一〇冊，四一八〇頁；《全敦煌詩》一五冊，六七四一至六七四九頁（録）。

斯一九三一背　三　雜寫

釋文

右今月廿一日敦煌鄉（倒書）

竊聞三世修因菓，獲德（得）兄弟之報。

說明

以上文字爲時人隨手所寫於『禮懺文摘抄』卷背空白處，第一行爲倒書，兩行文字並非連續書寫，中間留有多行空白。第一行前有蔣孝琬所書數碼和『天福三年四月二十二日蓮臺寺僧李保行記，經未有名』，未録。

參考文獻

《敦煌寶藏》一四册，五六八頁（圖）；《英藏敦煌文獻》三卷，一八七頁（圖）。

斯一九三一背　四　七言詩一首

釋文

□□□□□□令，小來不學文字名（倒書）。
□□□□□□念（？），後他合得車馬迎（倒書）。

説明

此件上半截殘缺，應爲七言詩一首，現僅存下半截兩句，倒書。

參考文獻

《敦煌寶藏》一四册，五六八頁（圖）；《英藏敦煌文獻》三卷，一八七頁（圖）；《敦煌詩集殘卷輯考》八六六頁（録）；《全敦煌詩》一〇册，四一八〇頁（録）。

斯一九三二　太玄真一本際經卷第十顯明功德品第二

釋文

（前缺）

受持。各還本國，宣揚妙旨，依法奉行，不敢輕慢。

顯明功德品第二〔一〕

是時，南方丹霍天君，法名無礙，在炎光世界朱明國土瓊鳳城西重陽宮内，火練池中紅蓮花上〔二〕，與諸眷屬丹元童子〔三〕、守靈真人一千二百等衆，俱聞天尊在淨明國土善積山中，敷揚正法微妙經典，放光動地，徹照火練池中。是時，無礙率領門徒弟子，與諸真人等同來詣座，散花燒香，驚（擎）珠獻寶〔四〕，來到道前。羅烈（列）供養夜寶（光）光（寶）珠〔五〕、晝寶（光）光（寶）珠〔六〕、素秋明月瑯玕寶珠、玄冬慧日連錢寶珠〔七〕、青陽繡蘂清淨寶珠、朱明錦葉豐容寶珠〔八〕、青鸞赤鳳琬琰寶珠〔九〕、神虎驪龍無價寶珠。如是寶珠數千萬億，光〔明〕〔照〕〔曜〕〔一〇〕，〔郭〕〔翳〕〔日〕〔月〕〔一一〕。〔以〕〔此〕〔供〕〔養〕〔圍〕〔繞〕〔天〕〔尊〕〔一二〕，〔張〕〔諸〕幢盖〔一三〕，幡花亂眼，精光煒燁，非可目詺〔一四〕。次有明珠寶幢〔一五〕、曜日寶幢、連璧寶幢〔一六〕、淨月寶幢、瓊瑶寶幢、定水寶幢、迎風寶幢、散花寶幢〔一七〕、浮香寶幢，分布既竟。次至七曜靈幡、十絕靈幡、孔雀靈幡〔一八〕、師子靈幡、金華靈幡、玉葉靈幡、飛龍靈幡、儛鵠靈幡〔一九〕，如是諸幡，施安復畢。乃至飛香寶盖、垂蓮寶盖、霜羅寶盖、雲錦寶盖、珠瓔寶盖、繡蘂寶盖，如是幢盖，一時施張，千重百重〔二〇〕，以用供養。乃至珍玩服餝、上藥仙菓、金銀琉璃、車渠馬腦〔二一〕、珊瑚琥魄〔二二〕，名珠貴寶，悉皆供養。時雨大花遍滿地上〔二三〕，皆深數尺。反風名香，逕上衝天〔二四〕。

（後缺）

說明

此件首尾均缺，起『受持』，訖『反風名香，逕上』，其尾部現與《妙法蓮華經》、《維摩詰經》、《金剛般若波羅蜜經》等佛經粘接在一起。第二行有標題『顯明功德品第二』，可知所存内容爲『《太玄真一本際經》卷第十顯明功德品第二』的前半部分，標題之前的一行爲『《太玄真一本際經》道本通微品卷第十』的尾部。

此件有界欄，分欄書寫，共二十四行，除第二、三行外，其餘各行均抄十七字，字體雋秀，卷中『世』、『虎』不諱。敦煌文獻中有關《太玄真一本際經卷第十》的寫本共有十四件，其中對此件有校勘價值的文書有日本天理大學藏本、斯二九九九、伯二六六五、伯二六六六、伯二四五九、北敦九七七一。而伯二四五九僅卷尾「各還本國，宣揚妙旨，依法奉行，不敢輕慢」諸句與此件相同，并無實質差異，故釋録時未列爲校本。

以上釋文以斯一九三二爲底本，用天理大學藏本（稱其爲甲本）、斯二九九九（稱其爲乙本）、伯二六六五（稱其爲丙本）、伯二六六六（稱其爲丁本）參校。

校記

〔一〕底本「二」下有另一筆跡所書「道經」二字，字體稍大，因與此件無關，未録。

〔二〕「花」，乙、丙本同，甲本作「華」，「華」通「花」。

〔三〕「元」，甲、乙本同，丙本作「無」，誤。

〔四〕「驚」，當作「擎」，據甲、乙、丙本及文義改。

〔五〕「烈」，乙本同，當作「列」，據甲、丙本改，「烈」爲「列」之借字；「竇光」，甲、乙、丙本同，當作「光竇」，據文義改。

〔六〕「竇光」，甲、乙、丙本同，當作「光竇」，據文義改。

〔七〕「慧」，甲、乙本同，丙本作「惠」，「惠」通「慧」。

〔八〕「朱明錦葉豐容竇珠」，乙、丙本同，甲本脱。

〔九〕「青鸞赤鳳琬琰竇珠」，乙、丙本同，甲本脱。

〔一〇〕「明照曜」，據甲、乙、丙本補。

〔一一〕「鄣翳日月」，據甲、乙、丙本補。
〔一二〕「以此供養圍繞天尊」，據甲、乙、丙本補；「圍」，甲、乙本作「違」，「違」爲「圍」之借字。
〔一三〕「張諸」，據甲、乙、丙本補。
〔一四〕「諮」，甲、乙、丁本同，丙本作「照」，疑誤。
〔一五〕丁本始於此句。
〔一六〕「璧」，甲、乙、丙本同，丁本作「辟」，「辟」爲「璧」之借字。
〔一七〕「花」，甲、乙、丁本同，丙本作「華」，「華」通「花」。
〔一八〕丙本止於此句。
〔一九〕「儛」，甲、丁本同，乙本作「舞」，「儛」通「舞」。
〔二〇〕第二個「重」字，乙、丁本同，甲本作「里」。
〔二一〕「車渠」，乙、丁本同，甲本作「硨璖」。
〔二二〕「琥」，甲、丁本同，乙本作「虎」，「虎」爲「琥」之借字。
〔二三〕底本「雨」上天頭處有另一筆跡所書「法華」二字，字體稍大，因與此件無關，未録。
〔二四〕「衝天」，據甲、乙、丁本補。底本此句後另粘一紙，抄有《妙法蓮花經》「是以禪定智慧力得法，國土王於三界，而諸」云云，因與此件無關，未録。

參考文獻

Descriptive Catalogue of the Chinese Manuscripts from Tunhuang in the British Museum, p. 222；《敦煌道經目録編》一六九頁；《敦煌寶藏》一四冊，五六八頁（圖）；《英藏敦煌文獻》三卷，一八八頁（圖）；《道教文化研究》十三輯，四七

一至四七二頁（録）；《中華道藏》五冊，二六二頁（録）；《敦煌道教文獻研究——綜述·目録·索引》二〇九至二一〇頁；《敦煌本〈太玄真一本際經〉輯校》。

斯一九三九　大般若波羅蜜多經卷第三百卅一題記

釋文

張豪

説明

以上題名寫於《大般若波羅蜜多經》卷第三百卅一卷背，濃墨書寫，字體稍大，《英藏敦煌文獻》未收，現予補録。

參考文獻

Descriptive Catalogue of the Chinese Manuscripts from Tunhuang in the British Museum, p. 14（録）；《敦煌寶藏》一四册，六〇五頁（圖）。

斯一九四〇　殘片（齋歷）

釋文

（前缺）

自（？）却取正月

十七日、十八日、十九日、廿三日

十五日、十六日、十七日、廿一日

五日、十九日、廿日、廿一日、廿二日

□日、十五日、十七日、十八日

十五日、十六日、十七日、十八日

日、十三日、十四日、十五日

廿六日。

□十日、十一日、十二日、十□

（後缺）

説明

此件爲一殘片，所存内容性質不明，《英藏敦煌文獻》定名爲《殘片（齋歷）》，姑從之。

參考文獻

《敦煌遺書總目索引》一四七頁；《敦煌寶藏》一四册，六〇六頁（圖）；《英藏敦煌文獻》三卷，一八八頁（圖）。

釋文

（前缺）

□□□□□之屬。

所謂福也。福祚之不登叔父，焉在〔一〕？言福祚不在叔父〔二〕，當在誰邪〔三〕？且昔而高祖孫伯黶〔四〕，司晉之典籍，以爲大政，故曰籍氏。孫伯黶，晉正卿，籍談九世祖也〔五〕。及辛有之二子董之晉，於是乎有董史。辛有，周人也。其二子適晉爲大史，籍黶與之共董督典籍〔六〕，因爲董氏，董狐其後也〔七〕。汝〔八〕，司典之後也，何故忘之？』籍談不能對。賓出。王曰：『籍父其無後乎？數典而忘其祖。』忘其祖業之也〔九〕。籍談歸，以告叔向。叔向曰：『王其不終乎？吾聞之，所樂必卒焉。今王樂憂，若卒以憂，不可謂終。王一歲而有三年之喪二焉，天子絕朞〔一〇〕，唯服三年。故后雖朞〔一一〕，通謂之三年之喪也〔一二〕。於是乎以喪賓宴，又求彝器，樂憂甚矣，且非禮也。彝器之來，嘉功之由，非由喪也。三年之喪，雖貴遂服，禮也。天子、諸侯除喪，當年（在）卒哭〔一三〕。今王既葬而除，故譏其不遂。王雖弗遂，宴樂以早，亦非禮也。言今雖不能遂服，猶當靜嘿，而便燕樂〔一四〕，又失禮也。禮，王之大經也。一動而失二禮，無大經矣。失二禮，謂既不遂服，又設宴樂也〔一五〕。言以考典，考，成之也〔一六〕。典以志經。忘經而多言舉典，將焉用之？』爲廿〔二〕年王室亂傳也〔一七〕。

經　十有六年，春，齊侯伐〔徐〕〔一八〕。

楚子誘戎蠻子，殺之。

夏，公至自晉。

秋，八月，己亥，晉侯夷卒。未同盟也〔一九〕。

九月，大雩。

季孫意如如晉。

冬，十月，葬晉昭公。三月而葬，速也〔二〇〕。

傳　十六年，春，王正月，公在晉，晉人止公。不書，諱之也。猶以取鄆故也。公爲晉人所執止，故諱不書之也〔二一〕。

齊侯伐徐。楚子聞蠻氏之亂也，與蠻子之無質也。質，信〔二二〕。使然丹誘戎蠻子嘉，殺之，遂取蠻氏。既而復立其子焉，禮也。詐之，非也；立其子，禮也。

（後缺）

說明

此件首尾均缺，所存內容爲《春秋左氏傳集解》昭公十五年、十六年的一部分。卷中『經』、『傳』

二字均頂格書寫，以示區分。正文大字書寫，注文則用雙行小字。據研究，此件與伯三八〇六、斯五八五七、Дx.一四五六、伯二四八九、伯三六一一、伯二七六四和斯二九八四等八件文書爲同一抄本之不同部分，但此件與其他各件不能直接綴合。有關這八件文書的抄寫特點、殘存内容及拼接情況，可參看許建平《敦煌經籍叙録》（中華書局，二〇〇六年版，二四七至二五二頁）、《敦煌經部文獻合集》（中華書局，二〇〇八年版）一一九〇至一一九二頁的解題部分。關於此件之抄寫年代，或認爲是初唐寫本，或認爲是唐後期之抄本（參見許建平《敦煌經籍叙録》二四七至二五二頁）。

以上釋文以斯一九四三爲底本，以流行較廣的《十三經注疏》（中華書局，一九八〇年版）所收《春秋左傳正義》（稱其爲甲本）參校。

校記

〔一〕「焉在」，據殘筆劃及甲本補。

〔二〕「言福祚不在叔」，據甲本補。

〔三〕「邪」，底本僅存左半「牙」部，據甲本補。

〔四〕「且昔而」，據甲本補。

〔五〕「也」，甲本無。

〔六〕「董」，原作「董董」，分别抄於注文行末和下一行行首，這是敦煌文獻中常見的提行重文抄寫方式，其中第二個「董」字應不讀；「典籍」，甲本作「晉典」。

〔七〕「也」，甲本無。

〔八〕「汝」，甲本作「女」，「女」爲「汝」之古字。
〔九〕「忘其祖業之也」，甲本作「忘祖業」，按「之」字應爲補白所添加之字，應不讀。
〔一〇〕「朞」，甲本作「期」，「朞」亦作「期」。
〔一一〕「朞」，甲本作「期」，「朞」亦作「期」。
〔一二〕「之喪也」，甲本作「喪」。
〔一三〕「年」，當作「在」，據甲本改。
〔一四〕「燕」，甲本作「宴」，「燕」通「宴」。
〔一五〕「也」，甲本無。
〔一六〕「之」，甲本無。
〔一七〕「廿」，甲本作「二十」；「二」，據甲本補；「也」，甲本無。
〔一八〕「徐」，據甲本補。
〔一九〕「也」，甲本無。
〔二〇〕「也」，甲本無。
〔二一〕「之也」，甲本無。
〔二二〕「信」，甲本作「信也」。

參考文獻

Descriptive Catalogue of the Chinese Manuscripts from Tunhuang in the British Museum, p. 231；《孔孟學報》二一期，一九七五年，一三五頁；《十三經注疏》二〇七七至二〇七八頁；《敦煌學論文集》二八至三一頁；《敦煌寶藏》一四册，六

一一頁（圖）；《敦煌寶藏》二五冊，一一四頁（圖）；《敦煌寶藏》四四冊，五一五頁（圖）；《敦煌寶藏》一二四冊，三七至三八頁（圖）；《敦煌寶藏》一二九冊，二七二至二七四頁（圖）；《敦煌寶藏》一三一冊，二三至二七頁（圖）；《英藏敦煌文獻》三卷，一八九頁（圖）；《英藏敦煌文獻》四卷，二六四頁（圖）；《英藏敦煌文獻》九卷，一七九頁（圖）；《俄藏敦煌文獻》八冊，一八四頁（圖）；《法藏敦煌西域文獻》一四冊，二七九至二八一頁（圖）；《法藏敦煌西域文獻》一八冊，一二八頁（圖）；《法藏敦煌西域文獻》二八冊，一〇八至一一二頁（圖）；《敦煌寫卷〈春秋經傳集解〉校證》二九九至三五〇頁（録）；《河北師範大學學報》二〇〇五年二期，九四頁；《姜亮夫、蔣禮鴻、郭在貽先生紀念文集》三〇八至三〇九頁；《敦煌文獻叢考》三四四至三四五頁、三六二頁；《敦煌經籍敘録》二四九至二五二頁；《敦煌經部文獻合集》一一九〇至一二二六頁（録）。

斯一九四五　大般涅槃經卷第十一題記

釋文

周保定五年乙酉朔，比丘洪珍，自慨摩（魔）心集於愚懷[一]，宿鄣隔於正軌[二]，仰惟大聖，遂勸化道俗，寫《千五百佛名》一百卷，《七佛八菩薩咒》一百卷，《諸雜咒》三千三頭（？），寫《涅槃經》一部，寫《法華經》一部，寫《方廣經》二部，《仁王經》一部并疏，《藥師經》一部，寫《藥王藥上菩薩經》一部，《戒》一卷並《律》，評（憑）譴兹福[三]，普爲盡法〔界〕一切衆生[四]，用帋十八張，登彌勒初會，一時〔成〕佛[五]。

説明

此件《英藏敦煌文獻》未收，現予補録。『用帋十八張』似是先寫的，其後在書寫寫經題記時被夾在了『一切衆生』和『登彌勒初會』之間。

校記

〔一〕『摩』，當作『魔』，據文義改，『摩』爲『魔』之借字。

〔二〕『鄣』，《敦煌遺書總目索引新編》釋作『障』，按『鄣』、『障』可互通。

〔三〕『評』，當作『憑』，據文義改，『評』爲『憑』之借字。

〔四〕『界』，據文義補。

〔五〕『成』，*Descriptive Catalogue of the Chinese Manuscripts from Tunhuang in the British Museum* 據文義校補。

參考文獻

《鳴沙餘韻》九〇至九二頁（圖）；《鳴沙餘韻解説》七〇至七一頁（録）；*Descriptive Catalogue of the Chinese Manuscripts from Tunhuang in the British Museum*，p. 45（録）；《敦煌寶藏》一四册，六三四頁（圖）；《中國古代寫本識語集録》一三四頁（録）；《魏晉南北朝敦煌文獻編年》一五七頁（録）；《敦煌遺書總目索引新編》五八頁（録）。

斯一九四六　淳化二年（公元九九一年）押衙韓願定賣家妮子塩勝契

釋文

淳化二年辛卯歲十一月十二日立契。押衙韓願定伏緣家中用度所換[一]，欠闕疋帛。今有家妮子名塩勝，年可貳拾捌歲，出賣與常住百姓朱願松妻男等，斷價（當）女人價生熟絹伍疋[二]，當日現還生絹叁疋。熟絹兩疋，限至來年五月盡填還。其人及價，互相分付[三]。自賣已後，任永（允）朱家男女世代爲主[四]。中間有親情眷表識認此人來者[五]，一仰韓願定及妻七娘子面上覓好人充替。或遇恩赦流行，亦不在再來論理之限。兩共面對商儀（議）爲定[六]，准格不許𪌂悔。如若先悔者，罰樓綾壹疋[七]，仍罰大羯羊兩口，充入不悔人。恐人無信，故勒此契，用爲後憑。┐其人在患，比至十日已後不用休悔者。七

買（賣）身女人壏勝[八] 七

出賣女人娘主七娘子 七

出賣女人郎主韓願定 七

同商量人袁富深

知見報恩寺僧丑撻

知見龍興寺樂善安法律

內熟絹壹疋，斷出褐陸段、白褐陸段，計拾貳段，各丈（長）一丈二[九]，比至五月盡還也。

七

說明

此件契約首尾完好，買賣雙方及見證人『知見』均有簽署畫押，說明這是一件完整的奴婢買賣契約，爲研究敦煌地區的寺戶制度與奴婢問題提供了實物資料。其中第一〇行『其人在患比至十日已後不用休悔者』是契約後加的補充說明，有單獨簽押。

校記

〔一〕「所」，《敦煌資料》釋作「不」，誤；「換」，《敦煌社會經濟文獻真蹟釋録》釋作「蔑」，《敦煌契約文書輯校》釋作「擭」。

〔二〕「儻」，當作「當」，《敦煌契約文書輯校》據文義校改，「儻」爲「當」之借字，《敦煌資料》、《敦煌社會經濟文獻真蹟釋録》釋作「償」，《敦煌遺書總目索引新編》釋作「倘」，均誤。

〔三〕「互」，《敦煌契約文書輯校》釋作「更」，《敦煌遺書總目索引》、《敦煌遺書總目索引新編》釋作「牙」，均誤。

〔四〕「永」，當作「允」，《敦煌契約文書輯校》據文義校改，《敦煌遺書總目索引》、《敦煌簡策訂存》、《敦煌遺書總目索引新編》釋作「承」。

〔五〕「情」，《敦煌遺書總目索引》、《敦煌遺書總目索引新編》釋作「性」，校作「姓」，誤。

〔六〕「儀」，當作「議」，《敦煌資料》據文義校改，「儀」爲「議」之借字，《敦煌遺書總目索引》、《敦煌社會經濟文獻真蹟釋録》、《敦煌遺書總目索引新編》逕釋作「議」。

〔七〕「樓綾」，《敦煌簡策訂存》校作「樓機綾」。

〔八〕「買」，當作「賣」，《敦煌社會經濟文獻真蹟釋録》據文義校改，「買」爲「賣」之借字，《敦煌遺書總目索引新編》逕釋作「賣」。

〔九〕「丈」，當作「長」，《敦煌資料》據文義校改。

參考文獻

Giles, *BSOS*, 11.1（1943）, pp. 172 – 173" *Descriptive Catalogue of the Chinese Manuscripts from Tunhuang in the British*

Museum, p. 255；《敦煌資料》一輯，三一八至三一九頁（録）；《敦煌遺書總目索引》一四七頁（録）；《敦煌寶藏》一四冊，六三四頁（圖）；*Tunhuang and Turfan Documents Concerning Social and Economic History* Ⅲ, A pp. 89－90, B p. 115；《敦煌研究》一九八二年一期，五一頁（録）；《唐五代敦煌寺戶制度》一七一至一七二頁（録）；《莫高窟年表》六〇二頁（録）；《敦煌簡策訂存》一〇〇至一〇二頁（録）；《敦煌文學》五五頁（録）；《西域文化研究》一九五九年二期，八四頁；《英藏敦煌文獻》三卷，一八九頁（圖）；《敦煌社會經濟文獻真蹟釋録》二輯，四九頁（録）、（圖）；《敦煌契約文書輯校》七九至八一頁（録）；《敦煌遺書總目索引新編》五九頁（録）。

斯一九四七　一　辭道場讚

釋文

辭道場讚

世尊世尊〔一〕，我今頂别諸聖衆，道場。恒沙佛刹一時聞〔二〕。同學。

唯願道場諸衆等〔三〕，道場。努力勤修般若因〔四〕。同學。

和上門徒非血肉〔五〕，道場。唯留佛教以爲親。同學。

講經直作耶孃相（想）〔六〕，道場。説法還同父母因。同學同學〔七〕。

堅持禁戒好坐禪，好坐禪。〔願〕〔證〕〔早〕〔離〕〔四〕〔生〕〔身〕〔八〕。

有緣再得重相見，道場。無緣一别永長分。同學。

汝若在先成佛去〔九〕，道場。莫忘今時誦讚人。同學同學〔一〇〕。

解脱之時同一路〔一一〕，道場。説法之時同一緣〔一二〕。〔同〕〔學〕〔一三〕。

今生誓願莫相忘〔一四〕，〔道〕〔場〕〔一五〕。來世相逢結善緣〔一六〕。〔同〕〔學〕〔一七〕。

龍華三會登初首，〔道〕〔場〕〔一八〕。彌陀再覲入圓真。〔同〕〔學〕〔一九〕。

好住道場諸衆等〔二〇〕，〔道〕〔場〕〔二一〕。哀哉苦切不相離〔二二〕。〔同〕〔學〕〔二三〕。

世尊世尊〔二四〕。

說明

此件首尾完整，前有標題「辭道場讚」，首尾開合皆以「世尊世尊」爲標志，其後有同一筆迹所書《送師讚》，又卷背抄有《咸通四年敦煌管内寺窟筭會及抄録官筭籍》，可知此件抄寫於咸通四年（公元八六三年）以前。

辭道場讚又稱辭道場讚文，現知敦煌文獻中保存了十個寫本，這些寫本的抄寫水平總體不高，多有同音假借和脱漏衍誤現象。有關這些寫本的文字異同及脱漏情況，可參看本書第四卷所收斯七七九《辭道場讚》的釋文、說明及校記。因本書第四卷在校釋斯七七九時曾以此件爲校本，故此件與其他寫本之異同，均可參見斯七七九《辭道場讚》的「校記」。

以上釋文以斯一九四七爲底本，以本書第四卷所收斯七七九《辭道場讚》的校録本（稱其爲甲本）參校。

校記

〔一〕「世尊世尊」，甲本無。

〔二〕「佛刹」，甲本作「諸佛」，當從甲本。

〔三〕「唯願」，甲本作「好住」。
〔四〕「勤」，甲本作「懃」，「懃」通「勤」。
〔五〕「和上」，底本原作「釋迦」，後於其右下側改寫「和上」二字，「上」，甲本作「尚」，均可通。
〔六〕「耶」，甲本校改作「爺」，按「耶」亦可通；「相」，當作「想」，據甲本及文義改，「相」爲「想」之借字。
〔七〕「同學同學」，甲本作「同學」。
〔八〕「願證早離四生身」，據甲本補。
〔九〕「先」，甲本作「前」。
〔一〇〕「同學同學」，甲本作「同學」。
〔一一〕「解脱」，甲本作「乘雲」。
〔一二〕「緣」，甲本作「門」。
〔一三〕「同學」，據甲本補。
〔一四〕「今生誓願莫相忘」，甲本無。
〔一五〕「道場」，甲本無，據文例補。
〔一六〕「來世相逢結善緣」，甲本無。
〔一七〕「同學」，甲本無，據文例補。
〔一八〕「道場」，據甲本及文例補。
〔一九〕「同學」，據甲本及文例補。
〔二〇〕「好住道場諸衆等」，甲本作「苦哉苦哉！　儻若出離波吒苦」。
〔二一〕「道場」，據甲本及文例補。

〔一二〕『哀哉苦切不相離』，甲本作『願汝慈悲救接取』。
〔一三〕『同學』，據甲本及文例補。
〔一四〕『世尊世尊』，甲本無。

參考文獻

Giles，BSOS，9.4（1937），p.1028；*Descriptive Catalogue of the Chinese Manuscripts from Tunhuang in the British Museum*，p.194；《敦煌寶藏》一四冊，六三五頁（圖）；《英藏敦煌文獻》三卷，一九〇頁（圖）；《全敦煌詩》一五冊，六八四七至六八五五頁（録）；《敦煌石室寫經題記與敦煌雜録》八三頁（録）；《英藏敦煌社會歷史文獻釋録》第四卷，八六至九一頁（録）。

斯一九四七　二　送師讚

釋文

送師讚

〔人〕〔生〕〔三〕〔五〕〔歲〕〔一〕，〔父〕〔母〕〔送〕〔師〕〔邊〕〔二〕。

師今曠寂去〔三〕，捨我逐清閑〔四〕。

送師置（至）何處〔五〕，至（置）著寶臺中〔六〕。

送師迴來無所見〔七〕，唯見師空房。

舉手開師户（房）〔八〕，唯見空繩牀。

低頭禮師座，慘惜内心悲〔九〕。

低頭政（整）師履〔一〇〕，淚落數千行〔一一〕。

律論今無主〔一二〕，有疑當問誰。

送師永長别〔一三〕，再遇是何時。

〔雙〕〔燈〕〔臺〕〔上〕〔照〕〔一四〕，〔師〕〔去〕〔照〕〔阿〕〔誰〕〔一五〕？

願師早成佛，弟子逐師來〔一六〕。千萬千萬〔一七〕！

說明

此件抄於《辭道場讚》之後，首尾完整，前有標題「送師讚」。法藏敦煌文獻中保存有兩件完整的《送師讚》：伯三一二〇首尾完整，亦有「送師讚」標題，讚文每句後附有唱和語「花林」，其後抄有「法華經廿八品讚」，背題「送師讚一本」；伯四五九七亦首尾完整，前有標題「送師讚」，尾題「送師讚一本」，每句讚文亦有附和聲辭「花林」，其抄寫格式及次序大致與伯三一二〇相同。

以上釋文以斯一九四七爲底本，以伯三一二〇（稱其爲甲本）、伯四五九七（稱其爲乙本）參校。

校記

〔一〕「人生三五歲」，據甲、乙本補。案，甲、乙本每句後均有唱和語「花林」二字，因底本俱無，故遵從底本抄寫體例與格式，對「花林」二字不予校補。

〔二〕「父母送師邊」，據甲、乙本補。

〔三〕「今」，乙本同，甲本作「林」，誤；「曠」，甲本作「渲」，乙本作「演」。

〔四〕「逐」，甲、乙本同，《敦煌遺書總目索引》、《敦煌遺書總目索引新編》釋作「遂」，誤。

〔五〕「置」，乙本脫，當作「至」，據甲本及文義改，「置」爲「至」之借字。

〔六〕「至」，當作「置」，據甲、乙本改，「至」爲「置」之借字；「臺中」，甲本同，乙本作「中臺」。

〔七〕「所」，甲、乙本作「處」。

〔八〕「戸」，當作「房」，據甲、乙本及文義改。

〔九〕「慘惜内心悲」，甲、乙本作「淚落數千行」。

〔一〇〕「政」，甲、乙本同，當作「整」，《敦煌遺書總目索引》據文義校改，「政」爲「整」之借字。

〔一一〕「淚落數」，《敦煌遺書總目索引》、《敦煌遺書總目索引新編》釋作「流淚落」，誤。此句甲、乙本作「操醋内心悲」。

〔一二〕「無」，甲本同，乙本作「元」，誤。「律論今無主，有疑當問誰」，甲、乙本抄於「與師永長別，再遇是何時」之後。

〔一三〕「送」，甲、乙本作「與」。

〔一四〕「雙燈臺上照」，據甲、乙本補。

〔一五〕「師去照阿誰」，據甲、乙本補。

〔一六〕「弟」，甲本同，乙本作「第」，「第」爲「弟」之借字；「逐」，甲本作「送」，乙本作「遂」。

〔一七〕「千萬千萬」，甲、乙本無，《敦煌遺書總目索引》釋作「千千萬萬」，按底本「千」、「萬」二字後爲重文符號，按敦煌遺書的抄寫習慣，不應釋作「千千萬萬」。

參考文獻

Giles，*BSOS*，9.4（1937），p. 1028；*Descriptive Catalogue of the Chinese Manuscripts from Tunhuang in the British Museum*，p. 194；《敦煌遺書總目索引》一四七頁（録）；《敦煌寶藏》一四册，六三五頁（圖）；《英藏敦煌文獻》三卷，一九〇頁（圖）；《中華佛教文化史散策》三輯，一六八、一七二至一七四頁（録）；《敦煌歌辭總編》中册，九二二至九二三頁；《敦煌遺書總目索引新編》五九頁（録）；《全敦煌詩》一四册，六五一六至六五二〇頁（録）。

斯一九四七背　一　『大唐通四』抄

釋文

大唐通四

説明

以上文字寫於『大唐咸通四年敦煌管内寺窟筭會抄』之前，本來目的是抄寫『大唐咸通四年敦煌管内寺窟筭會』，因漏抄一『咸』字，故轉行重新抄寫。

參考文獻

《敦煌寶藏》一四册，六三六頁（圖）；《英藏敦煌文獻》三卷，一九〇頁（圖）。

斯一九四七背　二　大唐咸通四年（公元八六三年）敦煌管内寺窟筭會抄

釋文

大唐咸通四年歲次癸未，河西釋門都僧統，緣敦煌管内一十六所寺及三所禪窟，自司空、吴僧統酉年筭會後至丑年分都司已來，從酉至未一十一年。

説明

此件係抄件，原未抄完。

參考文獻

Giles, *BSOS*, 9.4（1937）, p. 1028；《東方學報》二九册，二八七頁；《東方學報》三一册，一二一頁；*Descriptive Catalogue of the Chinese Manuscripts from Tunhuang in the British Museum*, p. 194；《敦煌遺書總目索引》一四七頁；《文物》一九七八年二期，二六頁；《敦煌寶藏》一四册，六三六頁（圖）；《中國古代籍帳研究》七一頁；《唐五代敦煌寺

戶制度》一四二頁（録）；《莫高窟年表》四一〇頁；《英藏敦煌文獻》三卷，一九〇頁（圖）；《敦煌社會經濟文獻真蹟釋録》三輯，八頁（録）、（圖）；《敦煌的僧官制度》三三三頁；《敦煌遺書總目索引新編》五九頁（録）。

斯一九四七背　三　癸未年（公元八六三年）五月抄録官箄籍上明照手下再成氈定數

釋文

癸未年五月廿三日抄録官箄籍上明照手下再成氈定數如後：
新方褥一，細緤儭錦面。絲麻錦褥一，氈儭。緋治氈一領，錦緣。
又聖僧褥子一，故。天王褥子三。小袟故方繡褥子一，白氈儭。東
河水磑一輪。油梁一所。青花氈一領。五色花氈三領，
內一破。緋繡羅褥一。七尺氍毹一。新方氈九領。
新夾氈一條。袟氈廿三條。黑氈一條，白儭。香
奩小褥子一。故破毛錦二，內一非（緋）一緑[一]。故破五色褥
一條，（在吳和尚。）杜心秤產一。二斗同（銅）鉢一[二]。神幡五口。鍾一口。
除褥計袟氈[三]、方氈廿八領。

説明

此件首尾完整，係咸通四年五月官算氈褥等物數目的抄件。此件後有蔣孝琬所書『敦煌所管十六寺及禪窟三所，抄録毡氊數目，大唐咸通四年癸未歲』文字兩行，未録。

校記

〔一〕『非』，當作『緋』，《唐五代敦煌寺户制度》據文義校改，『非』爲『緋』之借字；『一緑』，《敦煌社會經濟文獻真蹟釋録》釋作『緣』。

〔二〕『斗』，《敦煌社會經濟文獻真蹟釋録》録作『开』，誤；『同』，當作『銅』，《唐五代敦煌寺户制度》據文義校改，『同』爲『銅』之借字；『鉢』，《唐五代敦煌寺户制度》釋作『鉼』。

〔三〕『袪』，《敦煌社會經濟文獻真蹟釋録》釋作『褥』，誤。

參考文獻

Giles，*BSOS*，9.4（1937），p. 1028；《東方學報》二九册，二八七頁；《東方學報》三一册，二一一頁；*Descriptive Catalogue of the Chinese Manuscripts from Tunhuang in the British Museum*，p. 194；《敦煌遺書總目索引》一四七頁；《文物》一九七八年二期，二六頁；《敦煌寶藏》一四册，六三六頁（圖）；《中國古代籍帳研究》七一頁；《唐五代敦煌寺户制度》一四二至一四三頁；《莫高窟年表》四一〇頁；《英藏敦煌文獻》三卷，一九〇頁（圖）；《敦煌社會經濟文獻真蹟釋録》三輯，八頁（録）、（圖）；《敦煌的僧官制度》三三三頁（録）。

斯一九四七背　四　雜寫（大唐咸次抄録）

釋文

大唐咸次抄録録

（後缺）

説明

以上内容爲時人隨手所寫。

參考文獻

《敦煌寶藏》一四册，六三六頁（圖）；《英藏敦煌文獻》三卷，一九〇頁（圖）。

斯一九六三　　金光明經卷第二題記

釋文

清信女佛弟子盧二娘，奉爲七伐（代）仙（先）亡見存眷屬〔一〕，爲身陷在異番，敬寫《金光明經》一卷，唯願兩國通和，丘（兵）甲休息〔二〕，應沒落之流，速達鄉井，士（使）盧二娘同霑此福〔三〕。

說明

此件《英藏敦煌文獻》未收，現予補録。

校記

〔一〕「伐」，當作「代」，*Descriptive Catalogue of the Chinese Manuscripts from Tunhuang in the British Museum*、《中國古代寫本識語集録》據文義校改，《敦煌遺書總目索引》、《敦煌遺書總目索引新編》逕釋作「代」；「仙」，當作「先」，*Descriptive Catalogue of the Chinese Manuscripts from Tunhuang in the British Museum*、《中國古代寫本識語集録》據文義校

改，「仙」爲「先」之借字。

〔二〕「丘」，當作「兵」，*Descriptive Catalogue of the Chinese Manuscripts from Tunhuang in the British Museum*、《中國古代寫本識語集録》據文義校改，《敦煌遺書總目索引》、《敦煌遺書總目索引新編》逕釋作「兵」。

〔三〕「士」，《中國古代寫本識語集録》釋作「共」，疑當作「使」，據文義改。

參考文獻

Descriptive Catalogue of the Chinese Manuscripts from Tunhuang in the British Museum, p. 61（録）；《敦煌遺書總目索引》一四八頁（録）；《敦煌寶藏》一五册，一〇頁（圖）；《中國古代寫本識語集録》三七九頁（録）；《敦煌遺書總目索引新編》五九頁（録）。

斯一九六五　大般若波羅蜜多經卷第一百卅三題記

釋文

伯明寫〔一〕。

說明

此件《英藏敦煌文獻》未收，現予補錄。

校記

〔一〕『明』，*Descriptive Catalogue of the Chinese Manuscripts from Tunhuang in the British Museum* 釋作『時』。

參考文獻

Descriptive Catalogue of the Chinese Manuscripts from Tunhuang in the British Museum, p. 4（録）；《敦煌寶藏》一五冊，二四頁（圖）；《中國古代寫本識語集録》三五九頁（録）；《敦煌遺書總目索引新編》五九頁（録）。

斯一九七三背　一　社司轉帖抄

釋文

社司　轉帖

右緣慈光延（筵）設[一]，空酒壹斗。

幸請諸公等，帖至限今月

三日辰時，依（於）永安寺門前

取齊[二]，如有後到者，（以下原缺文）

慈恩[三]　善見[四]　清願[五]　道濟

道榮　堅願　應深[六]

説明

此件抄於《大般若波羅蜜多經》卷第三百九十八之卷背，其後有另筆所抄『鹿兒讚文』。此件爲社司通知社人參加慈光筵席的轉帖抄件，原未抄完。從永安寺和社人姓名來看，這個社邑的成員多爲僧人。其中「慈恩」，又見於伯三六三八《辛未年正月六日沙彌善勝於前都師慈恩手上見領得諸物歷》中，《敦煌社邑文書輯校》推定此件抄寫於十世紀初葉（參見該書三一二頁）。

校記

〔一〕「延」，當作「筵」，據文義改，「延」爲「筵」之借字。

〔二〕「依」，當作「於」，《敦煌社邑文書輯校》據文義校改，「依」爲「於」之借字；「永」，《敦煌社會經濟文獻真蹟釋録》釋作「丞」，誤。

〔三〕「恩」，《敦煌社會經濟文獻真蹟釋録》釋作「兒」，誤。

〔四〕「見」，《敦煌社會經濟文獻真蹟釋録》釋作「兒」，《敦煌社邑文書輯校》釋作「恩」。

〔五〕「願」，《敦煌社會經濟文獻真蹟釋録》釋作「頭」，誤。

〔六〕「應」，《敦煌社會經濟文獻真蹟釋録》釋作「廣」，誤。

參考文獻

Descriptive Catalogue of the Chinese Manuscripts from Tunhuang in the British Museum, p. 10；《敦煌寶藏》一五冊，八七頁（圖）；《敦煌社會經濟文獻真蹟釋録》一輯，三五一頁（録）、（圖）；《英藏敦煌文獻》三卷，一九一頁（圖）；《敦煌社邑文書輯校》三一一至三一二頁（録）。

斯一九七三背　二　鹿兒讚文

釋文

昔有一賢師（士）〔一〕，住在次山林〔二〕。娑〔三〕。
有一墓（傍）何（河）如（人）〔四〕，失腳墮流泉。娑〔五〕。
受（手）墓（摸）無根樹〔六〕，娑。口稱觀世音。娑。
鹿便調（跳）入水〔七〕，娑。語汝上鹿貝（背）〔八〕。娑。
躭汝出被（彼）岸〔九〕，娑。〔汝〕〔得〕〔出〕〔彼〕〔岸〕〔一〇〕。〔娑〕〔一一〕。
步步崖脚拜〔一二〕，娑。無物報鹿恩〔一三〕。娑。
有一國王長患疾〔一四〕，娑。夜夜夢見九色鹿〔一五〕。娑。
逐（誰）之（知）之（此）鹿處〔一六〕，娑。商（賞）金與千兩〔一七〕，娑。
風（封）征（贈）與萬戶〔一八〕。娑。神（臣）知知（此）鹿處〔一九〕，娑。
鹿在何處存〔二〇〕，娑。鹿在流水泉〔二一〕。娑。
國王出兵八萬衆〔二二〕，娑。爲（圍）曉（繞）次山林〔二三〕。娑。

國王長（張）弓欲石（射）鹿〔二四〕，娑。鹿便屈脚住〔二五〕。娑。
國王是加（迦）攝（葉）〔二六〕，娑。鹿是如來身。娑。
弓作蓮花樹〔二七〕，箆（箭）作連（蓮）如（花）令（枝）〔二八〕。
〔翅〕作連（蓮）花葉〔二九〕，足作連（蓮）花根〔三〇〕。
〔普〕保道場之（諸）衆等〔三一〕，各發菩提心〔三二〕。
黑頭蟲〔三三〕，難與恩〔三四〕，世世不須論〔三五〕。
比丘僧善惠書記。
昔有一賢師（士）〔三六〕，住羅羅〔三七〕

説明

此件首尾完整，書法潦草，訛誤頗多，據卷尾所題「比丘僧善惠書記」可知爲善惠所抄。卷中所述故事情節，與斯一四四一背《鹿兒讚文》相同，但文字多有出入。又《大正新脩大藏經》四七冊《淨土五會念佛略法事儀讚》中收有同一題名的讚文，可對照參看。

以上釋文是以斯一九七三背爲底本，以斯一四四一背（稱其爲甲本）、《大正新脩大藏經》四七冊《淨土五會念佛略法事儀讚》所收《鹿兒讚文》（稱其爲乙本）參校。

校記

〔一〕『師』，當作『士』，據甲、乙本及文義改，『師』爲『士』之借字；乙本此句後還有唱和辭『沙羅林』。

〔二〕『住在』，甲本同，乙本作『恒日』；『次山林』，甲本作『流水邊』，乙本作『在山林』。

〔三〕底本『娑』爲唱和辭，甲本無，乙本作『沙羅林』。

〔四〕『墓』，當作『傍』，據甲、乙本改；『何』，乙本作『行』，當作『河』，據甲本改，『何』爲『河』之借字；『如』，當作『人』，據甲、乙本及文義改；甲、乙本此句前還有兩句，甲本作『百鳥同一窠（巢），相看如兄弟』，乙本作『百鳥同一宣（沙羅林），相看如兄弟』。

〔五〕『娑』，甲、乙本無。以下同，不再出校。

〔六〕『受』，當作『手』，據甲、乙本及文義改，『受』爲『手』之借字；『墓』，當作『摸』，據文義改，『墓』爲『摸』之借字，甲、乙本作『把』。

〔七〕『調』，甲本作『逃』，當作『跳』，據乙本及文義改，『調』、『逃』均爲『跳』之借字；『鹿便調入水』，甲本作『鹿兒聞此語，逃入水中心』，乙本作『鹿兒聞此語，便即跳入水』。

〔八〕『貝』，當作『背』，據甲、乙本及文義改，『貝』爲『背』之借字。

〔九〕『躭』，甲、乙本作『將』；『被』，當作『彼』，據甲、乙本改。

〔一〇〕『汝得出彼岸』，據乙本補，甲本作『趙人出彼岸』。

〔一一〕『娑』，據文例補。

〔一二〕『步步崖脚拜』，甲本無，乙本作『步步向鹿跪』。

〔一三〕『無物報鹿恩』，乙本同，甲本無。

〔一四〕『患疾』，甲本作『大患』，乙本作『患妃』。甲、乙本此句前還有一段文字，甲本作『與鹿作奴僕，鹿是草間蟲』。

飢來食百草，渴即飲流泉，不用作奴僕。有人問此鹿，莫道在此間」，乙本作「與鹿作奴僕，鹿是草間蟲，不用作奴僕。飢時食百草，渴即飲流泉。欲得報鹿恩，莫道鹿在此」。

〔一五〕「夜夜夢見」，甲本作「夜夢」，乙本作「夜夜見」。

〔一六〕「逐」，當作「誰」，據甲、乙本及文義改；第一個「之」，當作「知」，據甲、乙本及文義改，「之」爲「知」之借字；第二個「之」，當作「此」，據文義改。此句甲本作「誰知九色鹿」，乙本作「誰知九色鹿，有人知鹿處」。乙本此句前還有「若不得九色鹿，大命難可續，國王出勅集群臣」三句。

〔一七〕「商」，甲本作「償」，乙本作「賜」，當作「賞」，據文義改，「商」爲「賞」之借字。此句甲本作「分國償千金」，乙本作「分國賜千金」。

〔一八〕「風征」，當作「封贈」，據文義改，「風征」爲「封贈」之借字；此句甲、乙本均無。

〔一九〕「神」，當作「臣」，據甲、乙本「臣知九色鹿」改，「神」爲「臣」之借字；第二個「知」，當作「此」，據文義改；「知鹿處」，甲、乙本作「九色鹿」；甲、乙本此句前還有兩句，甲本作「趙人聞此語，叉手向王前」，乙本作「鬧兒聞此語，叉手向王前」。

〔二〇〕「鹿在何處存」，甲、乙本均無。

〔二一〕「鹿」，甲本作「長」，乙本作「恒」；「泉」，甲、乙本作「邊」。

〔二二〕「國王出兵八萬衆」，甲本作「國王聞此語，處分九飛鹿，將兵百萬衆」，乙本作「啓王多將兵，此鹿甚輕便，國王將兵百萬衆」。

〔二三〕「爲」，甲本作「違」，當作「圍」，據乙本及文義改，「爲」、「違」均爲「圍」之借字；「曉」，甲本作「遶」，當作「繞」，據乙本及文義改，「曉」爲「繞」之借字，「遶」同「繞」；「次」，甲、乙本作「四」。

〔二四〕「長」，當作「張」，據甲本及文義改，「長」爲「張」之借字，乙本作「彎」，亦可通；「欲」，乙本同，甲本作

「擬」；「石」，當作「射」，據甲、乙本及文義改，「石」爲「射」之借字。甲本此句前還有「有一慈烏樹上叫，鹿是樹下眠」。

〔二五〕「鹿便屈脚住」，甲、乙本作「聽鹿説一言」。

〔二六〕「國」，乙本同，甲本作「大」；「加」，當作「迦」，據甲、乙本及文義改，「加」爲「迦」之借字；「攝」，當作「葉」，據甲、乙本及文義改，「攝」爲「葉」之借字。

〔二七〕「弓作蓮花樹」，甲本同，但此句前還有「凡夫不昔賢，莫作聖人怨。國王聞此語，便即寫了弦」四句。此句以下至「足作連花根」諸句，乙本作「無人知鹿處，只是環車大患人。昔日救汝命，何期今日害鹿身」。

〔二八〕「箟」，當作「箭」，據甲本及文義改；「連」，當作「蓮」，據甲本及文義改，「連」爲「蓮」之借字；「如」，當作「花」，據甲本及文義改；「令」，當作「枝」，據文義及甲本改。

〔二九〕「翅」，據甲本補；「連」，當作「蓮」，據甲本及文義改，「連」爲「蓮」之借字。

〔三〇〕「連」，當作「蓮」，據乙本及文義改，「連」爲「蓮」之借字。此句甲本脱。

〔三一〕「普」，據乙本補；「之」，當作「諸」，據乙本改，「之」爲「諸」之借字。此句甲本無，乙本作「普勸道場諸衆生」。

〔三二〕「各發菩提心」，乙本作「努力各發菩提心」。

〔三三〕「黑頭蟲」，甲本作「報道黑頭蟲」，甲本此前還有「忍辱頗思議，無人知鹿處，只是大患兒」三句，乙本作「傳語黑頭蟲」。

〔三四〕「難與恩」，甲本作「世世莫與恩」，乙本作「世世難與恩」。

〔三五〕「世世不須論」，甲、乙本均無。

〔三六〕「師」，當作「士」，據文義改，「師」爲「士」之借字。

〔三七〕此行爲善惠隨手所寫，與正文無關。

參考文獻

《大正新脩大藏經》四七冊，四八二頁；*Descriptive Catalogue of the Chinese Manuscripts from Tunhuang in the British Museum*, p. 10；《敦煌遺書總目索引》一四八頁；《敦煌寶藏》一五冊，八七頁（圖）；《英藏敦煌文獻》三卷，一九一頁（圖）；《敦煌遺書總目索引新編》六〇頁；《敦煌學輯刊》二〇〇六年三期，一五二至一五七頁；《英藏敦煌社會歷史文獻釋録》第六卷，三四五至三四七頁（録）。

斯一九七六　張良涓與某闍梨論說欠負書

釋文

數朝不奉頂謁，仲夏已熱〔一〕，惟
闍梨法體，不審所緣欠負斛斗〔二〕，頻有諮聞〔三〕。不垂下攀，
前後油麥及油〔四〕，兩家取與，極已分明，不曾拒毀。其斛斗數
歲不還〔五〕，所質舍宅，其年合沒〔六〕。然且與　闍梨鄉里人情
不能論說〔七〕，何德（得）更說以（異）端〔八〕？闍梨智人，不合有二，前後所言〔九〕，
皆心口相違，深心悵望。前件斛斗〔一〇〕，今被徵撮切急〔一一〕，望　闍梨
周匝〔一二〕。幸甚！幸甚！勒追催准常奴將狀　諮。
廿六日　張良涓　狀上〔一三〕。
謹空〔一四〕。

說明

此件尾部上角殘缺，從所存内容看似爲書狀，係張良涓致書某闍梨論説欠負事。

校記

〔一〕「仲」，《敦煌遺書總目索引新編》釋作「促」，誤。

〔二〕「斗」，《敦煌遺書總目索引新編》釋作「升」。

〔三〕「頻」，《敦煌遺書總目索引新編》釋作「頗」，誤。

〔四〕第一個「油」字，《敦煌遺書總目索引新編》漏録。

〔五〕「斗」，《敦煌遺書總目索引新編》釋作「升」。

〔六〕「年」，《敦煌遺書總目索引新編》漏録。

〔七〕「然」，《敦煌遺書總目索引新編》漏録。

〔八〕「德」，當作「得」，《敦煌遺書總目索引新編》據文義校改，「德」爲「得」之借字；「以」，當作「異」，據文義改，「以」爲「異」之借字。

〔九〕「後」，《敦煌遺書總目索引新編》釋作「扣」，誤。

〔一〇〕「斗」，《敦煌遺書總目索引新編》釋作「升」。

〔一一〕「急」，《敦煌遺書總目索引新編》斷入下句。

〔一二〕「周」，據殘筆劃及文義補。

〔一三〕「張」，《敦煌遺書總目索引新編》漏録；「涓」，《英藏敦煌文獻》釋作「澗（？）」。

〔一四〕「譴空」，《敦煌遺書總目索引新編》漏録。

參考文獻

Descriptive Catalogue of the Chinese Manuscripts from Tunhuang in the British Museum, p. 251；《敦煌寶藏》一五册，八九頁（圖）；《英藏敦煌文獻》三卷，一九二頁（圖）；《敦煌遺書總目索引新編》六〇頁（録）。

斯一九八二　佛説無量壽宗要經一卷題記

釋文

王瀚。

説明

此件《英藏敦煌文獻》未收，現予補録。

參考文獻

Descriptive Catalogue of the Chinese Manuscripts from Tunhuang in the British Museum, p. 149（録）；《敦煌寶藏》一五册，一一〇頁（圖）；《中國古代寫本識語集録》三五九頁（録）；《敦煌遺書總目索引新編》六〇頁（録）。

斯一九八八背　寫經紙題記

釋文

第一十七帋。

説明

此件寫於《正法念處經》「地獄品」之二卷背，《英藏敦煌文獻》未收，現予補録。

參考文獻

Descriptive Catalogue of the Chinese Manuscripts from Tunhuang in the British Museum, p. 114（録）；《敦煌寶藏》一五冊，一三三頁（圖）。

斯一九九〇　大乘無量壽經一卷題記

釋文

張卿（中題）。

張卿（中題）。

張卿（中題）。

四卷〔一〕，張卿寫。

說明

此卷共抄寫了四通《大乘無量壽經》，以上題名和題記分別題於每通《大乘無量壽經》尾題下方，從最後一條題記來看，「張卿」是這四卷經文的抄寫者。《英藏敦煌文獻》未收，現予補録。

校記

〔一〕「四卷」，《敦煌遺書總目索引新編》未録。

參考文獻

Descriptive Catalogue of the Chinese Manuscripts from Tunhuang in the British Museum, p. 145（録）；《敦煌寶藏》一五冊，一三六頁、一三九頁、一四一頁、一四三頁（圖）；《中國古代寫本識語集録》三八九頁（録）；《敦煌遺書總目索引新編》六〇頁（録）。

斯一九九一　大乘無量壽經一卷題記

釋文

氾子昇寫[一]。

說明

此件《英藏敦煌文獻》未收，現予補録。

校記

〔一〕『氾』，《敦煌遺書總目索引新編》釋作『氾氾』，誤。

參考文獻

Descriptive Catalogue of the Chinese Manuscripts from Tunhuang in the British Museum, p. 145（録）；《敦煌寶藏》一五册，一四九頁（圖）；《中國古代寫本識語集録》三九〇頁（録）；《敦煌遺書總目索引新編》六〇頁（録）。

斯一九九二　大乘無量壽經題記

釋文

張略沒藏寫畢功記（中題）。

張略沒藏寫。

説明

此卷共抄寫了兩通《大乘無量壽經》，以上題記分别題於每通《大乘無量壽經》尾題下方。此件《英藏敦煌文獻》未收，現予補録。

參考文獻

Descriptive Catalogue of the Chinese Manuscripts from Tunhuang in the British Museum, p. 145（録）；《敦煌寶藏》一五册，一五二頁（圖）；《中國古代寫本識語集録》三八八頁（録）；《敦煌遺書總目索引新編》六〇頁（録）。

斯一九九三　大乘無量壽經題記

釋文

姚良。

説明

此件《英藏敦煌文獻》未收，現予補録。

參考文獻

Descriptive Catalogue of the Chinese Manuscripts from Tunhuang in the British Museum, p. 145（録）；《敦煌寶藏》一五冊，一五九頁（圖）；《中國古代寫本識語集録》三九三頁（録）。

斯一九九五　大乘無量壽經題記

釋文

宋昇。

說明

此件《英藏敦煌文獻》未收，現予補錄。

參考文獻

Descriptive Catalogue of the Chinese Manuscripts from Tunhuang in the British Museum, p. 145（錄）；《敦煌寶藏》一五冊，一七一頁（圖）；《中國古代寫本識語集錄》三九一頁（錄）；《敦煌遺書總目索引新編》六〇頁（錄）。

釋文

（前缺）

□一口。花連袋子兩個。□

□袋子兩個。黃皮袋兩個〔一〕。

鑌越斧一柄，又鈿鍮石越〔斧〕一柄〔二〕，鐵越斧一柄。鴨鶻阿朶三柄，鈿鍮石阿朶一柄，竹柄大阿朶一柄，小阿朶三柄，內一柄在司徒〔三〕。鐵鍊鎚三柄。鐵鞭刀一柄〔四〕。銀纏刀一口，黑梢鐵裝刀三口。又刀鋥一口，劍鋥一口。在韓家。大斧三柄，尖斧兩柄。章久員斧，不關數內。漏（？）斤兩柄。銀葉骨卓一個，在令狐押衙身上。胡桃根阿卓一個，在流住。大（？）鍮石大骨卓一個，小鍮石骨卓一個，又胡桃根小骨卓一個。馬頭盤大小三面，內一面華木在衆官健。又華木馬頭盤一面，又柳木馬頭盤一面。熟鐵瓶一口。溫酒。銚子兩口，小銚子一口〔五〕。大白汗梭琵琶一面〔六〕，又大琵琶兩面，小琵琶三面。內一面在吳友慶〔七〕。細弓一十五張，麤弓一張，小弓一張。鑌錠子二十隻，有鶻戎。大柳葉四十七隻，鋼錠子三十四隻。（兩隻在孔願保〔八〕。）又達坦鋼鋌雜箭三十四隻。大鉀脚二十一隻。大鈚頭三隻〔九〕，小竹簳鈚頭兩隻〔一〇〕。竹射箭拾具。（内一具在憨漢〔一一〕。）小竹柳葉十一隻。悉撥心十隻〔一二〕。大齊頭十三隻。馬射用畫竹鋌子四隻〔一三〕。貼金行路神旗面一口。新火朱旗一面。又阿朶婁（？）褍（？）鐵鋌子十隻〔一四〕。小鉀脚十隻。

狂（？）皮七張。狼皮九張。野狐皮八張。野狩（？）皮四勒〔一五〕。犴（牦）牛尾兩株〔一六〕。豹皮一張。熊皮兩張。大蟲皮一張。貒（？）皮一張〔一七〕。狢子皮九張〔一八〕。鹿皮八張。馬皮三張半。牛皮八張。赤皺皮（？）一張。昬四十貼。（内十貼在人上。）

（後缺）

説明

此件首尾均缺，《英藏敦煌文獻》定名爲《沙州官衙什物點檢歷》。

校記

〔一〕「黄」，《敦煌社會經濟文獻真蹟釋録》釋作「蕙」，誤。

〔二〕「斧」，據文義補。

〔三〕「徒」，《敦煌社會經濟文獻真蹟釋録》釋作「俊」，誤。

〔四〕「刀一」，《敦煌社會經濟文獻真蹟釋録》釋作「四」，誤。
〔五〕「銚」，《敦煌社會經濟文獻真蹟釋録》釋作「鐵」；「子」，據文義補。
〔六〕「梭」，《敦煌社會經濟文獻真蹟釋録》釋作「柽」。
〔七〕「友」，《敦煌社會經濟文獻真蹟釋録》釋作「安」。
〔八〕「顚」，《敦煌社會經濟文獻真蹟釋録》釋作「都」。
〔九〕「鈋」，《敦煌社會經濟文獻真蹟釋録》釋作「錐」，誤。
〔一〇〕「鈋」，《敦煌社會經濟文獻真蹟釋録》釋作「錐」，誤。
〔一一〕「漢」，《敦煌社會經濟文獻真蹟釋録》釋作「溪」，誤。
〔一二〕「撥」，《敦煌社會經濟文獻真蹟釋録》釋作「奴收」，誤。
〔一三〕「子」，《敦煌社會經濟文獻真蹟釋録》釋作「十」。
〔一四〕「婁褍」，《敦煌社會經濟文獻真蹟釋録》釋作「貴端」。
〔一五〕「野牸」，《敦煌社會經濟文獻真蹟釋録》釋作「□朽」。
〔一六〕「犿」，諸字書未見此字，疑爲「牦」之俗字，涉下文「牛」字使然。
〔一七〕「貓」，《敦煌社會經濟文獻真蹟釋録》釋作「犻」，誤。
〔一八〕「九」，《敦煌社會經濟文獻真蹟釋録》釋作「一」。

參考文獻

《敦煌寶藏》一五册，二四八頁（圖）；《英藏敦煌文獻》三卷，一九二頁（圖）；《敦煌社會經濟文獻真蹟釋録》三輯，五三至五四頁（録）、（圖）；《敦煌研究》一九九二年四期，八〇頁；《絲綢之路》一九九四年二期，六八頁。

斯二〇一一　大乘無量壽經題記

釋文

令狐晏寫（中題）。
令狐晏寫（中題）。

説明

本卷抄有《大乘無量壽經》三卷，第二卷和第三卷卷首標題右下側均題有『令狐晏寫』。《英藏敦煌文獻》未收，現予補録。

參考文獻

Descriptive Catalogue of the Chinese Manuscripts from Tunhuang in the British Museum, p. 145（録）；《敦煌寶藏》一五册，二六五頁、二六七頁（圖）；《中國古代寫本識語集録》三九二頁（録）；《敦煌遺書總目索引新編》六〇頁（録）。

斯二〇一三　　大乘無量壽經題記

釋文

五十張（倒書）。

宋昇。

説明

以上文字第一行題於卷首，第二行題於卷尾，《英藏敦煌文獻》未收，現予補録。

參考文獻

Descriptive Catalogue of the Chinese Manuscripts from Tunhuang in the British Museum, p. 145（録）；《敦煌寶藏》一五册，二八〇頁、二八二頁（圖）；《敦煌遺書總目索引新編》六〇頁（録）。

斯二〇一五　大乘無量壽經題記

釋文

張涓子。

説明

此件《英藏敦煌文獻》未收，現予補録。

參考文獻

Descriptive Catalogue of the Chinese Manuscripts from Tunhuang in the British Museum, p. 145（録）；《敦煌寶藏》一五冊，二九二頁（圖）；《中國古代寫本識語集録》三八八頁（録）；《敦煌遺書總目索引新編》六〇頁（録）。

斯二〇一六　大乘無量壽經題記

釋文

翟文英寫。

說明

此件《英藏敦煌文獻》未收，現予補録。

參考文獻

Descriptive Catalogue of the Chinese Manuscripts from Tunhuang in the British Museum, p. 145（録）；《敦煌寶藏》一五册，一九四頁（圖）；《敦煌遺書總目索引新編》六〇頁（録）。

斯二〇一七　大乘無量壽經題記

釋文

令狐晏寫。

説明

此件《英藏敦煌文獻》未收，現予補録。

參考文獻

Descriptive Catalogue of the Chinese Manuscripts from Tunhuang in the British Museum, p. 145（録）；《敦煌寶藏》一五册，二九六頁（圖）；《中國古代寫本識語集録》三九二頁（録）；《敦煌遺書總目索引新編》六一頁（録）。

斯二〇四〇　金光明最勝王經卷第七題記

釋文

比丘智照寫。

説明

此件《英藏敦煌文獻》未收，現予補録。

參考文獻

Descriptive Catalogue of the Chinese Manuscripts from Tunhuang in the British Museum, p. 57（録）；《敦煌遺書總目索引》一四九頁；《敦煌寶藏》一五册，四六九頁（圖）；《敦煌遺書總目索引新編》六一頁（録）。

斯二〇四一　大中年間（公元八四七至八六〇年）儒風坊西巷社社條

釋文

大中□日儒風坊西巷村鄰等[一]，就馬
興晟家衆集再商量。一一且（具）名如後[二]：
梁闍梨　王景翼　瞿神慶[三]
僧勝惠幢　張曹二　張老老
翟明明[四]　氾堅堅　馬興晟　馬曹仵
氾英達　王安胡　僧神潾[五]　馬苟子
宋苟子　王堅堅　氾骨崙　張子溫
張文誼　張懷潤　張懷義[六]　張壽[七]
張噸伽[八]　憂婆夷情追如[九]　索友友　索神神
張履屯　李佛奴　張小興　張友信

後入社人： 張安屯

張善善 樂寶巖 郭小通

後入七人〔一〇〕，若身東西不在，口承人： 張履屯、馬苟子、郭小通。

（中空一行）

一、若右贈孝家，各助麻壹兩。如有故違者，罰油壹勝〔一一〕。

（中空約五行）

右上件村鄰等衆就翟英玉家結義相和〔一二〕，賑（賑）濟急難〔一三〕，用防凶變。已後或有詬歌難盡，滿（漫）說異論〔一四〕，不存尊卑。科稅之艱〔一五〕，並須齊赴。已年二月十二日爲定，不許改張。罰酒壹瓮〔一六〕，決（杖）十下〔一七〕，殯（擯）出〔一八〕。晟、馬清、王溫、翟玉〔一九〕。

一、所置義聚，偹凝（擬）凶禍〔二〇〕，相共助誠（成）〔二一〕，益期賑（賑）濟急難〔二二〕。

一、所置贈孝家，助粟壹斗〔二三〕，餅貳拾。黐（幡）須白淨〔二三〕，壹尺捌寸。如分寸不等，罰麥壹漢斗，人各貳拾黐（幡）〔二四〕。

一、所有科稅，期集所斂物〔二五〕，不依期限齊納者，罰油壹勝，用貯社。

一、或孝家營葬，臨事主人須投狀，衆共助誠（成）〔二六〕，各助布壹疋，不納者罰油壹勝。

一、所遭事一遍了者，便須承月直，須行文帖，曉告

諸家。或文帖至，見當家十歲已上夫妻子弟

等，並承文帖。如不收，罰油壹勝。

一、所有急難，各助柴壹束〔二七〕。如不納，罰油壹勝。

丙寅年三月四日，上件巷社因張、曹二家衆集商

量。從今已後，社内十歲已上有凶禍大喪者〔二八〕，

准條贈，不限付名三大（馱）〔二九〕。每家三贈了，須智（置）一延（筵）〔三〇〕，酒

一瓮，然後依前例，終如（而）復始〔三一〕。

說明

此件首殘，共三十三行，《敦煌社邑文書輯校》據首行『大中』及『儒風坊西巷村鄰』等定名爲《大中年間（公元八四七至八六〇年）儒風坊西巷社社條》，并指出此件由四部分組成（在有的粘接處正面和背面有社人騎縫簽押），第一至十四行爲第一部分（有界欄，分欄書寫），第十五至十八行爲第二部分，第十九至二十九行爲第三部分，第三十至第三十三行爲第四部分，四個部分爲儒風坊西巷社不同時期的社條（其中第一、三、四部分筆體不同，一、二、三部分有近似之處，書寫時期各不一樣），反映出數十年

間該社根據情况變動不斷補充、修訂社條的情形（參見《敦煌社邑文書輯校》，江蘇古籍出版社，一九九七年版，六至八頁）。社條中列有社人姓名，部分社人名下有類似一橫的墨筆符號。

校記

〔一〕《敦煌社邑文書輯校》在『日』字前校補有『十七』，《敦煌社會經濟文獻真蹟釋録》校補作『□年□月□日』，*Tunhuang and Turfan Documents Concerning Social and Economic History*，Ⅳ（A）pp. 1－2（録）校補作『□年□月十六日』。

〔二〕『且』，當作『具』，《敦煌社邑文書輯校》據文義校改，《敦煌社會經濟文獻真蹟釋録》、*Tunhuang and Turfan Documents Concerning Social and Economic History*，Ⅳ（A）pp. 1－2（録）逕釋作『具』。

〔三〕『瞿』，*Tunhuang and Turfan Documents Concerning Social and Economic History*，Ⅳ（A）pp. 1－2釋作『翟』，誤；『慶』，《敦煌社會經濟文獻真蹟釋録》釋作『愛』，誤。

〔四〕『翟』，《敦煌社會經濟文獻真蹟釋録》釋作『瞿』，誤。

〔五〕『漈』，《敦煌社會經濟文獻真蹟釋録》釋作『⿰王祭』。

〔六〕『⿰忄象』，《敦煌社會經濟文獻真蹟釋録》釋作『像』，誤。

〔七〕『夀』，《敦煌社會經濟文獻真蹟釋録》釋作『云□』，*Tunhuang and Turfan Documents Concerning Social and Economic History*，Ⅳ（A）pp. 1－2釋作『壽壽』，均誤。

〔八〕『⿰口順』，《敦煌社會經濟文獻真蹟釋録》釋作『順』，誤。

〔九〕『追』，*Tunhuang and Turfan Documents Concerning Social and Economic History*，Ⅳ（A）pp. 1－2釋作『進』；『如』，

《敦煌社會經濟文獻真蹟釋錄》釋作『她』，*Tunhuang and Turfan Documents Concerning Social and Economic History*，Ⅳ（A）pp. 1 – 2 未釋。

〔一〇〕『七』，《敦煌社會經濟文獻真蹟釋錄》、《敦煌社邑文書輯校》均校改作『六』。按，底本所列後人社人名單僅有四人，加上被塗掉的『趙皮奴』和『武諠諠』也只有六人，故疑『七』爲『六』字之誤。但從彩色圖版顯示的墨跡來看，與『張安屯、張善善』墨跡相同者尚有『李佛奴、張小興、張友信』三人，這三人的姓名被添加在最後一名『先人社人』『張履屯』姓名之下，所以過去被誤認爲是『先人社人』。『李佛奴、張小興、張友信』三人之後原寫有六人，被塗掉二人，恰好是七人，無須校改。

〔一一〕『油』，《敦煌社會經濟文獻真蹟釋錄》釋作『酒』，誤。

〔一二〕紙縫背面此處有騎縫簽押『聰俊』。

〔一三〕『脤』，當作『賑』，《敦煌社邑文書輯校》據文義校改，《敦煌社會經濟文獻真蹟釋錄》、*Tunhuang and Turfan Documents Concerning Social and Economic History*，Ⅳ（A）pp. 1 – 2 逕釋作『賑』。

〔一四〕『滿』，當作『漫』，據文義改，『滿』爲『漫』之借字。

〔一五〕《敦煌社邑文書輯校》認爲自『科稅之艱』至『不許改張』諸句，據文義應移至『用防凶變』之後。

〔一六〕『罰酒壹瓮』，《敦煌遺書總目索引新編》校補作『違者罰酒壹瓮』。

〔一七〕『杖』，《敦煌社會經濟文獻真蹟釋錄》據文義校補。

〔一八〕『殯』，當作『擯』，《敦煌社會經濟文獻真蹟釋錄》據文義校改，『殯』爲『擯』之借字。

〔一九〕自『晟』以下至『翟王』七字爲社人姓名的省稱，疑爲兩紙連接處的騎縫簽押，『晟』、『翟王』分別爲『馬興晟』、『翟英玉』之省稱。另，在『晟』字背面兩紙連接處有『良友』二字簽押。

〔二〇〕『凝』，當作『擬』，據文義改。

〔二一〕「誠」，當作「成」，《敦煌社邑文書輯校》據文義校改，「誠」爲「成」之借字。
〔二二〕「脤」，當作「賑」，《敦煌社邑文書輯校》據文義校改，《敦煌社會經濟文獻真蹟釋録》、*Tunhuang and Turfan Documents Concerning Social and Economic History*, Ⅳ（A）pp. 1－2 逕釋作「賑」。
〔二三〕「斗」，*Tunhuang and Turfan Documents Concerning Social and Economic History*, Ⅳ（A）pp. 1－2 釋作「計」，誤。
〔二四〕「飜」，當作「幡」，據文義改，「飜」爲「幡」之借字。
〔二五〕「飜」，當作「幡」，據文義改，「飜」爲「幡」之借字。
〔二五〕「期」，《敦煌社會經濟文獻真蹟釋録》、*Tunhuang and Turfan Documents Concerning Social and Economic History*, Ⅳ（A）pp. 1－2 校補作「依期」。
〔二六〕「誠」，當作「成」，《敦煌社邑文書輯校》據文義校改，「誠」爲「成」之借字。
〔二七〕「壹」，《敦煌社邑文書輯校》釋作「一」。
〔二八〕「者」，《敦煌社會經濟文獻真蹟釋録》釋作「等日」，誤。
〔二九〕「大」，當作「馱」，《敦煌社邑文書輯校》據斯六〇〇五《某社補充社約》校改。
〔三〇〕「智」，當作「置」，《敦煌社會經濟文獻真蹟釋録》據文義校改，「智」爲「置」之借字；「延」，當作「筵」，《敦煌社邑文書輯校》據文義校改，「延」爲「筵」之借字。
〔三一〕「如」，當作「而」，《敦煌社邑文書輯校》據文義校改，「如」爲「而」之借字。

參考文獻

Descriptive Catalogue of the Chinese Manuscripts from Tunhuang in the British Museum, p. 259；《敦煌寶藏》一五册，四七〇至四七一頁（圖）；《中國佛教社會史研究》五〇六至五〇八頁；《敦煌社會經濟文獻真蹟釋録》一輯，二七〇至二七二

頁（録）、（圖）；《英藏敦煌文獻》三卷，一九三頁（圖）；《敦煌社會文書導論》一三六至一三九頁（録）；《敦煌社邑文書輯校》四至九頁（録）；*Tunhuang and Turfan Documents Concerning Social and Economic History*, Ⅳ（A）pp. 1 – 2（録）、（B）pp. 2 – 3（圖）；《敦煌遺書總目索引新編》六一頁（録）；《敦煌吐魯番研究》九卷，三〇三至三一五頁、三三〇頁（録）。

斯二〇四八　　攝論章卷第一題記

釋文

仁壽元年八月廿八日，瓜州崇教寺沙彌善藏，在京辯才寺寫攝論疏，流通末代。

比字校竟。

說明

此件《英藏敦煌文獻》未收，現予補録。『仁壽元年』即公元六〇一年。『比字校竟』四字與寫經題記筆體不同，應爲校經者的題記。

參考文獻

《鳴沙餘韻》四九頁（圖）；《鳴沙餘韻解説》一四八頁（録）；*Descriptive Catalogue of the Chinese Manuscripts from Tunhuang in the British Museum*, p. 178（録）；《敦煌遺書總目索引》一四九頁（録）；《敦煌寶藏》一五冊，五二七頁（圖）；《中國古代寫本識語集録》一六八頁；《敦煌遺書總目索引新編》六一頁（録）。